AFRIKAANS
VOCABULÁRIO

PALAVRAS MAIS ÚTEIS

PORTUGUÊS
AFRIKAANS

Para alargar o seu léxico e apurar
as suas competências linguísticas

9000 palavras

Vocabulário Português-Afrikaans - 9000 palavras

Por Andrey Taranov

Os vocabulários da T&P Books destinam-se a ajudar a aprender, a memorizar, e a rever palavras estrangeiras. O dicionário é dividido em temas, cobrindo todas as principais esferas de atividades quotidianas, negócios, ciência, cultura, etc.

O processo de aprendizagem, utilizando os dicionários baseados em temáticas da T&P Books dá-lhe as seguintes vantagens:

- Informação de origem corretamente agrupada predetermina o sucesso em fases subsequentes da memorização de palavras
- Disponibilização de palavras derivadas da mesma raiz, o que permite a memorização de unidades de texto (em vez de palavras separadas)
- Pequenas unidades de palavras facilitam o processo de estabelecimento de vínculos associativos necessários para a consolidação do vocabulário
- O nível de conhecimento da língua pode ser estimado pelo número de palavras aprendidas

Copyright © 2018 T&P Books Publishing

T&P Books Publishing
www.tpbooks.com

ISBN: 978-1-78716-499-4

Este livro também está disponível em formato E-book.
Por favor visite www.tpbooks.com ou as principais livrarias on-line.

VOCABULÁRIO AFRIKAANS
palavras mais úteis

Os vocabulários da T&P Books destinam-se a ajudar a aprender, a memorizar, e a rever palavras estrangeiras. O vocabulário contém mais de 9000 palavras de uso comum organizadas tematicamente.

O vocabulário contém as palavras mais comummente usadas
Recomendado como adicional para qualquer curso de línguas
Satisfaz as necessidades dos iniciados e dos alunos avançados de línguas estrangeiras
Conveniente para o uso diário, sessões de revisão e atividades de auto-teste
Permite avaliar o seu vocabulário

Características especias do vocabulário

* As palavras estão organizadas de acordo com o seu significado, e não por ordem alfabética
* As palavras são apresentadas em três colunas para facilitar os processos de revisão e auto-teste
* As palavras compostas são divididas em pequenos blocos para facilitar o processo de aprendizagem
* O vocabulário oferece uma transcrição simples e adequada de cada palavra estrangeira

O vocabulário contém 256 tópicos incluindo:

Conceitos básicos, Números, Cores, Meses, Estações do ano, Unidades de medida, Roupas & Acessórios, Alimentos & Nutrição, Restaurante, Membros da Família, Parentes, Caráter, Sentimentos, Emoções, Doenças, Cidade, Passeios, Compras, Dinheiro, Casa, Lar, Escritório, Trabalho no Escritório, Importação & Exportação, Marketing, Pesquisa de Emprego, Desportos, Educação, Computador, Internet, Ferramentas, Natureza, Países, Nacionalidades e muito mais ...

TABELA DE CONTEÚDOS

GUIA DE PRONUNCIAÇÃO

Alfabeto fonético T&P	Exemplo afrikaans	Exemplo Português
[a]	land	chamar
[ã]	straat	rapaz
[æ]	hout	semana
[o], [ɔ]	Australië	noite
[e]	metaal	metal
[ɛ]	aanlê	mesquita
[ə]	filter	milagre
[ɪ]	uur	sinónimo
[i]	billik	sinónimo
[ï]	naïef	cair
[o]	koppie	lobo
[ø]	akteur	orgulhoso
[œ]	fluit	orgulhoso
[u]	hulle	bonita
[ʊ]	hout	bonita
[b]	bakker	barril
[d]	donder	dentista
[f]	navraag	safári
[g]	burger	gosto
[h]	driehoek	[h] aspirada
[j]	byvoeg	géiser
[k]	kamera	kiwi
[l]	loon	libra
[m]	môre	magnólia
[n]	neef	natureza
[p]	pyp	presente
[r]	rigting	riscar
[s]	oplos	sanita
[t]	lood, tenk	tulipa
[v]	bewaar	fava
[w]	oorwinnaar	página web
[z]	zoem	sésamo
[ʤ]	enjin	adjetivo
[ʃ]	artisjok	mês
[ŋ]	kans	alcançar
[ʧ]	tjek	Tchau!
[ʒ]	beige	talvez
[x]	agent	fricativa uvular surda

ABREVIATURAS
usadas no vocabulário

Abreviaturas do Português

adj	-	adjetivo
adv	-	advérbio
anim.	-	animado
conj.	-	conjunção
desp.	-	desporto
etc.	-	etecetra
ex.	-	por exemplo
f	-	nome feminino
f pl	-	feminino plural
fem.	-	feminino
inanim.	-	inanimado
m	-	nome masculino
m pl	-	masculino plural
m, f	-	masculino, feminino
masc.	-	masculino
mat.	-	matemática
mil.	-	militar
pl	-	plural
prep.	-	preposição
pron.	-	pronome
sb.	-	sobre
sing.	-	singular
v aux	-	verbo auxiliar
vi	-	verbo intransitivo
vi, vt	-	verbo intransitivo, transitivo
vr	-	verbo reflexivo
vt	-	verbo transitivo

CONCEITOS BÁSICOS

Conceitos básicos. Parte 1

1. Pronomes

eu	ek, my	[ɛk], [maj]
tu	jy	[jaj]
ele, ela	hy, sy, dit	[haj], [saj], [dit]
nós	ons	[ɔŋs]
vocês	julle	[jullə]
você (sing.)	u	[u]
você (pl)	u	[u]
eles	hulle	[hullə]
elas	hulle	[hullə]

2. Cumprimentos. Saudações. Despedidas

Olá!	Hallo!	[hallo!]
Bom dia! (formal)	Hallo!	[hallo!]
Bom dia! (de manhã)	Goeie môre!	[χuje mɔrə!]
Boa tarde!	Goeiemiddag!	[χuje·middaχ!]
Boa noite!	Goeienaand!	[χuje·nãnt!]
cumprimentar (vt)	dagsê	[daχsɛ:]
Olá!	Hallo!	[hallo!]
saudação (f)	groet	[χrut]
saudar (vt)	groet	[χrut]
Como vais?	Hoe gaan dit?	[hu χãn dit?]
O que há de novo?	Hoe gaan dit?	[hu χãn dit?]
Adeus! (formal)	Totsiens!	[totsiŋs!]
Até à vista! (informal)	Koebaai!	[kubãi!]
Até breve!	Totsiens!	[totsiŋs!]
Adeus! (sing.)	Mooi loop!	[moj loəp!]
Adeus! (pl)	Vaarwel!	[fãrwel!]
despedir-se (vr)	afskeid neem	[afskæjt neəm]
Até logo!	Koebaai!	[kubãi!]
Obrigado! -a!	Dankie!	[danki!]
Muito obrigado! -a!	Baie dankie!	[baje danki!]
De nada	Plesier	[plesir]
Não tem de quê	Plesier!	[plesir!]
De nada	Plesier	[plesir]
Desculpa!	Ekskuus!	[ɛkskrɪs!]

Desculpe!	Verskoon my!	[ferskoǝn maj!]
desculpar (vt)	verskoon	[ferskoǝn]

desculpar-se (vr)	verskoning vra	[ferskoniŋ fra]
As minhas desculpas	Verskoning	[ferskoniŋ]
Desculpe!	Ek is jammer!	[ɛk is jammǝr!]
perdoar (vt)	vergewe	[ferχevǝ]
Não faz mal	Maak nie saak nie!	[mãk ni sãk ni!]
por favor	asseblief	[asseblif]

Não se esqueça!	Vergeet dit nie!	[ferχeet dit ni!]
Certamente! Claro!	Beslis!	[beslis!]
Claro que não!	Natuurlik nie!	[natɪrlik ni!]
Está bem! De acordo!	OK!	[okej!]
Basta!	Dis genoeg!	[dis χenuχ!]

3. Como se dirigir a alguém

Desculpe (para chamar a atenção)	Verskoon my, ...	[ferskoǝn maj, ...]
senhor	meneer	[meneǝr]
senhora	mevrou	[mefræʋ]
rapariga	juffrou	[juffræʋ]
rapaz	jongman	[joŋman]
menino	boet	[but]
menina	sussie	[sussi]

4. Números cardinais. Parte 1

zero	nul	[nul]
um	een	[eǝn]
dois	twee	[tweǝ]
três	drie	[dri]
quatro	vier	[fir]

cinco	vyf	[fajf]
seis	ses	[ses]
sete	sewe	[sevǝ]
oito	ag	[aχ]
nove	nege	[neχǝ]

dez	tien	[tin]
onze	elf	[ɛlf]
doze	twaalf	[twãlf]
treze	dertien	[dertin]
catorze	veertien	[feǝrtin]

quinze	vyftien	[fajftin]
dezasseis	sestien	[sestin]
dezassete	sewetien	[sevǝtin]
dezoito	agtien	[aχtin]
dezanove	negetien	[neχetin]

vinte	twintig	[twintəχ]
vinte e um	een-en-twintig	[eən-en-twintəχ]
vinte e dois	twee-en-twintig	[tweə-en-twintəχ]
vinte e três	drie-en-twintig	[dri-en-twintəχ]

trinta	dertig	[dertəχ]
trinta e um	een-en-dertig	[eən-en-dertəχ]
trinta e dois	twee-en-dertig	[tweə-en-dertəχ]
trinta e três	drie-en-dertig	[dri-en-dertəχ]

quarenta	veertig	[feərtəχ]
quarenta e um	een-en-veertig	[eən-en-feərtəχ]
quarenta e dois	twee-en-veertig	[tweə-en-feərtəχ]
quarenta e três	vier-en-veertig	[fir-en-feərtəχ]

cinquenta	vyftig	[fajftəχ]
cinquenta e um	een-en-vyftig	[eən-en-fajftəχ]
cinquenta e dois	twee-en-vyftig	[tweə-en-fajftəχ]
cinquenta e três	drie-en-vyftig	[dri-en-fajftəχ]

sessenta	sestig	[sestəχ]
sessenta e um	een-en-sestig	[eən-en-sestəχ]
sessenta e dois	twee-en-sestig	[tweə-en-sestəχ]
sessenta e três	drie-en-sestig	[dri-en-sestəχ]

setenta	sewentig	[seventəχ]
setenta e um	een-en-sewentig	[eən-en-seventəχ]
setenta e dois	twee-en-sewentig	[tweə-en-seventəχ]
setenta e três	drie-en-sewentig	[dri-en-seventəχ]

oitenta	tagtig	[taχtəχ]
oitenta e um	een-en-tagtig	[eən-en-taχtəχ]
oitenta e dois	twee-en-tagtig	[tweə-en-taχtəχ]
oitenta e três	drie-en-tagtig	[dri-en-taχtəχ]

noventa	negentig	[neχentəχ]
noventa e um	een-en-negentig	[eən-en-neχentəχ]
noventa e dois	twee-en-negentig	[tweə-en-neχentəχ]
noventa e três	drie-en-negentig	[dri-en-neχentəχ]

5. Números cardinais. Parte 2

cem	honderd	[hondərt]
duzentos	tweehonderd	[tweə·hondərt]
trezentos	driehonderd	[dri·hondərt]
quatrocentos	vierhonderd	[fir·hondərt]
quinhentos	vyfhonderd	[fajf·hondərt]

seiscentos	seshonderd	[ses·hondərt]
setecentos	sewehonderd	[sevə·hondərt]
oitocentos	aghonderd	[aχ·hondərt]
novecentos	negehonderd	[neχə·hondərt]
mil	duisend	[dœisent]
dois mil	tweeduisend	[tweə·dœisent]

três mil	drieduisend	[dri·dœisent]
dez mil	tienduisend	[tin·dœisent]
cem mil	honderdduisend	[hondərt·dajsent]
um milhão	miljoen	[miljun]
mil milhões	miljard	[miljart]

6. Números ordinais

primeiro	eerste	[eərstə]
segundo	tweede	[tweedə]
terceiro	derde	[derdə]
quarto	vierde	[firdə]
quinto	vyfde	[fajfdə]

sexto	sesde	[sesdə]
sétimo	sewende	[sevendə]
oitavo	agste	[aχstə]
nono	negende	[neχendə]
décimo	tiende	[tində]

7. Números. Frações

fração (f)	breuk	[brøək]
um meio	helfte	[hɛlftə]
um terço	derde	[derdə]
um quarto	kwart	[kwart]

um oitavo	agste	[aχstə]
um décimo	tiende	[tində]
dois terços	twee derde	[twee derdə]
três quartos	driekwart	[drikwart]

8. Números. Operações básicas

subtração (f)	aftrekking	[aftrɛkkiŋ]
subtrair (vi, vt)	aftrek	[aftrek]
divisão (f)	deling	[deliŋ]
dividir (vt)	deel	[deel]
adição (f)	optelling	[optɛlliŋ]
somar (vt)	optel	[optəl]
adicionar (vt)	optel	[optəl]
multiplicação (f)	vermenigvuldiging	[fermeniχ·fuldəχiŋ]
multiplicar (vt)	vermenigvuldig	[fermeniχ·fuldəχ]

9. Números. Diversos

| algarismo, dígito (m) | syfer | [sajfər] |
| número (m) | nommer | [nommər] |

numeral (m)	telwoord	[tɛlwoərt]
menos (m)	minusteken	[minus·tekən]
mais (m)	plusteken	[plus·tekən]
fórmula (f)	formule	[formulə]

cálculo (m)	berekening	[berekeniŋ]
contar (vt)	tel	[təl]
calcular (vt)	optel	[optəl]
comparar (vt)	vergelyk	[ferχəlajk]

Quanto, -os, -as?	Hoeveel?	[hufeəl?]
soma (f)	som, totaal	[som], [totāl]
resultado (m)	resultaat	[resultāt]
resto (m)	oorskot	[oərskot]

um pouco de ...	min	[min]
poucos, -as (~ pessoas)	min	[min]
resto (m)	die res	[di res]
dúzia (f)	dosyn	[dosajn]

ao meio	middeldeur	[middəldøər]
em partes iguais	gelyk	[χelajk]
metade (f)	helfte	[hɛlftə]
vez (f)	maal	[mãl]

10. Os verbos mais importantes. Parte 1

abrir (vt)	oopmaak	[oəpmāk]
acabar, terminar (vt)	klaarmaak	[klārmāk]
aconselhar (vt)	aanraai	[ānrāi]
adivinhar (vt)	raai	[rāi]
advertir (vt)	waarsku	[vārsku]

ajudar (vt)	help	[hɛlp]
almoçar (vi)	gaan eet	[χān eət]
alugar (~ um apartamento)	huur	[hɪr]
amar (vt)	liefhê	[lifhɛ:]
ameaçar (vt)	dreig	[dræjχ]

anotar (escrever)	opskryf	[opskrajf]
apanhar (vt)	vang	[faŋ]
apressar-se (vr)	opskud	[opskut]
arrepender-se (vr)	jammer wees	[jammər veəs]
assinar (vt)	teken	[tekən]

atirar, disparar (vi)	skiet	[skit]
brincar (vi)	grappies maak	[χrappis māk]
brincar, jogar (crianças)	speel	[speəl]
buscar (vt)	soek ...	[suk ...]
caçar (vi)	jag	[jaχ]

cair (vi)	val	[fal]
cavar (vt)	grawe	[χravə]
cessar (vt)	ophou	[ophæʊ]

chamar (~ por socorro)	roep	[rup]
chegar (vi)	aankom	[ānkom]
chorar (vi)	huil	[hœil]

começar (vt)	begin	[beχin]
comparar (vt)	vergelyk	[ferχəlajk]
compreender (vt)	verstaan	[ferstān]
concordar (vi)	saamstem	[sāmstem]
confiar (vt)	vertrou	[fertræʊ]

confundir (equivocar-se)	verwar	[ferwar]
conhecer (vt)	ken	[ken]
contar (fazer contas)	tel	[təl]
contar com (esperar)	reken op ...	[reken op ...]
continuar (vt)	aangaan	[ānχān]

controlar (vt)	kontroleer	[kontroleər]
convidar (vt)	uitnooi	[œitnoj]
correr (vi)	hardloop	[hardloəp]
criar (vt)	skep	[skep]
custar (vt)	kos	[kos]

11. Os verbos mais importantes. Parte 2

dar (vt)	gee	[χeə]
decorar (enfeitar)	versier	[fersir]
defender (vt)	verdedig	[ferdedəχ]
deixar cair (vt)	laat val	[lāt fal]

descer (para baixo)	afkom	[afkom]
desculpar (vt)	verskoon	[ferskoən]
desculpar-se (vr)	verskoning vra	[ferskoniŋ fra]
dirigir (~ uma empresa)	beheer	[beheər]
discutir (notícias, etc.)	bespreek	[bespreək]
dizer (vt)	sê	[sɛ:]

duvidar (vt)	twyfel	[twajfəl]
encontrar (achar)	vind	[fint]
enganar (vt)	bedrieg	[bedrəχ]
entrar (na sala, etc.)	binnegaan	[binnəχān]
enviar (uma carta)	stuur	[stɪr]

escolher (vt)	kies	[kis]
esconder (vt)	wegsteek	[veχsteək]
escrever (vt)	skryf	[skrajf]
esperar (o autocarro, etc.)	wag	[vaχ]

esperar (ter esperança)	hoop	[hoəp]
esquecer (vt)	vergeet	[ferχeət]
estar (vi)	wees	[veəs]
estudar (vt)	studeer	[studeər]
exigir (vt)	eis	[æjs]
existir (vi)	bestaan	[bestān]
explicar (vt)	verduidelik	[ferdœidəlik]

falar (vi)	praat	[prãt]
faltar (clases, etc.)	bank	[bank]
fazer (vt)	doen	[dun]
ficar em silêncio	stilbly	[stilblaj]
gabar-se, jactar-se (vr)	spog	[spoχ]

gostar (apreciar)	hou van	[hæʊ fan]
gritar (vi)	skreeu	[skriʊ]
guardar (cartas, etc.)	bewaar	[bevãr]
informar (vt)	in kennis stel	[in kɛnnis stəl]
insistir (vi)	aandring	[ãndriŋ]

insultar (vt)	beledig	[beledəχ]
interessar-se (vr)	belangstel in ...	[belaŋstəl in ...]
ir (a pé)	gaan	[χãn]
ir nadar	gaan swem	[χãn swem]
jantar (vi)	aandete gebruik	[ãndetə χebrœik]

12. Os verbos mais importantes. Parte 3

ler (vt)	lees	[leəs]
libertar (cidade, etc.)	bevry	[befraj]
matar (vt)	doodmaak	[doədmãk]
mencionar (vt)	verwys na	[ferwajs na]
mostrar (vt)	wys	[vajs]

mudar (modificar)	verander	[ferandər]
nadar (vi)	swem	[swem]
negar-se (vt)	weier	[væjer]
objetar (vt)	beswaar maak	[beswãr mãk]

observar (vt)	waarneem	[vãrneəm]
ordenar (mil.)	beveel	[befeəl]
ouvir (vt)	hoor	[hoər]
pagar (vt)	betaal	[betãl]
parar (vi)	stilhou	[stilhæʊ]

participar (vi)	deelneem	[deəlneəm]
pedir (comida)	bestel	[bestəl]
pedir (um favor, etc.)	vra	[fra]
pegar (tomar)	vat	[fat]
pensar (vt)	dink	[dink]

perceber (ver)	raaksien	[rãksin]
perdoar (vt)	vergewe	[ferχevə]
perguntar (vt)	vra	[fra]
permitir (vt)	toestaan	[tustãn]
pertencer (vt)	behoort aan ...	[behoərt ãn ...]

planear (vt)	beplan	[beplan]
poder (vi)	kan	[kan]
possuir (vt)	besit	[besit]
preferir (vt)	verkies	[ferkis]
preparar (vt)	kook	[koək]

prever (vt)	voorsien	[foərsin]
prometer (vt)	beloof	[beloəf]
pronunciar (vt)	uitspreek	[œitspreək]
propor (vt)	voorstel	[foərstəl]
punir (castigar)	straf	[straf]

13. Os verbos mais importantes. Parte 4

quebrar (vt)	breek	[breək]
queixar-se (vr)	kla	[kla]
querer (desejar)	wil	[vil]
recomendar (vt)	aanbeveel	[ānbefeəl]
repetir (dizer outra vez)	herhaal	[herhāl]

repreender (vt)	uitvaar teen	[œitfār teən]
reservar (~ um quarto)	bespreek	[bespreək]
responder (vt)	antwoord	[antwoərt]
rezar, orar (vi)	bid	[bit]
rir (vi)	lag	[laχ]

roubar (vt)	steel	[steəl]
saber (vt)	weet	[veət]
sair (~ de casa)	uitgaan	[œitχān]
salvar (vt)	red	[ret]
seguir ...	volg ...	[folχ ...]

sentar-se (vr)	gaan sit	[χān sit]
ser (vi)	wees	[veəs]
ser necessário	nodig wees	[nodəχ veəs]
significar (vt)	beteken	[betekən]

sorrir (vi)	glimlag	[χlimlaχ]
subestimar (vt)	onderskat	[ondərskat]

surpreender-se (vr)	verbaas wees	[ferbās veəs]
tentar (vt)	probeer	[probeər]

ter (vt)	hê	[hɛ:]
ter fome	honger wees	[hoŋər veəs]

ter medo	bang wees	[baŋ veəs]
ter sede	dors wees	[dors veəs]

tocar (com as mãos)	aanraak	[ānrăk]
tomar o pequeno-almoço	ontbyt	[ontbajt]
trabalhar (vi)	werk	[verk]

traduzir (vt)	vertaal	[fertāl]
unir (vt)	verenig	[ferenəχ]

vender (vt)	verkoop	[ferkoəp]
ver (vt)	sien	[sin]
virar (ex. ~ à direita)	draai	[drāi]
voar (vi)	vlieg	[fliχ]

14. Cores

cor (f)	kleur	[kløər]
matiz (m)	skakering	[skakeriŋ]
tom (m)	tint	[tint]
arco-íris (m)	reënboog	[rɛɛn·boəχ]

branco	wit	[vit]
preto	swart	[swart]
cinzento	grys	[χrajs]

verde	groen	[χrun]
amarelo	geel	[χeəl]
vermelho	rooi	[roj]

azul	blou	[blæʊ]
azul claro	ligblou	[liχ·blæʊ]
rosa	pienk	[pink]
laranja	oranje	[oranje]
violeta	pers	[pers]
castanho	bruin	[brœin]

| dourado | goue | [χæʊə] |
| prateado | silweragtig | [silweraχtəχ] |

bege	beige	[bɛːiʒ]
creme	roomkleurig	[roəm·kløərəχ]
turquesa	turkoois	[turkojs]
vermelho cereja	kersierooi	[kersi·roj]
lilás	lila	[lila]
carmesim	karmosyn	[karmosajn]

claro	lig	[liχ]
escuro	donker	[donkər]
vivo	helder	[hɛldər]

de cor	kleurig	[kløərəχ]
a cores	kleur	[kløər]
preto e branco	swart-wit	[swart-wit]
unicolor	effe	[ɛffə]
multicor	veelkleurig	[feəlkløərəχ]

15. Questões

Quem?	Wie?	[vi?]
Que?	Wat?	[vat?]
Onde?	Waar?	[vār?]
Para onde?	Waarheen?	[vārheən?]
De onde?	Waarvandaan?	[vārfandān?]
Quando?	Wanneer?	[vanneər?]
Para quê?	Hoekom?	[ɲukom?]
Porquê?	Hoekom?	[hukom?]
Para quê?	Vir wat?	[fir vat?]

Como?	Hoe?	[hu?]
Qual?	Watter?	[vattər?]
Qual? (entre dois ou mais)	Watter een?	[vattər eən?]

A quem?	Vir wie?	[fir vi?]
Sobre quem?	Oor wie?	[oər vi?]
Do quê?	Oor wat?	[oər vat?]
Com quem?	Met wie?	[met vi?]
Quanto, -os, -as?	Hoeveel?	[hufeəl?]

16. Preposições

com (prep.)	met	[met]
sem (prep.)	sonder	[sondər]
a, para (exprime lugar)	na	[na]
sobre (ex. falar ~)	oor	[oər]
antes de ...	voor	[foər]
diante de ...	voor ...	[foər ...]

sob (debaixo de)	onder	[ondər]
sobre (em cima de)	oor	[oər]
sobre (~ a mesa)	op	[op]
de (vir ~ Lisboa)	uit	[œit]
de (feito ~ pedra)	van	[fan]

dentro de (~ dez minutos)	oor	[oər]
por cima de ...	oor	[oər]

17. Palavras funcionais. Advérbios. Parte 1

Onde?	Waar?	[vãr?]
aqui	hier	[hir]
lá, ali	daar	[dãr]

em algum lugar	êrens	[ærɛŋs]
em lugar nenhum	nêrens	[næreŋs]

ao pé de ...	by	[baj]
ao pé da janela	by	[baj]

Para onde?	Waarheen?	[vãrheən?]
para cá	hier	[hir]
para lá	soontoe	[soentu]
daqui	hiervandaan	[hirfandãn]
de lá, dali	daarvandaan	[dãrfandãn]

perto	naby	[nabaj]
longe	ver	[fer]

perto de ...	naby	[nabaj]
ao lado de ...	naby	[nabaj]
perto, não fica longe	nie ver nie	[ni fər ni]

esquerdo	linker-	[linkər-]
à esquerda	op linkerhand	[op linkərhant]
para esquerda	na links	[na links]

direito	regter	[reχtər]
à direita	op regterhand	[op reχtərhant]
para direita	na regs	[na reχs]

à frente	voor	[foər]
da frente	voorste	[foərstə]
em frente (para a frente)	vooruit	[foərœit]

atrás de ...	agter	[aχtər]
por detrás (vir ~)	van agter	[fan aχtər]
para trás	agtertoe	[aχtərtu]

meio (m), metade (f)	middel	[middəl]
no meio	in die middel	[in di middəl]

de lado	op die sykant	[op di sajkant]
em todo lugar	orals	[orals]
ao redor (olhar ~)	orals rond	[orals ront]

de dentro	van binne	[fan binnə]
para algum lugar	êrens	[ærɛŋs]
diretamente	reguit	[reχœit]
de volta	terug	[teruχ]

de algum lugar	êrens vandaan	[ærɛŋs fandān]
de um lugar	êrens vandaan	[ærɛŋs fandān]

em primeiro lugar	in die eerste plek	[in di eərstə plek]
em segundo lugar	in die tweede plek	[in di tweədə plek]
em terceiro lugar	in die derde plek	[in di derdə plek]

de repente	skielik	[skilik]
no início	aan die begin	[ān di beχin]
pela primeira vez	vir die eerste keer	[fir di eərstə keər]
muito antes de ...	lank voordat ...	[lank foərdat ...]
de novo, novamente	opnuut	[opnɪt]
para sempre	vir goed	[fir χut]

nunca	nooit	[nojt]
de novo	weer	[veər]
agora	nou	[næʊ]
frequentemente	dikwels	[dikwɛls]
então	toe	[tu]
urgentemente	dringend	[driŋən]
usualmente	gewoonlik	[χevoənlik]

a propósito, ...	terloops, ...	[terloəps], [...]
é possível	moontlik	[moentlik]
provavelmente	waarskynlik	[vārskajnlik]
talvez	dalk	[dalk]
além disso, ...	trouens ...	[træʊɛŋs ...]
por isso ...	dis hoekom ...	[dis hukom ...]

| apesar de ... | ondanks ... | [ondanks ...] |
| graças a ... | danksy ... | [danksaj ...] |

que (pron.)	wat	[vat]
que (conj.)	dat	[dat]
algo	iets	[its]
alguma coisa	iets	[its]
nada	niks	[niks]

quem	wie	[vi]
alguém (~ teve uma ideia ...)	iemand	[imant]
alguém	iemand	[imant]

ninguém	niemand	[nimant]
para lugar nenhum	nêrens	[næ̃rɛŋs]
de ninguém	niemand se	[nimant sə]
de alguém	iemand se	[imant sə]

tão	so	[so]
também (gostaria ~ de ...)	ook	[oək]
também (~ eu)	ook	[oək]

18. Palavras funcionais. Advérbios. Parte 2

| Porquê? | Waarom? | [vãrom?] |
| porque ... | omdat ... | [omdat ...] |

e (tu ~ eu)	en	[ɛn]
ou (ser ~ não ser)	of	[of]
mas (porém)	maar	[mãr]
para (~ a minha mãe)	vir	[fir]

demasiado, muito	te	[te]
só, somente	net	[net]
exatamente	presies	[presis]
cerca de (~ 10 kg)	ongeveer	[onχəfeər]

aproximadamente	ongeveer	[onχəfeər]
aproximado	geraamde	[χerãmdə]
quase	amper	[ampər]
resto (m)	die res	[di res]

o outro (segundo)	die ander	[di andər]
outro	ander	[andər]
cada	elke	[ɛlkə]
qualquer	enige	[ɛniχə]
muitos, muitas	baie	[bajе]
muitas pessoas	baie mense	[bajе mɛŋsə]
todos	almal	[almal]

em troca de ...	in ruil vir ...	[in rœil fir ...]
em troca	as vergoeding	[as ferχudiŋ]
à mão	met die hand	[met di hant]
pouco provável	skaars	[skãrs]

provavelmente	waarskynlik	[vărskajnlik]
de propósito	opsetlik	[opsetlik]
por acidente	toevallig	[tufalləχ]

muito	baie	[baje]
por exemplo	byvoorbeeld	[bajfoərbeəlt]
entre	tussen	[tussən]
entre (no meio de)	tussen	[tussən]
tanto	so baie	[so baje]
especialmente	veral	[feral]

Conceitos básicos. Parte 2

19. Dias da semana

segunda-feira (f)	Maandag	[mãndaχ]
terça-feira (f)	Dinsdag	[dinsdaχ]
quarta-feira (f)	Woensdag	[voɛŋsdaχ]
quinta-feira (f)	Donderdag	[dondərdaχ]
sexta-feira (f)	Vrydag	[frajdaχ]
sábado (m)	Saterdag	[satərdaχ]
domingo (m)	Sondag	[sondaχ]
hoje	vandag	[fandaχ]
amanhã	môre	[mɔrə]
depois de amanhã	oormôre	[oərmɔrə]
ontem	gister	[χistər]
anteontem	eergister	[eərχistər]
dia (m)	dag	[daχ]
dia (m) de trabalho	werksdag	[verks·daχ]
feriado (m)	openbare vakansiedag	[openbarə fakaŋsi·daχ]
dia (m) de folga	verlofdag	[ferlofdaχ]
fim (m) de semana	naweek	[naveək]
o dia todo	die hele dag	[di helə daχ]
no dia seguinte	die volgende dag	[di folχendə daχ]
há dois dias	twee dae gelede	[tweə daə χeledə]
na véspera	die dag voor	[di daχ foər]
diário	daeliks	[daəliks]
todos os dias	elke dag	[ɛlkə daχ]
semana (f)	week	[veək]
na semana passada	laas week	[lãs veək]
na próxima semana	volgende week	[folχendə veək]
semanal	weekliks	[veəkliks]
cada semana	weekliks	[veəkliks]
cada terça-feira	elke Dinsdag	[ɛlkə dinsdaχ]

20. Horas. Dia e noite

manhã (f)	oggend	[oχent]
de manhã	soggens	[soχɛŋs]
meio-dia (m)	middag	[middaχ]
à tarde	in die namiddag	[in di namiddaχ]
noite (f)	aand	[ãnt]
à noite (noitinha)	saans	[sãŋs]
noite (f)	nag	[naχ]

| à noite | snags | [snaχs] |
| meia-noite (f) | middernag | [middərnaχ] |

segundo (m)	sekonde	[sekondə]
minuto (m)	minuut	[minɪt]
hora (f)	uur	[ɪr]
meia hora (f)	n halfuur	[n halfɪr]
quinze minutos	vyftien minute	[fajftin minutə]
vinte e quatro horas	24 ure	[fir-en-twintəχ urə]

nascer (m) do sol	sonop	[son·op]
amanhecer (m)	daeraad	[daerãt]
madrugada (f)	elke oggend	[εlkə oχent]
pôr do sol (m)	sononder	[son·ondər]

de madrugada	vroegdag	[fruχdaχ]
hoje de manhã	vanmôre	[fanmɔrə]
amanhã de manhã	môreoggend	[mɔrə·oχent]

hoje à tarde	vanmiddag	[fanmiddaχ]
à tarde	in die namiddag	[in di namiddaχ]
amanhã à tarde	môremiddag	[mɔrə·middaχ]

| hoje à noite | vanaand | [fanãnt] |
| amanhã à noite | môreaand | [mɔrə·ãnt] |

às três horas em ponto	klokslag 3 uur	[klokslaχ dri ɪr]
por volta das quatro	omstreeks 4 uur	[omstreəks fir ɪr]
às doze	teen 12 uur	[teən twalf ɪr]

| dentro de vinte minutos | oor twintig minute | [oər twintəχ minutə] |
| a tempo | betyds | [betajds] |

menos um quarto	kwart voor ...	[kwart foər ...]
a cada quinze minutos	elke 15 minute	[εlkə fajftin minutə]
as vinte e quatro horas	24 uur per dag	[fir-en-twintəχ pər daχ]

21. Meses. Estações

janeiro (m)	Januarie	[januari]
fevereiro (m)	Februarie	[februari]
março (m)	Maart	[mãrt]
abril (m)	April	[april]
maio (m)	Mei	[mæj]
junho (m)	Junie	[juni]

julho (m)	Julie	[juli]
agosto (m)	Augustus	[ɔuχustus]
setembro (m)	September	[septembər]
outubro (m)	Oktober	[oktobər]
novembro (m)	November	[nofembər]
dezembro (m)	Desember	[desembər]
primavera (f)	lente	[lentə]
na primavera	in die lente	[in di lentə]

primaveril	lente-	[lente-]
verão (m)	somer	[somər]
no verão	in die somer	[in di somər]
de verão	somerse	[somersə]

outono (m)	herfs	[herfs]
no outono	in die herfs	[in di herfs]
outonal	herfsagtige	[herfsaxtixə]

inverno (m)	winter	[vintər]
no inverno	in die winter	[in di vintər]
de inverno	winter-	[vintər-]

mês (m)	maand	[mãnt]
este mês	hierdie maand	[hirdi mãnt]
no próximo mês	volgende maand	[folxendə mãnt]
no mês passado	laasmaand	[lãsmãnt]

| dentro de dois meses | oor twe maande | [oər twə mãndə] |
| todo o mês | die hele maand | [di helə mãnt] |

mensal	maandeliks	[mãndəliks]
mensalmente	maandeliks	[mãndəliks]
cada mês	elke maand	[ɛlkə mãnt]

ano (m)	jaar	[jãr]
este ano	hierdie jaar	[hirdi jãr]
no próximo ano	volgende jaar	[folxendə jãr]
no ano passado	laasjaar	[lãʃãr]

| dentro de 2 anos | binne twee jaar | [binnə tweə jãr] |
| todo o ano | die hele jaar | [di helə jãr] |

cada ano	elke jaar	[ɛlkə jãr]
anual	jaarliks	[jãrliks]
anualmente	jaarliks	[jãrliks]
quatro vezes por ano	4 keer per jaar	[fir keər pər jãr]

data (~ de hoje)	datum	[datum]
data (ex. ~ de nascimento)	datum	[datum]
calendário (m)	kalender	[kalendər]

seis meses	ses maande	[ses mãndə]
estação (f)	seisoen	[sæjsun]
século (m)	eeu	[iʊ]

22. Tempo. Diversos

tempo (m)	tyd	[tajt]
momento (m)	moment	[moment]
instante (m)	oomblik	[oəmblik]
instantâneo	oombliklik	[oəmbliklik]
lapso (m) de tempo	tydbestek	[tajdbestək]
vida (f)	lewe	[levə]

eternidade (f)	ewigheid	[ɛviχæjt]
época (f)	tydperk	[tajtperk]
era (f)	tydperk	[tajtperk]
ciclo (m)	siklus	[siklus]
período (m)	periode	[periodə]
prazo (m)	termyn	[termajn]

futuro (m)	die toekoms	[di tukoms]
futuro	toekomstig	[tukomstəχ]
da próxima vez	die volgende keer	[di folχendə keər]
passado (m)	die verlede	[di ferledə]
passado	laas-	[lās-]
na vez passada	die vorige keer	[di foriχə keər]

mais tarde	later	[latər]
depois	na	[na]
atualmente	deesdae	[deəsdaə]
agora	nou	[næʊ]
imediatamente	onmiddellik	[onmiddɛllik]
em breve, brevemente	gou	[χæʊ]
de antemão	by voorbaat	[baj foərbāt]

há muito tempo	lank gelede	[lank χeledə]
há pouco tempo	onlangs	[onlaŋs]
destino (m)	noodlot	[noədlot]
recordações (f pl)	herinneringe	[herinneriŋə]
arquivo (m)	argiewe	[arχivə]

durante ...	gedurende ...	[χedurendə ...]
durante muito tempo	lank	[lank]
pouco tempo	nie lank nie	[ni lank ni]
cedo (levantar-se ~)	vroeg	[fruχ]
tarde (deitar-se ~)	laat	[lāt]

para sempre	vir altyd	[fir altajt]
começar (vt)	begin	[beχin]
adiar (vt)	uitstel	[œitstəl]

simultaneamente	tegelykertyd	[teχelajkertajt]
permanentemente	permanent	[permanent]
constante (ruído, etc.)	voortdurend	[foərtdurent]
temporário	tydelik	[tajdelik]

às vezes	soms	[soms]
raramente	selde	[sɛldə]
frequentemente	dikwels	[dikwɛls]

23. Opostos

| rico | ryk | [rajk] |
| pobre | arm | [arm] |

| doente | siek | [sik] |
| são | gesond | [χesont] |

| grande | groot | [χroət] |
| pequeno | klein | [klæjn] |

| rapidamente | vinnig | [finnəχ] |
| lentamente | stadig | [stadəχ] |

| rápido | vinnig | [finnəχ] |
| lento | stadig | [stadəχ] |

| alegre | bly | [blaj] |
| triste | droewig | [druvəχ] |

| juntos | saam | [sãm] |
| separadamente | afsonderlik | [afsondərlik] |

| em voz alta (ler ~) | hardop | [hardop] |
| para si (em silêncio) | stil | [stil] |

| alto | groot | [χroət] |
| baixo | laag | [lãχ] |

| profundo | diep | [dip] |
| pouco fundo | vlak | [flak] |

| sim | ja | [ja] |
| não | nee | [neə] |

| distante (no espaço) | ver | [fer] |
| próximo | naby | [nabaj] |

| longe | ver | [fer] |
| perto | naby | [nabaj] |

| longo | lang | [laŋ] |
| curto | kort | [kort] |

| bom, bondoso | vriendelik | [frindəlik] |
| mau | boos | [boəs] |

| casado | getroud | [χetræʊt] |
| solteiro | ongetroud | [onχətræʊt] |

| proibir (vt) | verbied | [ferbit] |
| permitir (vt) | toestaan | [tustãn] |

| fim (m) | einde | [æjndə] |
| começo (m) | begin | [beχin] |

| esquerdo | linker- | [linkər-] |
| direito | regter | [reχtər] |

| primeiro | eerste | [eərstə] |
| último | laaste | [lãstə] |

| crime (m) | misdaad | [misdãt] |
| castigo (m) | straf | [straf] |

| ordenar (vt) | beveel | [befeəl] |
| obedecer (vt) | gehoorsaam | [χehoərsãm] |

| reto | reguit | [reχœit] |
| curvo | krom | [krom] |

| paraíso (m) | paradys | [paradajs] |
| inferno (m) | hel | [həl] |

| nascer (vi) | gebore word | [χeborə vort] |
| morrer (vi) | doodgaan | [doədχãn] |

| forte | sterk | [sterk] |
| fraco, débil | swak | [swak] |

| idoso | oud | [æʊt] |
| jovem | jong | [joŋ] |

| velho | ou | [æʊ] |
| novo | nuwe | [nuvə] |

| duro | hard | [hart] |
| mole | sag | [saχ] |

| tépido | warm | [varm] |
| frio | koud | [kæʊt] |

| gordo | vet | [fet] |
| magro | dun | [dun] |

| estreito | smal | [smal] |
| largo | wyd | [vajt] |

| bom | goed | [χut] |
| mau | sleg | [sleχ] |

| valente | dapper | [dappər] |
| cobarde | lafhartig | [lafhartəχ] |

24. Linhas e formas

quadrado (m)	vierkant	[firkant]
quadrado	vierkantig	[firkantəχ]
círculo (m)	sirkel	[sirkəl]
redondo	rond	[ront]
triângulo (m)	driehoek	[drihuk]
triangular	driehoekig	[drihukəχ]

oval (f)	ovaal	[ofãl]
oval	ovaal	[ofãl]
retângulo (m)	reghoek	[reχhuk]
retangular	reghoekig	[reχhukəχ]
pirâmide (f)	piramide	[piramidə]
rombo, losango (m)	ruit	[rœit]

trapézio (m)	**trapesoïed**	[trapesoïet]
cubo (m)	**kubus**	[kubus]
prisma (m)	**prisma**	[prisma]

circunferência (f)	**omtrek**	[omtrək]
esfera (f)	**sfeer**	[sfeər]
globo (m)	**bal**	[bal]
diâmetro (m)	**diameter**	[diametər]
raio (m)	**straal**	[strãl]
perímetro (m)	**omtrek**	[omtrək]
centro (m)	**sentrum**	[sentrum]

horizontal	**horisontaal**	[horisontãl]
vertical	**vertikaal**	[fertikãl]
paralela (f)	**parallel**	[paralləl]
paralelo	**parallel**	[paralləl]

linha (f)	**lyn**	[lajn]
traço (m)	**haal**	[hãl]
reta (f)	**regte lyn**	[reχtə lajn]
curva (f)	**krom**	[krom]
fino (linha ~a)	**dun**	[dun]
contorno (m)	**omtrek**	[omtrək]

interseção (f)	**snypunt**	[snaj·punt]
ângulo (m) reto	**regte hoek**	[reχtə huk]
segmento (m)	**segment**	[seχment]
setor (m)	**sektor**	[sektor]
lado (de um triângulo, etc.)	**sy**	[saj]
ângulo (m)	**hoek**	[huk]

25. Unidades de medida

peso (m)	**gewig**	[χevəχ]
comprimento (m)	**lengte**	[leŋtə]
largura (f)	**breedte**	[breedtə]
altura (f)	**hoogte**	[hoeχtə]
profundidade (f)	**diepte**	[diptə]
volume (m)	**volume**	[folumə]
área (f)	**area**	[area]

grama (m)	**gram**	[χram]
miligrama (m)	**milligram**	[milliχram]
quilograma (m)	**kilogram**	[kiloχram]
tonelada (f)	**ton**	[ton]
libra (453,6 gramas)	**pond**	[pont]
onça (f)	**ons**	[oŋs]

metro (m)	**meter**	[metər]
milímetro (m)	**millimeter**	[millimetər]
centímetro (m)	**sentimeter**	[sentimetər]
quilómetro (m)	**kilometer**	[kilometər]
milha (f)	**myl**	[majl]
polegada (f)	**duim**	[dœim]

pé (304,74 mm)	voet	[fut]
jarda (914,383 mm)	jaart	[järt]

metro (m) quadrado	vierkante meter	[firkantə metər]
hectare (m)	hektaar	[hektär]

litro (m)	liter	[litər]
grau (m)	graad	[xrät]
volt (m)	volt	[folt]
ampere (m)	ampère	[ampɛ:r]
cavalo-vapor (m)	perdekrag	[perdə·kraχ]

quantidade (f)	hoeveelheid	[hufeəlhæjt]
metade (f)	helfte	[hɛlftə]
dúzia (f)	dosyn	[dosajn]
peça (f)	stuk	[stuk]

dimensão (f)	grootte	[χroəttə]
escala (f)	skaal	[skäl]

mínimo	minimaal	[minimäl]
menor, mais pequeno	die kleinste	[di klæjnstə]
médio	medium	[medium]
máximo	maksimaal	[maksimäl]
maior, mais grande	die grootste	[di χroətstə]

26. Recipientes

boião (m) de vidro	glaspot	[χlas·pot]
lata (~ de cerveja)	blikkie	[blikki]
balde (m)	emmer	[ɛmmər]
barril (m)	drom	[drom]

bacia (~ de plástico)	wasbak	[vas·bak]
tanque (m)	tenk	[tɛnk]
cantil (m) de bolso	heupfles	[høəp·fles]
bidão (m) de gasolina	petrolblik	[petrol·blik]
cisterna (f)	tenk	[tɛnk]

caneca (f)	beker	[bekər]
chávena (f)	koppie	[koppi]
pires (m)	piering	[piriŋ]

copo (m)	glas	[χlas]
taça (f) de vinho	wynglas	[vajn·χlas]
panela, caçarola (f)	soppot	[sop·pot]

garrafa (f)	bottel	[bottəl]
gargalo (m)	nek	[nek]

jarro, garrafa (f)	kraffie	[kraffi]
jarro (m) de barro	kruik	[krœik]
recipiente (m)	houer	[hæʊər]
pote (m)	pot	[pot]

vaso (m)	vaas	[fãs]
frasco (~ de perfume)	bottel	[bottəl]
frasquinho (ex. ~ de iodo)	botteltjie	[bottɛlki]
tubo (~ de pasta dentífrica)	buisie	[bœisi]

saca (ex. ~ de açúcar)	sak	[sak]
saco (~ de plástico)	sak	[sak]
maço (m)	pakkie	[pakki]

caixa (~ de sapatos, etc.)	kartondoos	[karton·doəs]
caixa (~ de madeira)	krat	[krat]
cesta (f)	mandjie	[mandʒi]

27. Materiais

material (m)	boustof	[bæʊstof]
madeira (f)	hout	[hæʊt]
de madeira	hout-	[hæʊt-]

| vidro (m) | glas | [χlas] |
| de vidro | glas- | [χlas-] |

| pedra (f) | klip | [klip] |
| de pedra | klip- | [klip-] |

| plástico (m) | plastiek | [plastik] |
| de plástico | plastiek- | [plastik-] |

| borracha (f) | rubber | [rubbər] |
| de borracha | rubber- | [rubbər-] |

| tecido, pano (m) | materiaal | [materiãl] |
| de tecido | materiaal- | [materiãl-] |

| papel (m) | papier | [papir] |
| de papel | papier- | [papir-] |

| cartão (m) | karton | [karton] |
| de cartão | karton- | [karton-] |

| polietileno (m) | politeen | [politeən] |
| celofane (m) | sellofaan | [sɛllofãn] |

| linóleo (m) | linoleum | [linoløəm] |
| contraplacado (m) | laaghout | [lãχhæʊt] |

| porcelana (f) | porselein | [porselæjn] |
| de porcelana | porselein- | [porselæjn-] |

| barro (f) | klei | [klæj] |
| de barro | klei- | [klæj-] |

| cerâmica (f) | keramiek | [keramik] |
| de cerâmica | keramiek- | [keramik-] |

28. Metais

metal (m)	metaal	[metāl]
metálico	metaal-	[metāl-]
liga (f)	allooi	[alloj]
ouro (m)	goud	[χæʋt]
de ouro	goue	[χæʋə]
prata (f)	silwer	[silwər]
de prata	silwer-	[silwər-]
ferro (m)	yster	[ajstər]
de ferro	yster-	[ajstər-]
aço (m)	staal	[stāl]
de aço	staal-	[stāl-]
cobre (m)	koper	[kopər]
de cobre	koper-	[kopər-]
alumínio (m)	aluminium	[aluminium]
de alumínio	aluminium-	[aluminium-]
bronze (m)	brons	[brɔŋs]
de bronze	brons-	[brɔŋs-]
latão (m)	geelkoper	[χeəl·kopər]
níquel (m)	nikkel	[nikkəl]
platina (f)	platinum	[platinum]
mercúrio (m)	kwik	[kwik]
estanho (m)	tin	[tin]
chumbo (m)	lood	[loət]
zinco (m)	sink	[sink]

O SER HUMANO

O ser humano. O corpo

29. Humanos. Conceitos básicos

ser (m) humano	mens	[mɛŋs]
homem (m)	man	[man]
mulher (f)	vrou	[fræʊ]
criança (f)	kind	[kint]
menina (f)	meisie	[mæjsi]
menino (m)	seun	[søən]
adolescente (m)	tiener	[tinər]
velho, ancião (m)	ou man	[æʊ man]
velha, anciã (f)	ou vrou	[æʊ fræʊ]

30. Anatomia humana

organismo (m)	organisme	[orχanismə]
coração (m)	hart	[hart]
sangue (m)	bloed	[blut]
artéria (f)	slagaar	[slaχār]
veia (f)	aar	[ār]
cérebro (m)	brein	[bræjn]
nervo (m)	senuwee	[senuveə]
nervos (m pl)	senuwees	[senuveəs]
vértebra (f)	rugwerwels	[ruχ·werwɛls]
coluna (f) vertebral	ruggraat	[ruχ·χrāt]
estômago (m)	maag	[māχ]
intestinos (m pl)	ingewande	[inχəwandə]
intestino (m)	derm	[derm]
fígado (m)	lewer	[levər]
rim (m)	nier	[nir]
osso (m)	been	[beən]
esqueleto (m)	geraamte	[χerāmtə]
costela (f)	rib	[rip]
crânio (m)	skedel	[skedəl]
músculo (m)	spier	[spir]
bíceps (m)	biseps	[biseps]
tríceps (m)	triseps	[triseps]
tendão (m)	sening	[seniŋ]
articulação (f)	gewrig	[χevrəχ]

pulmões (m pl)	longe	[loŋə]
órgãos (m pl) genitais	geslagsorgane	[xeslaχs·orχanə]
pele (f)	vel	[fəl]

31. Cabeça

cabeça (f)	kop	[kop]
cara (f)	gesig	[χesəχ]
nariz (m)	neus	[nøəs]
boca (f)	mond	[mont]

olho (m)	oog	[oəχ]
olhos (m pl)	oë	[oɛ]
pupila (f)	pupil	[pupil]
sobrancelha (f)	wenkbrou	[vɛnk·bræʊ]
pestana (f)	ooghaar	[oəχ·hãr]
pálpebra (f)	ooglid	[oəχ·lit]

língua (f)	tong	[toŋ]
dente (m)	tand	[tant]
lábios (m pl)	lippe	[lippə]
maçãs (f pl) do rosto	wangbene	[vaŋ·benə]
gengiva (f)	tandvleis	[tand·flæjs]
paladar (m)	verhemelte	[fer·hemɛltə]

narinas (f pl)	neusgate	[nøəsχatə]
queixo (m)	ken	[ken]
mandíbula (f)	kakebeen	[kakebeən]
bochecha (f)	wang	[vaŋ]

testa (f)	voorhoof	[foərhoəf]
têmpora (f)	slaap	[slãp]
orelha (f)	oor	[oər]
nuca (f)	agterkop	[aχtərkop]
pescoço (m)	nek	[nek]
garganta (f)	keel	[keəl]

cabelos (m pl)	haar	[hãr]
penteado (m)	kapsel	[kapsəl]
corte (m) de cabelo	haarstyl	[hãrstajl]
peruca (f)	pruik	[prœik]

bigode (m)	snor	[snor]
barba (f)	baard	[bãrt]
usar, ter (~ barba, etc.)	dra	[dra]
trança (f)	vlegsel	[fleχsəl]
suíças (f pl)	bakkebaarde	[bakkəbãrdə]

ruivo	rooiharig	[roj·harəχ]
grisalho	grys	[χrajs]
calvo	kaal	[kãl]
calva (f)	kaal plek	[kãl plek]
rabo-de-cavalo (m)	poniestert	[poni·stert]
franja (f)	gordyntjiekapsel	[χordajnki·kapsəl]

32. Corpo humano

mão (f)	hand	[hant]
braço (m)	arm	[arm]

dedo (m)	vinger	[fiŋər]
dedo (m) do pé	toon	[toən]
polegar (m)	duim	[dœim]
dedo (m) mindinho	pinkie	[pinki]
unha (f)	nael	[naəl]

punho (m)	vuis	[fœis]
palma (f) da mão	palm	[palm]
pulso (m)	pols	[pols]
antebraço (m)	voorarm	[foərarm]
cotovelo (m)	elmboog	[ɛlmboəχ]
ombro (m)	skouer	[skæʋər]

perna (f)	been	[beən]
pé (m)	voet	[fut]
joelho (m)	knie	[kni]
barriga (f) da perna	kuit	[kœit]
anca (f)	heup	[høəp]
calcanhar (m)	hakskeen	[hak·skeən]

corpo (m)	liggaam	[liχχãm]
barriga (f)	maag	[mãχ]
peito (m)	bors	[bors]
seio (m)	bors	[bors]
lado (m)	sy	[saj]
costas (f pl)	rug	[ruχ]
região (f) lombar	lae rug	[laə ruχ]
cintura (f)	middel	[middəl]

umbigo (m)	naeltjie	[naɛlki]
nádegas (f pl)	boude	[bæʋdə]
traseiro (m)	sitvlak	[sitflak]

sinal (m)	moesie	[musi]
sinal (m) de nascença	moedervlek	[mudər·flek]
tatuagem (f)	tatoe	[tatu]
cicatriz (f)	litteken	[littekən]

Vestuário & Acessórios

33. Roupa exterior. Casacos

roupa (f)	klere	[klerə]
roupa (f) exterior	oorklere	[oərklerə]
roupa (f) de inverno	winterklere	[vintər·klerə]
sobretudo (m)	jas	[jas]
casaco (m) de peles	pelsjas	[pelʃas]
casaco curto (m) de peles	kort pelsjas	[kort pelʃas]
casaco (m) acolchoado	donsjas	[donʃas]
casaco, blusão (m)	baadjie	[bādʒi]
impermeável (m)	reënjas	[reɛnjas]
impermeável	waterdig	[vatərdəχ]

34. Vestuário de homem & mulher

camisa (f)	hemp	[hemp]
calças (f pl)	broek	[bruk]
calças (f pl) de ganga	denimbroek	[denim·bruk]
casaco (m) de fato	baadjie	[bādʒi]
fato (m)	pak	[pak]
vestido (ex. ~ vermelho)	rok	[rok]
saia (f)	romp	[romp]
blusa (f)	bloes	[blus]
casaco (m) de malha	gebreide baadjie	[χebræjdə bādʒi]
casaco, blazer (m)	baadjie	[bādʒi]
T-shirt, camiseta (f)	T-hemp	[te-hemp]
calções (Bermudas, etc.)	kortbroek	[kort·bruk]
fato (m) de treino	sweetpak	[sweət·pak]
roupão (m) de banho	badjas	[batjas]
pijama (m)	pajama	[pajama]
suéter (m)	trui	[trœi]
pulôver (m)	trui	[trœi]
colete (m)	onderbaadjie	[ondər·bādʒi]
fraque (m)	swaelstertbaadjie	[swaɛlstert·bādʒi]
smoking (m)	aandpak	[āntpak]
uniforme (m)	uniform	[uniform]
roupa (f) de trabalho	werksklere	[verks·klerə]
fato-macaco (m)	oorpak	[oərpak]
bata (~ branca, etc.)	jas	[jas]

35. Vestuário. Roupa interior

roupa (f) interior	onderklere	[ondərklerə]
cuecas boxer (f pl)	onderbroek	[ondərbruk]
cuecas (f pl)	onderbroek	[ondərbruk]
camisola (f) interior	frokkie	[frokki]
peúgas (f pl)	sokkies	[sokkis]
camisa (f) de noite	nagrok	[naχrok]
sutiã (m)	bra	[bra]
meias longas (f pl)	kniekouse	[kni·kæʊsə]
meias-calças (f pl)	kousbroek	[kæʊsbruk]
meias (f pl)	kouse	[kæʊsə]
fato (m) de banho	baaikostuum	[bāj·kostɪm]

36. Adereços de cabeça

chapéu (m)	hoed	[hut]
chapéu (m) de feltro	hoed	[hut]
boné (m) de beisebol	bofbalpet	[bofbal·pet]
boné (m)	pet	[pet]
boina (f)	mus	[mus]
capuz (m)	kap	[kap]
panamá (m)	panamahoed	[panama·hut]
gorro (m) de malha	gebreide mus	[χebræjdə mus]
lenço (m)	kopdoek	[kopduk]
chapéu (m) de mulher	dameshoed	[dames·hut]
capacete (m) de proteção	veiligheidshelm	[fæjliχæjts·hɛlm]
bivaque (m)	mus	[mus]
capacete (m)	helmet	[hɛlmet]
chapéu-coco (m)	bolhoed	[bolhut]
chapéu (m) alto	hoëhoed	[hoɛhut]

37. Calçado

calçado (m)	skoeisel	[skuisəl]
botinas (f pl)	mansskoene	[maŋs·skunə]
sapatos (de salto alto, etc.)	damesskoene	[dames·skunə]
botas (f pl)	laarse	[lārsə]
pantufas (f pl)	pantoffels	[pantoffəls]
ténis (m pl)	tennisskoene	[tɛnnis·skunə]
sapatilhas (f pl)	tekkies	[tɛkkis]
sandálias (f pl)	sandale	[sandalə]
sapateiro (m)	skoenmaker	[skun·makər]
salto (m)	hak	[hak]

par (m)	paar	[pãr]
atacador (m)	skoenveter	[skun·fetər]
apertar os atacadores	ryg	[rajχ]
calçadeira (f)	skoenlepel	[skun·lepəl]
graxa (f) para calçado	skoenpolitoer	[skun·politur]

38. Têxtil. Tecidos

algodão (m)	katoen	[katun]
de algodão	katoen-	[katun-]
linho (m)	vlas	[flas]
de linho	vlas-	[flas-]

seda (f)	sy	[saj]
de seda	sy-	[saj-]
lã (f)	wol	[vol]
de lã	wol-	[vol-]

veludo (m)	fluweel	[fluveəl]
camurça (f)	suède	[suɛdə]
bombazina (f)	ferweel	[ferweəl]

náilon (m)	nylon	[najlon]
de náilon	nylon-	[najlon-]
poliéster (m)	poliëster	[poliɛstər]
de poliéster	poliëster-	[poliɛstər-]

couro (m)	leer	[leər]
de couro	leer-	[leər-]
pele (f)	bont	[bont]
de peles, de pele	bont-	[bont-]

39. Acessórios pessoais

luvas (f pl)	handskoene	[handskunə]
mitenes (f pl)	duimhandskoene	[dœim·handskunə]
cachecol (m)	serp	[serp]

óculos (m pl)	bril	[bril]
armação (f) de óculos	raam	[rãm]
guarda-chuva (m)	sambreel	[sambreəl]
bengala (f)	wandelstok	[vandəl·stok]
escova (f) para o cabelo	haarborsel	[hãr·borsəl]
leque (m)	waaier	[vãjer]

gravata (f)	das	[das]
gravata-borboleta (f)	strikkie	[strikki]
suspensórios (m pl)	kruisbande	[krœis·bandə]
lenço (m)	sakdoek	[sakduk]

pente (m)	kam	[kam]
travessão (m)	haarspeld	[hārs·pɛlt]

| gancho (m) de cabelo | haarpen | [hãr·pen] |
| fivela (f) | gespe | [χespə] |

| cinto (m) | belt | [bɛlt] |
| correia (f) | skouerband | [skæʉer·bant] |

mala (f)	handsak	[hand·sak]
mala (f) de senhora	beursie	[bøørsi]
mochila (f)	rugsak	[ruχsak]

40. Vestuário. Diversos

moda (f)	mode	[modə]
na moda	in die mode	[in di modə]
estilista (m)	modeontwerper	[modə·ontwerpər]

colarinho (m), gola (f)	kraag	[krãχ]
bolso (m)	sak	[sak]
de bolso	sak-	[sak-]
manga (f)	mou	[mæʉ]
presilha (f)	lussie	[lussi]
braguilha (f)	gulp	[χulp]

fecho (m) de correr	ritssluiter	[rits·slœitər]
fecho (m), colchete (m)	vasmaker	[fasmakər]
botão (m)	knoop	[knoəp]
casa (f) de botão	knoopsgat	[knoəps·χat]
saltar (vi) (botão, etc.)	loskom	[loskom]

coser, costurar (vi)	naai	[nãi]
bordar (vt)	borduur	[bordɪr]
bordado (m)	borduurwerk	[bordɪr·werk]
agulha (f)	naald	[nãlt]
fio (m)	garing	[χariŋ]
costura (f)	soom	[soəm]

sujar-se (vr)	vuil word	[fœil vort]
mancha (f)	vlek	[flek]
engelhar-se (vr)	kreukel	[krøəkəl]
rasgar (vt)	skeur	[skøər]
traça (f)	mot	[mot]

41. Cuidados pessoais. Cosméticos

pasta (f) de dentes	tandepasta	[tandə·pasta]
escova (f) de dentes	tandeborsel	[tandə·borsəl]
escovar os dentes	tande borsel	[tandə borsəl]

máquina (f) de barbear	skeermes	[skeər·mes]
creme (m) de barbear	skeerroom	[skeər·roəm]
barbear-se (vr)	skeer	[skeər]
sabonete (m)	seep	[seəp]

champô (m)	sjampoe	[ʃampu]
tesoura (f)	skêr	[skær]
lima (f) de unhas	naelvyl	[naɛl·fajl]
corta-unhas (m)	naelknipper	[naɛl·knippər]
pinça (f)	haartangetjie	[hãrtaŋəki]

cosméticos (m pl)	kosmetika	[kosmetika]
máscara (f) facial	gesigmasker	[χesiχ·maskər]
manicura (f)	manikuur	[manikɪr]
fazer a manicura	laat manikuur	[lãt manikɪr]
pedicure (f)	voetbehandeling	[fut·behandeliŋ]

mala (f) de maquilhagem	kosmetika tassie	[kosmetika tassi]
pó (m)	gesigpoeier	[χesiχ·pujer]
caixa (f) de pó	poeierdosie	[pujer·dosi]
blush (m)	blosser	[blossər]

perfume (m)	parfuum	[parfɪm]
água (f) de toilette	reukwater	[røək·vatər]
loção (f)	vloeiroom	[flui·roəm]
água-de-colónia (f)	reukwater	[røək·vatər]

sombra (f) de olhos	oogskadu	[oəχ·skadu]
lápis (m) delineador	oogomlyner	[oəχ·omlajnər]
máscara (f), rímel (m)	maskara	[maskara]

batom (m)	lipstiffie	[lip·stiffi]
verniz (m) de unhas	naellak	[naɛl·lak]
laca (f) para cabelos	haarsproei	[hãrs·prui]
desodorizante (m)	reukweermiddel	[røək·veərmiddəl]

creme (m)	room	[roəm]
creme (m) de rosto	gesigroom	[χesiχ·roəm]
creme (m) de mãos	handroom	[hand·roəm]
creme (m) antirrugas	antirimpelroom	[antirimpəl·roəm]
creme (m) de dia	dagroom	[daχ·roəm]
creme (m) de noite	nagroom	[naχ·roəm]
de dia	dag-	[daχ-]
da noite	nag-	[naχ-]

tampão (m)	tampon	[tampon]
papel (m) higiénico	toiletpapier	[tojlet·papir]
secador (m) elétrico	haardroër	[hãr·droɛr]

42. Joalheria

joias (f pl)	juwellersware	[juvelirs·warə]
precioso	edel-	[ɛdəl-]
marca (f) de contraste	waarmerk	[vãrmerk]

anel (m)	ring	[riŋ]
aliança (f)	trouring	[træʊriŋ]
pulseira (f)	armband	[armbant]
brincos (m pl)	oorbelle	[oər·bɛllə]

colar (m)	halssnoer	[hals·snur]
coroa (f)	kroon	[kroən]
colar (m) de contas	kraalsnoer	[krāl·snur]

diamante (m)	diamant	[diamant]
esmeralda (f)	smarag	[smaraχ]
rubi (m)	robyn	[robajn]
safira (f)	saffier	[saffir]
pérola (f)	pêrel	[pærəl]
âmbar (m)	amber	[ambər]

43. Relógios de pulso. Relógios

relógio (m) de pulso	polshorlosie	[pols·horlosi]
mostrador (m)	wyserplaat	[vajsər·plāt]
ponteiro (m)	wyster	[vajstər]
bracelete (f) em aço	metaal horlosiebandjie	[metāl horlosi·bandʒi]
bracelete (f) em pele	horlosiebandjie	[horlosi·bandʒi]

pilha (f)	battery	[battəraj]
descarregar-se	pap wees	[pap vees]
estar adiantado	voorloop	[foərloəp]
estar atrasado	agterloop	[aχtərloəp]

relógio (m) de parede	muurhorlosie	[mɪr·horlosi]
ampulheta (f)	uurglas	[ɪr·χlas]
relógio (m) de sol	sonwyser	[son·wajsər]
despertador (m)	wekker	[vɛkkər]
relojoeiro (m)	horlosiemaker	[horlosi·makər]
reparar (vt)	herstel	[herstəl]

Alimantação. Nutrição

44. Comida

carne (f)	vleis	[flæjs]
galinha (f)	hoender	[hundər]
frango (m)	braaikuiken	[brāj·kœiken]
pato (m)	eend	[eent]
ganso (m)	gans	[χaŋs]
caça (f)	wild	[vilt]
peru (m)	kalkoen	[kalkun]

carne (f) de porco	varkvleis	[fark·flæjs]
carne (f) de vitela	kalfsvleis	[kalfs·flæjs]
carne (f) de carneiro	lamsvleis	[lams·flæjs]
carne (f) de vaca	beesvleis	[bees·flæjs]
carne (f) de coelho	konynvleis	[konajn·flæjs]

chouriço, salsichão (m)	wors	[vors]
salsicha (f)	Weense worsie	[veɛŋsə vorsi]
bacon (m)	spek	[spek]
fiambre (f)	ham	[ham]
presunto (m)	gerookte ham	[χeroəktə ham]

patê (m)	patee	[pateə]
fígado (m)	lewer	[levər]
carne (f) moída	maalvleis	[māl·flæjs]
língua (f)	tong	[toŋ]

ovo (m)	eier	[æjer]
ovos (m pl)	eiers	[æjers]
clara (f) do ovo	eierwit	[æjer·wit]
gema (f) do ovo	dooier	[dojer]

peixe (m)	vis	[fis]
marisco (m)	seekos	[seə·kos]
crustáceos (m pl)	skaaldiere	[skāldirə]
caviar (m)	kaviaar	[kafiãr]

caranguejo (m)	krab	[krap]
camarão (m)	garnaal	[χarnāl]
ostra (f)	oester	[ustər]
lagosta (f)	seekreef	[seə·kreəf]
polvo (m)	seekat	[seə·kat]
lula (f)	pylinkvis	[pajl·inkfis]

esturjão (m)	steur	[støər]
salmão (m)	salm	[salm]
halibute (m)	heilbot	[hæjlbot]
bacalhau (m)	kabeljou	[kabeljæʊ]

cavala, sarda (f)	makriel	[makril]
atum (m)	tuna	[tuna]
enguia (f)	paling	[paliŋ]

truta (f)	forel	[forəl]
sardinha (f)	sardyn	[sardajn]
lúcio (m)	varswatersnoek	[farswatər·snuk]
arenque (m)	haring	[hariŋ]

pão (m)	brood	[broət]
queijo (m)	kaas	[kās]
açúcar (m)	suiker	[sœikər]
sal (m)	sout	[sæʊt]

arroz (m)	rys	[rajs]
massas (f pl)	pasta	[pasta]
talharim (m)	noedels	[nudɛls]

manteiga (f)	botter	[bottər]
óleo (m) vegetal	plantaardige olie	[plantārdiχə oli]
óleo (m) de girassol	sonblomolie	[sonblom·oli]
margarina (f)	margarien	[marχarin]

| azeitonas (f pl) | olywe | [olajvə] |
| azeite (m) | olyfolie | [olajf·oli] |

leite (m)	melk	[mɛlk]
leite (m) condensado	kondensmelk	[kondɛŋs·mɛlk]
iogurte (m)	jogurt	[joχurt]
nata (f)	suurroom	[sɪr·roəm]
nata (f) do leite	room	[roəm]

| maionese (f) | mayonnaise | [majonɛs] |
| creme (m) | crème | [krɛm] |

grãos (m pl) de cereais	ontbytgraan	[ontbajt·χrān]
farinha (f)	meelblom	[meəl·blom]
enlatados (m pl)	blikkieskos	[blikkis·kos]

flocos (m pl) de milho	mielievlokkies	[mili·flokkis]
mel (m)	heuning	[høəniŋ]
doce (m)	konfyt	[konfajt]
pastilha (f) elástica	kougom	[kæʊχom]

45. Bebidas

água (f)	water	[vatər]
água (f) potável	drinkwater	[drink·vatər]
água (f) mineral	mineraalwater	[minerāl·vatər]

sem gás	sonder gas	[sondər χas]
gaseificada	soda-	[soda-]
com gás	bruis-	[brœis-]
gelo (m)	ys	[ajs]

com gelo	met ys	[met ajs]
sem álcool	nie-alkoholies	[ni-alkoholis]
bebida (f) sem álcool	koeldrank	[kul·drank]
refresco (m)	verfrissende drank	[ferfrissendə drank]
limonada (f)	limonade	[limonadə]

bebidas (f pl) alcoólicas	likeure	[likøərə]
vinho (m)	wyn	[vajn]
vinho (m) branco	witwyn	[vit·vajn]
vinho (m) tinto	rooiwyn	[roj·vajn]

licor (m)	likeur	[likøər]
champanhe (m)	sjampanje	[ʃampanjə]
vermute (m)	vermoet	[fermut]

uísque (m)	whisky	[vhiskaj]
vodka (f)	vodka	[fodka]
gim (m)	jenever	[jenefər]
conhaque (m)	brandewyn	[brandə·vajn]
rum (m)	rum	[rum]

café (m)	koffie	[koffi]
café (m) puro	swart koffie	[swart koffi]
café (m) com leite	koffie met melk	[koffi met melk]
cappuccino (m)	capuccino	[kaputʃino]
café (m) solúvel	poeierkoffie	[pujer·koffi]

leite (m)	melk	[melk]
coquetel (m)	mengeldrankie	[menχəl·dranki]
batido (m) de leite	melkskommel	[melk·skomməl]

sumo (m)	sap	[sap]
sumo (m) de tomate	tamatiesap	[tamati·sap]
sumo (m) de laranja	lemoensap	[lemoən·sap]
sumo (m) fresco	vars geparste sap	[fars χeparstə sap]

cerveja (f)	bier	[bir]
cerveja (f) clara	ligte bier	[liχtə bir]
cerveja (f) preta	donker bier	[donkər bir]

chá (m)	tee	[teə]
chá (m) preto	swart tee	[swart teə]
chá (m) verde	groen tee	[χrun teə]

46. Vegetais

legumes (m pl)	groente	[χruntə]
verduras (f pl)	groente	[χruntə]

tomate (m)	tamatie	[tamati]
pepino (m)	komkommer	[komkommər]
cenoura (f)	wortel	[vortəl]
batata (f)	aartappel	[ārtappəl]
cebola (f)	ui	[œi]

alho (m)	knoffel	[knoffəl]
couve (f)	kool	[koəl]
couve-flor (f)	blomkool	[blom·koəl]
couve-de-bruxelas (f)	Brusselspruite	[brussɛl·sprœitə]
brócolos (m pl)	broccoli	[brokoli]
beterraba (f)	beet	[beət]
beringela (f)	eiervrug	[æjerfruχ]
curgete (f)	vingerskorsie	[fiŋər·skorsi]
abóbora (f)	pampoen	[pampun]
nabo (m)	raap	[rãp]
salsa (f)	pietersielie	[pitərsili]
funcho, endro (m)	dille	[dillə]
alface (f)	slaai	[slãi]
aipo (m)	seldery	[selderaj]
espargo (m)	aspersie	[aspersi]
espinafre (m)	spinasie	[spinasi]
ervilha (f)	ertjie	[ɛrki]
fava (f)	boontjies	[boənkis]
milho (m)	mielie	[mili]
feijão (m)	nierboontjie	[nir·boənki]
pimentão (m)	paprika	[paprika]
rabanete (m)	radys	[radajs]
alcachofra (f)	artisjok	[artiʃok]

47. Frutos. Nozes

fruta (f)	vrugte	[fruχtə]
maçã (f)	appel	[appəl]
pera (f)	peer	[peər]
limão (m)	suurlemoen	[sɪr·lemun]
laranja (f)	lemoen	[lemun]
morango (m)	aarbei	[ãrbæj]
tangerina (f)	nartjie	[narki]
ameixa (f)	pruim	[prœim]
pêssego (m)	perske	[perskə]
damasco (m)	appelkoos	[appɛlkoəs]
framboesa (f)	framboos	[framboəs]
ananás (m)	pynappel	[pajnappəl]
banana (f)	piesang	[pisaŋ]
melancia (f)	waatlemoen	[vãtlemun]
uva (f)	druif	[drœif]
ginja (f)	suurkersie	[sɪr·kersi]
cereja (f)	soetkersie	[sut·kersi]
meloa (f)	spanspek	[spaŋspek]
toranja (f)	pomelo	[pomelo]
abacate (m)	avokado	[afokado]
papaia (f)	papaja	[papaja]

| manga (f) | mango | [manχo] |
| romã (f) | granaat | [χranãt] |

groselha (f) vermelha	rooi aalbessie	[roj ãlbɛssi]
groselha (f) preta	swartbessie	[swartbɛssi]
groselha (f) espinhosa	appelliefie	[appɛlifi]
mirtilo (m)	bosbessie	[bosbɛssi]
amora silvestre (f)	braambessie	[brãmbɛssi]

uvas (f pl) passas	rosyntjie	[rosajnki]
figo (m)	vy	[faj]
tâmara (f)	dadel	[dadəl]

amendoim (m)	grondboontjie	[χront·boənki]
amêndoa (f)	amandel	[amandəl]
noz (f)	okkerneut	[okkər·nøət]
avelã (f)	haselneut	[hasɛl·nøət]
coco (m)	klapper	[klappər]
pistáchios (m pl)	pistachio	[pistatʃio]

48. Pão. Bolaria

pastelaria (f)	soet gebak	[sut χebak]
pão (m)	brood	[broət]
bolacha (f)	koekies	[kukis]

chocolate (m)	sjokolade	[ʃokoladə]
de chocolate	sjokolade	[ʃokoladə]
rebuçado (m)	lekkers	[lɛkkərs]
bolo (cupcake, etc.)	koek	[kuk]
bolo (m) de aniversário	koek	[kuk]

| tarte (~ de maçã) | pastei | [pastæj] |
| recheio (m) | vulsel | [fulsəl] |

doce (m)	konfyt	[konfajt]
geleia (f) de frutas	marmelade	[marmeladə]
waffle (m)	wafels	[vafɛls]
gelado (m)	roomys	[roəm·ajs]
pudim (m)	poeding	[pudiŋ]

49. Pratos cozinhados

prato (m)	gereg	[χerəχ]
cozinha (~ portuguesa)	kookkuns	[koək·kuns]
receita (f)	resep	[resep]
porção (f)	porsie	[porsi]

salada (f)	slaai	[slãi]
sopa (f)	sop	[sop]
caldo (m)	helder sop	[hɛldər sop]
sandes (f)	toebroodjie	[tubroədʒi]

ovos (m pl) estrelados	gabakte eiers	[χabaktə æejers]
hambúrguer (m)	hamburger	[hamburχər]
bife (m)	biefstuk	[bifstuk]

conduto (m)	sygereg	[saj·χerəχ]
espaguete (m)	spaghetti	[spaχɛtti]
puré (m) de batata	kapokaartappels	[kapok·ārtappəls]
pizza (f)	pizza	[pizza]
papa (f)	pap	[pap]
omelete (f)	omelet	[oməlet]

cozido em água	gekook	[χekoək]
fumado	gerook	[χeroək]
frito	gebak	[χebak]
seco	gedroog	[χedroəχ]
congelado	gevries	[χefris]
em conserva	gepiekel	[χepikəl]

doce (açucarado)	soet	[sut]
salgado	sout	[sæʊt]
frio	koud	[kæʊt]
quente	warm	[varm]
amargo	bitter	[bittər]
gostoso	smaaklik	[smāklik]

cozinhar (em água a ferver)	kook in water	[koək in vatər]
fazer, preparar (vt)	kook	[koək]
fritar (vt)	braai	[braj]
aquecer (vt)	opwarm	[opwarm]

salgar (vt)	sout	[sæʊt]
apimentar (vt)	peper	[pepər]
ralar (vt)	rasp	[rasp]
casca (f)	skil	[skil]
descascar (vt)	skil	[skil]

50. Especiarias

sal (m)	sout	[sæʊt]
salgado	sout	[sæʊt]
salgar (vt)	sout	[sæʊt]

pimenta (f) preta	swart peper	[swart pepər]
pimenta (f) vermelha	rooi peper	[roj pepər]
mostarda (f)	mosterd	[mostert]
raiz-forte (f)	peperwortel	[peper·wortəl]

condimento (m)	smaakmiddel	[smāk·middəl]
especiaria (f)	spesery	[spesəraj]
molho (m)	sous	[sæʊs]
vinagre (m)	asyn	[asajn]

anis (m)	anys	[anajs]
manjericão (m)	basilikum	[basilikum]

cravo (m)	naeltjies	[naɛlkis]
gengibre (m)	gemmer	[xɛmmər]
coentro (m)	koljander	[koljandər]
canela (f)	kaneel	[kaneəl]

sésamo (m)	sesamsaad	[sesam·sāt]
folhas (f pl) de louro	lourierblaar	[læʊrir·blār]
páprica (f)	paprika	[paprika]
cominho (m)	komynsaad	[komajnsāt]
açafrão (m)	saffraan	[saffrān]

51. Refeições

comida (f)	kos	[kos]
comer (vt)	eet	[eət]

pequeno-almoço (m)	ontbyt	[ontbajt]
tomar o pequeno-almoço	ontbyt	[ontbajt]
almoço (m)	middagete	[middaχ·etə]
almoçar (vi)	gaan eet	[χān eət]
jantar (m)	aandete	[āndetə]
jantar (vi)	aandete gebruik	[āndetə χebrœik]

apetite (m)	aptyt	[aptajt]
Bom apetite!	Smaaklike ete!	[smāklikə etə!]

abrir (~ uma lata, etc.)	oopmaak	[oəpmāk]
derramar (vt)	mors	[mors]
derramar-se (vr)	mors	[mors]

ferver (vi)	kook	[koək]
ferver (vt)	kook	[koək]
fervido	gekook	[χekoək]
arrefecer (vt)	laat afkoel	[lāt afkul]
arrefecer-se (vr)	afkoel	[afkul]

sabor, gosto (m)	smaak	[smāk]
gostinho (m)	nasmaak	[nasmāk]

fazer dieta	vermaer	[fermaər]
dieta (f)	dieet	[diət]
vitamina (f)	vitamien	[fitamin]
caloria (f)	kalorie	[kalori]

vegetariano (m)	vegetariër	[feχetariɛr]
vegetariano	vegetaries	[feχetaris]

gorduras (f pl)	vette	[fɛttə]
proteínas (f pl)	proteïen	[proteïen]
carboidratos (m pl)	koolhidrate	[koəlhidratə]

fatia (~ de limão, etc.)	snytjie	[snajki]
pedaço (~ de bolo)	stuk	[stuk]
migalha (f)	krummel	[krumməl]

52. Por a mesa

colher (f)	lepel	[lepəl]
faca (f)	mes	[mes]
garfo (m)	vurk	[furk]

chávena (f)	koppie	[koppi]
prato (m)	bord	[bort]
pires (m)	piering	[piriŋ]
guardanapo (m)	servet	[serfət]
palito (m)	tandestokkie	[tandə·stokki]

53. Restaurante

restaurante (m)	restaurant	[restɔurant]
café (m)	koffiekroeg	[koffi·kruχ]
bar (m), cervejaria (f)	kroeg	[kruχ]
salão (m) de chá	teekamer	[teə·kamər]

empregado (m) de mesa	kelner	[kɛlnər]
empregada (f) de mesa	kelnerin	[kɛlnərin]
barman (m)	kroegman	[kruχman]

ementa (f)	spyskaart	[spajs·kãrt]
lista (f) de vinhos	wyn	[vajn]
reservar uma mesa	wynkaart	[vajn·kãrt]

prato (m)	gereg	[χerəχ]
pedir (vt)	bestel	[bestəl]
fazer o pedido	bestel	[bestəl]

aperitivo (m)	drankie	[dranki]
entrada (f)	voorgereg	[fɔərχerəχ]
sobremesa (f)	nagereg	[naχerəχ]

conta (f)	rekening	[rekəniŋ]
pagar a conta	die rekening betaal	[di rekəniŋ betãl]
dar o troco	kleingeld gee	[klæjn·χɛlt χeə]
gorjeta (f)	fooitjie	[fojki]

Família, parentes e amigos

54. Informação pessoal. Formulários

nome (m)	voornaam	[foərnãm]
apelido (m)	van	[fan]
data (f) de nascimento	geboortedatum	[χeboərtə·datum]
local (m) de nascimento	geboorteplek	[χeboərtə·plek]
nacionalidade (f)	nasionaliteit	[naʃionalitæjt]
lugar (m) de residência	woonplek	[voən·plek]
país (m)	land	[lant]
profissão (f)	beroep	[berup]
sexo (m)	geslag	[χeslaχ]
estatura (f)	lengte	[leŋtə]
peso (m)	gewig	[χevəχ]

55. Membros da família. Parentes

mãe (f)	moeder	[mudər]
pai (m)	vader	[fadər]
filho (m)	seun	[søən]
filha (f)	dogter	[doχtər]
filha (f) mais nova	jonger dogter	[joŋər doχtər]
filho (m) mais novo	jonger seun	[joŋər søən]
filha (f) mais velha	oudste dogter	[æʊdstə doχtər]
filho (m) mais velho	oudste seun	[æʊdstə søən]
irmão (m)	broer	[brur]
irmão (m) mais velho	ouer broer	[æʊer brur]
irmão (m) mais novo	jonger broer	[joŋər brur]
irmã (f)	suster	[sustər]
irmã (f) mais velha	ouer suster	[æʊer sustər]
irmã (f) mais nova	jonger suster	[joŋər sustər]
primo (m)	neef	[neəf]
prima (f)	neef	[neəf]
mamã (f)	ma	[ma]
papá (m)	pa	[pa]
pais (pl)	ouers	[æʊers]
criança (f)	kind	[kint]
crianças (f pl)	kinders	[kindərs]
avó (f)	ouma	[æʊma]
avô (m)	oupa	[æʊpa]

neto (m)	kleinseun	[klæjn·søən]
neta (f)	kleindogter	[klæjn·doχtər]
netos (pl)	kleinkinders	[klæjn·kindərs]

tio (m)	oom	[oəm]
tia (f)	tante	[tantə]
sobrinho (m)	neef	[neəf]
sobrinha (f)	nig	[niχ]

sogra (f)	skoonma	[skoən·ma]
sogro (m)	skoonpa	[skoən·pa]
genro (m)	skoonseun	[skoən·søən]
madrasta (f)	stiefma	[stifma]
padrasto (m)	stiefpa	[stifpa]

criança (f) de colo	baba	[baba]
bebé (m)	baba	[baba]
menino (m)	seuntjie	[søənki]

mulher (f)	vrou	[fræʊ]
marido (m)	man	[man]
esposo (m)	eggenoot	[ɛχχenoət]
esposa (f)	eggenote	[ɛχχenotə]

casado	getroud	[χetræʊt]
casada	getroud	[χetræʊt]
solteiro	ongetroud	[onχətræʊt]
solteirão (m)	vrygesel	[frajχesəl]
divorciado	geskei	[χeskæj]
viúva (f)	weduwee	[veduveə]
viúvo (m)	wedunaar	[vedunãr]

parente (m)	familielid	[famililit]
parente (m) próximo	na familie	[na famili]
parente (m) distante	ver familie	[fer famili]
parentes (m pl)	familielede	[famililedə]

órfão (m)	weeskind	[veəskint]
órfã (f)	weeskind	[veəskint]
tutor (m)	voog	[foəχ]
adotar (um filho)	aanneem	[ãnneəm]
adotar (uma filha)	aanneem	[ãnneəm]

56. Amigos. Colegas de trabalho

amigo (m)	vriend	[frint]
amiga (f)	vriendin	[frindin]
amizade (f)	vriendskap	[frindskap]
ser amigos	bevriend wees	[befrint veəs]
parceiro (m)	maat	[mãt]

chefe (m)	baas	[bãs]
superior (m)	baas	[bãs]
proprietário (m)	eienaar	[æjenãr]

| subordinado (m) | ondergeskikte | [ondərχeskiktə] |
| colega (m) | kollega | [kolleχa] |

conhecido (m)	kennis	[kɛnnis]
companheiro (m) de viagem	medereisiger	[medə·ræjsiχər]
colega (m) de classe	klasmaat	[klas·māt]

vizinho (m)	buurman	[bɪrman]
vizinha (f)	buurvrou	[bɪrfræʊ]
vizinhos (pl)	bure	[burə]

57. Homem. Mulher

mulher (f)	vrou	[fræʊ]
rapariga (f)	meisie	[mæjsi]
noiva (f)	bruid	[brœit]

bonita	mooi	[moj]
alta	groot	[χroət]
esbelta	slank	[slank]
de estatura média	kort	[kort]

| loura (f) | blondine | [blondinə] |
| morena (f) | brunet | [brunet] |

de senhora	dames-	[dames-]
virgem (f)	maagd	[māχt]
grávida	swanger	[swaŋər]

homem (m)	man	[man]
louro (m)	blond	[blont]
moreno (m)	brunet	[brunet]
alto	groot	[χroət]
de estatura média	kort	[kort]

rude	onbeskof	[onbeskof]
atarracado	frisgebou	[frisχebæʊ]
robusto	frisgebou	[frisχebæʊ]
forte	sterk	[sterk]
força (f)	sterkte	[sterktə]

gordo	vet	[fet]
moreno	blas	[blas]
esbelto	slank	[slank]
elegante	elegant	[ɛleχant]

58. Idade

idade (f)	ouderdom	[æʊderdom]
juventude (f)	jeug	[jøəχ]
jovem	jong	[joŋ]
mais novo	jonger	[joŋər]

mais velho	ouer	[æʊər]
jovem (m)	jongman	[joŋman]
adolescente (m)	tiener	[tinər]
rapaz (m)	ou	[æʊ]

| velhote (m) | ou man | [æʊ man] |
| velhota (f) | ou vrou | [æʊ fræʊ] |

adulto	volwasse	[folwassə]
de meia-idade	middeljarig	[middəl·jarəχ]
de certa idade	bejaard	[bejärt]
idoso	oud	[æʊt]

reforma (f)	pensioen	[pɛnsiun]
reformar-se (vr)	met pensioen gaan	[met pɛnsiun χān]
reformado (m)	pensioenaris	[pɛnsiunaris]

59. Crianças

criança (f)	kind	[kint]
crianças (f pl)	kinders	[kindərs]
gémeos (m pl)	tweeling	[tweəliŋ]

berço (m)	wiegie	[viχi]
guizo (m)	rammelaar	[rammelār]
fralda (f)	luier	[lœiər]

chupeta (f)	fopspeen	[fopspeən]
carrinho (m) de bebé	kinderwaentjie	[kindər·waenki]
jardim (m) de infância	kindertuin	[kindər·tœin]
babysitter (f)	babasitter	[babasittər]

| infância (f) | kinderdae | [kindərdae] |
| boneca (f) | pop | [pop] |

| brinquedo (m) | speelgoed | [speəl·χut] |
| jogo (m) de armar | boudoos | [bæʊ·doəs] |

bem-educado	goed opgevoed	[χut opχəfut]
mal-educado	sleg opgevoed	[sleχ opχəfut]
mimado	bederf	[bederf]

| ser travesso | stout wees | [stæʊt veəs] |
| travesso, traquinas | ondeuend | [ondøent] |

| travessura (f) | ondeuendheid | [ondøenthæjt] |
| criança (f) travessa | rakker | [rakkər] |

| obediente | gehoorsaam | [χehoərsām] |
| desobediente | ongehoorsaam | [onχehoərsām] |

dócil	soet	[sut]
inteligente	slim	[slim]
menino (m) prodígio	wonderkind	[vondərkint]

60. Casais. Vida de família

beijar (vt)	soen	[sun]
beijar-se (vr)	mekaar soen	[mekãr sun]
família (f)	familie	[famili]
familiar	gesins-	[χesins-]
casal (m)	paartjie	[pãrki]
matrimónio (m)	huwelik	[huvelik]
lar (m)	tuiste	[tœistə]
dinastia (f)	dinastie	[dinasti]
encontro (m)	datum	[datum]
beijo (m)	soen	[sun]
amor (m)	liefde	[lifdə]
amar (vt)	liefhê	[lifhɛ:]
amado, querido	geliefde	[χelifdə]
ternura (f)	teerheid	[teərhæjt]
terno, afetuoso	teer	[teər]
fidelidade (f)	trou	[træʊ]
fiel	trou	[træʊ]
cuidado (m)	sorg	[sorχ]
carinhoso	sorgsaam	[sorχsãm]
recém-casados (m pl)	pasgetroudes	[pas·χetræʊdes]
lua de mel (f)	wittebroodsdae	[vittebroəds·daə]
casar-se (com um homem)	trou	[træʊ]
casar-se (com uma mulher)	trou	[træʊ]
boda (f)	bruilof	[brœilof]
bodas (f pl) de ouro	goue bruilof	[χæʊə brœilof]
aniversário (m)	verjaardag	[ferjãr·daχ]
amante (m)	minnaar	[minnãr]
amante (f)	minnares	[minnares]
adultério (m)	owerspel	[overspəl]
cometer adultério	owerspel pleeg	[overspəl pleəχ]
ciumento	jaloers	[jalurs]
ser ciumento	jaloers wees	[jalurs veəs]
divórcio (m)	egskeiding	[ɛχskæjdiŋ]
divorciar-se (vr)	skei	[skæj]
brigar (discutir)	baklei	[baklæj]
fazer as pazes	versoen	[fersun]
juntos	saam	[sãm]
sexo (m)	seks	[seks]
felicidade (f)	geluk	[χeluk]
feliz	gelukkig	[χelukkəχ]
infelicidade (f)	ongeluk	[onχəluk]
infeliz	ongelukkig	[onχəlukkəχ]

Caráter. Sentimentos. Emoções

61. Sentimentos. Emoções

sentimento (m)	gevoel	[χeful]
sentimentos (m pl)	gevoelens	[χefulɛŋs]
sentir (vt)	voel	[ful]
fome (f)	honger	[hoŋər]
ter fome	honger wees	[hoŋər veəs]
sede (f)	dors	[dors]
ter sede	dors wees	[dors veəs]
sonolência (f)	slaperigheid	[slaperiχæjt]
estar sonolento	vaak voel	[fāk ful]
cansaço (m)	moegheid	[muχæjt]
cansado	moeg	[muχ]
ficar cansado	moeg word	[muχ vort]
humor (m)	stemming	[stɛmmiŋ]
tédio (m)	verveling	[ferfeliŋ]
aborrecer-se (vr)	verveeld wees	[ferveəlt veəs]
isolamento (m)	afsondering	[afsondəriŋ]
isolar-se	jou afsonder	[jæʊ afsondər]
preocupar (vt)	bekommerd maak	[bekommərt māk]
preocupar-se (vr)	bekommerd wees	[bekommərt veəs]
preocupação (f)	kommerwekkend	[kommər·wɛkkent]
ansiedade (f)	vrees	[freəs]
preocupado	behep	[behep]
estar nervoso	senuweeagtig wees	[senuveə·aχtəχ veəs]
entrar em pânico	paniekerig raak	[panikerəχ rāk]
esperança (f)	hoop	[hoəp]
esperar (vt)	hoop	[hoəp]
certeza (f)	sekerheid	[sekərhæjt]
certo	seker	[sekər]
indecisão (f)	onsekerheid	[ɔŋsekərhæjt]
indeciso	onseker	[ɔŋsekər]
ébrio, bêbado	dronk	[dronk]
sóbrio	nugter	[nuχtər]
fraco	swak	[swak]
feliz	gelukkig	[χelukkəχ]
assustar (vt)	bang maak	[baŋ māk]
fúria (f)	kwaadheid	[kwādhæjt]
ira, raiva (f)	woede	[vudə]
depressão (f)	depressie	[deprɛssi]
desconforto (m)	ongemak	[onχəmak]

conforto (m)	gemak	[χemak]
arrepender-se (vr)	jammer wees	[jammər vees]
arrependimento (m)	spyt	[spajt]
azar (m), má sorte (f)	teëspoed	[teɛsput]
tristeza (f)	droefheid	[drufhæjt]

vergonha (f)	skaamte	[skãmtə]
alegria (f)	vreugde	[frøøχdə]
entusiasmo (m)	entoesiasme	[ɛntusiasmə]
entusiasta (m)	entoesiasties	[ɛntusiastis]
mostrar entusiasmo	begeestering toon	[beχeesteriŋ toən]

62. Caráter. Personalidade

caráter (m)	karakter	[karaktər]
falha (f) de caráter	karakterfout	[karaktər·fæʊt]
mente (f)	verstand	[ferstant]
razão (f)	verstand	[ferstant]

consciência (f)	gewete	[χevetə]
hábito (m)	gewoonte	[χevoentə]
habilidade (f)	talent	[talent]
saber (~ nadar, etc.)	kan	[kan]

paciente	geduldig	[χeduldəχ]
impaciente	ongeduldig	[onχeduldəχ]
curioso	nuuskierig	[nɪskirəχ]
curiosidade (f)	nuuskierigheid	[nɪskiriχæjt]

modéstia (f)	beskeidenheid	[beskæjdenhæjt]
modesto	beskeie	[beskæje]
imodesto	onbeskeie	[onbeskæje]

preguiça (f)	luiheid	[lœihæjt]
preguiçoso	lui	[lœi]
preguiçoso (m)	luiaard	[lœiãrt]

astúcia (f)	sluheid	[sluhæjt]
astuto	slu	[slu]
desconfiança (f)	wantroue	[vantræʊə]
desconfiado	agterdogtig	[aχtərdoχtəχ]

generosidade (f)	gulheid	[χulhæjt]
generoso	gulhartig	[χulhartəχ]
talentoso	talentvol	[talentfol]
talento (m)	talent	[talent]

corajoso	moedig	[mudəχ]
coragem (f)	moed	[mut]
honesto	eerlik	[eərlik]
honestidade (f)	eerlikheid	[eərlikhæjt]

prudente	versigtig	[fersiχtəχ]
valente	dapper	[dappər]

| sério | ernstig | [ɛrnstəχ] |
| severo | streng | [streŋ] |

decidido	vasberade	[fasberadə]
indeciso	besluiteloos	[beslœiteloəs]
tímido	skaam	[skãm]
timidez (f)	skaamheid	[skãmhæjt]

confiança (f)	vertroue	[fertræʋə]
confiar (vt)	vertrou	[fertræʋ]
crédulo	goedgelowig	[χudχəlovəχ]

sinceramente	opreg	[opreχ]
sincero	opregte	[opreχtə]
sinceridade (f)	opregtheid	[opreχthæjt]
aberto	oop	[oəp]

calmo	kalm	[kalm]
franco	openhartig	[openhartəχ]
ingénuo	naïef	[naïef]
distraído	verstrooid	[ferstrojt]
engraçado	snaaks	[snãks]

ganância (f)	hebsug	[hebsuχ]
ganancioso	hebsugtig	[hebsuχtəχ]
avarento	gierig	[χirəχ]
mau	boos	[boəs]
teimoso	hardnekkig	[hardnɛkkəχ]
desagradável	onaangenaam	[onãnχənãm]

egoísta (m)	selfsugtig	[sɛlfsuχtəχ]
egoísta	selfsugtig	[sɛlfsuχtəχ]
cobarde (m)	laffaard	[laffãrt]
cobarde	lafhartig	[lafhartəχ]

63. O sono. Sonhos

dormir (vi)	slaap	[slãp]
sono (m)	slaap	[slãp]
sonho (m)	droom	[droəm]
sonhar (vi)	droom	[droəm]
sonolento	vaak	[fãk]

cama (f)	bed	[bet]
colchão (m)	matras	[matras]
cobertor (m)	kombers	[kombers]
almofada (f)	kussing	[kussiŋ]
lençol (m)	laken	[laken]

insónia (f)	slaaploosheid	[slãploəshæjt]
insone	slaaploos	[slãploəs]
sonífero (m)	slaappil	[slãp·pil]
estar sonolento	vaak voel	[fãk ful]
bocejar (vi)	gaap	[χãp]

ir para a cama	gaan slaap	[χān slāp]
fazer a cama	die bed opmaak	[di bet opmāk]
adormecer (vi)	aan die slaap raak	[ān di slāp rāk]

pesadelo (m)	nagmerrie	[naχmerri]
ronco (m)	gesnork	[χesnork]
roncar (vi)	snork	[snork]

despertador (m)	wekker	[vɛkkər]
acordar, despertar (vt)	wakker maak	[vakkər māk]
acordar (vi)	wakker word	[vakkər vort]
levantar-se (vr)	opstaan	[opstān]
lavar-se (vr)	jou was	[jæʊ vas]

64. Humor. Riso. Alegria

humor (m)	humor	[humor]
sentido (m) de humor	humorsin	[humorsin]
divertir-se (vr)	jouself geniet	[jæʊsɛlf χenit]
alegre	vrolik	[frolik]
alegria (f)	pret	[pret]

sorriso (m)	glimlag	[χlimlaχ]
sorrir (vi)	glimlag	[χlimlaχ]
começar a rir	begin lag	[beχin laχ]
rir (vi)	lag	[laχ]
riso (m)	lag	[laχ]

anedota (f)	anekdote	[anekdotə]
engraçado	snaaks	[snāks]
ridículo	snaaks	[snāks]

brincar, fazer piadas	grappies maak	[χrappis māk]
piada (f)	grappie	[χrappi]
alegria (f)	vreugde	[frøəχdə]
regozijar-se (vr)	bly wees	[blaj veəs]
alegre	bly	[blaj]

65. Discussão, conversação. Parte 1

| comunicação (f) | kommunikasie | [kommunikasi] |
| comunicar-se (vr) | kommunikeer | [kommunikeər] |

conversa (f)	gesprek	[χesprek]
diálogo (m)	dialoog	[dialoəχ]
discussão (f)	diskussie	[diskussi]
debate (m)	dispuut	[dispɪt]
debater (vt)	debatteer	[debatteər]

interlocutor (m)	gespreksgenoot	[χespreks·χenoət]
tema (m)	onderwerp	[ondərwerp]
ponto (m) de vista	standpunt	[stand·punt]

opinião (f)	opinie	[opini]
discurso (m)	toespraak	[tusprāk]

discussão (f)	bespreking	[besprekiŋ]
discutir (vt)	bespreek	[bespreek]
conversa (f)	gesprek	[χesprek]
conversar (vi)	gesels	[χesɛls]
encontro (m)	ontmoeting	[ontmutiŋ]
encontrar-se (vr)	ontmoet	[ontmut]

provérbio (m)	spreekwoord	[spreek·woərt]
ditado (m)	gesegde	[χeseχdə]
adivinha (f)	raaisel	[rājsəl]
senha (f)	wagwoord	[vaχ·woərt]
segredo (m)	geheim	[χəhæjm]

juramento (m)	eed	[eət]
jurar (vi)	sweer	[sweər]
promessa (f)	belofte	[beloftə]
prometer (vt)	beloof	[beloəf]

conselho (m)	raad	[rāt]
aconselhar (vt)	aanraai	[ānrāi]
seguir o conselho	raad volg	[rāt folχ]
escutar (~ os conselhos)	luister na	[lœistər na]

novidade, notícia (f)	nuus	[nɪs]
sensação (f)	sensasie	[sɛŋsasi]
informação (f)	inligting	[inliχtiŋ]
conclusão (f)	slotsom	[slotsom]
voz (f)	stem	[stem]
elogio (m)	kompliment	[kompliment]
amável	gaaf	[χāf]

palavra (f)	woord	[voərt]
frase (f)	frase	[frasə]
resposta (f)	antwoord	[antwoərt]

verdade (f)	waarheid	[vārhæjt]
mentira (f)	leuen	[løəen]

pensamento (m)	gedagte	[χedaχtə]
ideia (f)	idee	[ideə]
fantasia (f)	verbeelding	[ferbeəldiŋ]

66. Discussão, conversação. Parte 2

estimado	gerespekteer	[χerespekteər]
respeitar (vt)	respekteer	[respekteər]
respeito (m)	respek	[respek]
Estimado ..., Caro ...	Geagte ...	[χeaχtə ...]

apresentar (vt)	voorstel	[foərstəl]
travar conhecimento	kennismaak	[kɛnnismāk]

intenção (f)	voorneme	[foərnemə]
tencionar (vt)	voornemens wees	[foərnemɛŋs veəs]
desejo (m)	wens	[vɛŋs]
desejar (ex. ~ boa sorte)	wens	[vɛŋs]

surpresa (f)	verrassing	[ferrassiŋ]
surpreender (vt)	verras	[ferras]
surpreender-se (vr)	verbaas wees	[ferbās veəs]

dar (vt)	gee	[χeə]
pegar (tomar)	vat	[fat]
devolver (vt)	teruggee	[teruχeə]
dar de volta	terugvat	[teruχfat]

desculpar-se (vr)	verskoning vra	[ferskoniŋ fra]
desculpa (f)	verskoning	[ferskoniŋ]
perdoar (vt)	vergewe	[ferχevə]

falar (vi)	praat	[prāt]
escutar (vt)	luister	[lœistər]
ouvir até o fim	aanhoor	[ānhoər]
compreender (vt)	verstaan	[ferstān]

mostrar (vt)	wys	[vajs]
olhar para ...	kyk na ...	[kajk na ...]
chamar (dizer em voz alta o nome)	roep	[rup]
distrair (vt)	aflei	[aflæj]
perturbar (vt)	steur	[støər]
entregar (~ em mãos)	deurgee	[døərχeə]

pedido (m)	versoek	[fersuk]
pedir (ex. ~ ajuda)	versoek	[fersuk]
exigência (f)	eis	[æjs]
exigir (vt)	eis	[æjs]

chamar nomes (vt)	terg	[terχ]
zombar (vt)	terg	[terχ]
zombaria (f)	spot	[spot]
alcunha (f)	bynaam	[bajnām]

insinuação (f)	sinspeling	[sinspeliŋ]
insinuar (vt)	sinspeel	[sinspeəl]
subentender (vt)	impliseer	[impliseər]

descrição (f)	beskrywing	[beskrajviŋ]
descrever (vt)	beskryf	[beskrajf]
elogio (m)	lof	[lof]
elogiar (vt)	loof	[loəf]

desapontamento (m)	teleurstelling	[teløərstɛlliŋ]
desapontar (vt)	teleurstel	[teløərstəl]
desapontar-se (vr)	teleurgestel	[teløərχestəl]

| suposição (f) | veronderstelling | [feronderstɛlliŋ] |
| supor (vt) | veronderstel | [feronderstəl] |

advertência (f)	**waarskuwing**	[vārskuviŋ]
advertir (vt)	**waarsku**	[vārsku]

67. Discussão, conversação. Parte 3

convencer (vt)	**ompraat**	[omprāt]
acalmar (vt)	**kalmeer**	[kalmeər]

silêncio (o ~ é de ouro)	**stilte**	[stɪltə]
ficar em silêncio	**stilbly**	[stilblaj]
sussurrar (vt)	**fluister**	[flœistər]
sussurro (m)	**gefluister**	[χeflœistər]

francamente	**openlik**	[openlik]
a meu ver ...	**volgens my ...**	[folχɛŋs maj ...]

detalhe (~ da história)	**besonderhede**	[besondərhedə]
detalhado	**gedetailleerd**	[χedetajlleərt]
detalhadamente	**in detail**	[in detajl]
dica (f)	**wenk**	[vɛnk]

olhar (m)	**kykie**	[kajki]
dar uma vista de olhos	**kyk**	[kajk]
fixo (olhar ~)	**strak**	[strak]
piscar (vi)	**knipper**	[knippər]
pestanejar (vt)	**knipoog**	[knipoəχ]
acenar (com a cabeça)	**knik**	[knik]

suspiro (m)	**sug**	[suχ]
suspirar (vi)	**sug**	[suχ]
estremecer (vi)	**huiwer**	[hœivər]
gesto (m)	**gebaar**	[χebār]
tocar (com as mãos)	**aanraak**	[ānrāk]
agarrar (algm pelo braço)	**vat**	[fat]
bater de leve	**op die skouer tik**	[op di skæʊər tik]

Cuidado!	**Oppas!**	[oppas!]
A sério?	**Regtig?**	[reχtəχ?]
Tens a certeza?	**Is jy seker?**	[is jaj sekər?]
Boa sorte!	**Voorspoed!**	[foərspud!]
Compreendi!	**Ek sien!**	[ɛk sin!]
Que pena!	**Jammer!**	[jammər!]

68. Acordo. Recusa

consentimento (~ mútuo)	**toelating**	[tulatiŋ]
consentir (vi)	**toelaat**	[tulāt]
aprovação (f)	**goedkeuring**	[χudkøəriŋ]
aprovar (vt)	**goedkeur**	[χudkøər]
recusa (f)	**weiering**	[væjeriŋ]
negar-se (vt)	**weier**	[væjer]
Está ótimo!	**Wonderlik!**	[vondərlik!]

| Muito bem! | Goed! | [χud!] |
| Está bem! De acordo! | OK! | [okej!] |

proibido	verbode	[ferbodə]
é proibido	dit is verbode	[dit is ferbodə]
é impossível	dis onmoontlik	[dis onmoentlik]
incorreto	onjuis	[onjœis]

rejeitar (~ um pedido)	verwerp	[ferwerp]
apoiar (vt)	steun	[støən]
aceitar (desculpas, etc.)	aanvaar	[ānfār]

confirmar (vt)	bevestig	[befestəχ]
confirmação (f)	bevestiging	[befestəχiŋ]
permissão (f)	toelating	[tulatiŋ]
permitir (vt)	toelaat	[tulāt]
decisão (f)	besluit	[beslœit]
não dizer nada	stilbly	[stilblaj]

condição (com uma ~)	voorwaarde	[foərwārdə]
pretexto (m)	verskoning	[ferskoniŋ]
elogio (m)	lof	[lof]
elogiar (vt)	loof	[loəf]

69. Sucesso. Boa sorte. Insucesso

êxito, sucesso (m)	sukses	[suksɛs]
com êxito	suksesvol	[suksɛsfol]
bem sucedido	suksesvol	[suksɛsfol]

| sorte (fortuna) | geluk | [χeluk] |
| Boa sorte! | Voorspoed! | [foərspud!] |

| de sorte | geluks- | [χeluks-] |
| sortudo, felizardo | gelukkig | [χelukkəχ] |

fracasso (m)	mislukking	[mislukkiŋ]
pouca sorte (f)	teëspoed	[teɛsput]
azar (m), má sorte (f)	teëspoed	[teɛsput]

| mal sucedido | onsuksesvol | [ɔŋsuksɛsfol] |
| catástrofe (f) | katastrofe | [katastrofə] |

orgulho (m)	trots	[trots]
orgulhoso	trots	[trots]
estar orgulhoso	trots wees	[trots veəs]

| vencedor (m) | wenner | [vɛnnər] |
| vencer (vi) | wen | [ven] |

perder (vt)	verloor	[ferloər]
tentativa (f)	probeerslag	[probeərslaχ]
tentar (vt)	probeer	[probeər]
chance (m)	kans	[kaŋs]

70. Conflitos. Emoções negativas

grito (m)	skreeu	[skriʊ]
gritar (vi)	skreeu	[skriʊ]
começar a gritar	begin skreeu	[beχin skriʊ]

discussão (f)	rusie	[rusi]
discutir (vt)	baklei	[baklæj]
escândalo (m)	stryery	[strajeraj]
criar escândalo	spektakel maak	[spektakəl māk]
conflito (m)	konflik	[konflik]
mal-entendido (m)	misverstand	[misferstant]

insulto (m)	belediging	[beledəχiŋ]
insultar (vt)	beledig	[beledəχ]
insultado	beledig	[beledəχ]
ofensa (f)	gekrenktheid	[χekrɛnkthæjt]
ofender (vt)	beledig	[beledəχ]
ofender-se (vr)	gekrenk voel	[χekrɛnk ful]

indignação (f)	verontwaardiging	[ferontwārdəχiŋ]
indignar-se (vr)	verontwaardig wees	[ferontwārdəχ veəs]
queixa (f)	klag	[klaχ]
queixar-se (vr)	kla	[kla]

desculpa (f)	verskoning	[ferskoniŋ]
desculpar-se (vr)	verskoning vra	[ferskoniŋ fra]
pedir perdão	om verskoning vra	[om ferskoniŋ fra]

crítica (f)	kritiek	[kritik]
criticar (vt)	kritiseer	[kritiseər]
acusação (f)	beskuldiging	[beskuldəχiŋ]
acusar (vt)	beskuldig	[beskuldəχ]

vingança (f)	wraak	[vrāk]
vingar (vt)	wreek	[vreək]
pagar de volta	wraak neem	[vrāk neəm]

desprezo (m)	minagting	[minaχtiŋ]
desprezar (vt)	minag	[minaχ]
ódio (m)	haat	[hāt]
odiar (vt)	haat	[hāt]

nervoso	senuweeagtig	[senuveə·aχtəχ]
estar nervoso	senuweeagtig wees	[senuveə·aχtəχ veəs]
zangado	kwaad	[kwāt]
zangar (vt)	kwaad maak	[kwāt māk]

humilhação (f)	vernedering	[fernedəriŋ]
humilhar (vt)	verneder	[fernedər]
humilhar-se (vr)	jouself verneder	[jæʊsɛlf fernedər]

choque (m)	skok	[skok]
chocar (vt)	skok	[skok]
aborrecimento (m)	probleme	[problemə]

desagradável	onaangenaam	[onãnχənãm]
medo (m)	vrees	[freəs]
terrível (tempestade, etc.)	verskriklik	[ferskriklik]
assustador (ex. história ~a)	vreesaanjaend	[freəsãnjaent]
horror (m)	afgryse	[afχrajsə]
horrível (crime, etc.)	vreeslik	[freəslik]
começar a tremer	begin beef	[beχin beəf]
chorar (vi)	huil	[hœil]
começar a chorar	begin huil	[beχin hœil]
lágrima (f)	traan	[trãn]
falta (f)	skuld	[skult]
culpa (f)	skuldgevoel	[skultχəful]
desonra (f)	skande	[skandə]
protesto (m)	protes	[protes]
stress (m)	stres	[stres]
perturbar (vt)	steur	[støər]
zangar-se com ...	woedend wees	[vudent veəs]
zangado	kwaad	[kwãt]
terminar (vt)	beëindig	[beɛindəχ]
praguejar	sweer	[sweər]
assustar-se	skrik	[skrik]
golpear (vt)	slaan	[slãn]
brigar (na rua, etc.)	baklei	[baklæj]
resolver (o conflito)	besleg	[besleχ]
descontente	ontevrede	[ontefredə]
furioso	woedend	[vudent]
Não está bem!	Dis nie goed nie!	[dis ni χut ni!]
É mau!	Dis sleg!	[dis sleχ!]

Medicina

71. Doenças

doença (f)	siekte	[siktə]
estar doente	siek wees	[sik veəs]
saúde (f)	gesondheid	[xesonthæjt]
nariz (m) a escorrer	loopneus	[loəpnøəs]
amigdalite (f)	keelontsteking	[keəl·ontstekiŋ]
constipação (f)	verkoue	[ferkæuə]
bronquite (f)	bronchitis	[bronχitis]
pneumonia (f)	longontsteking	[loŋ·ontstekiŋ]
gripe (f)	griep	[χrip]
míope	bysiende	[bajsində]
presbita	versiende	[fersində]
estrabismo (m)	skeelheid	[skeəlhæjt]
estrábico	skeel	[skeəl]
catarata (f)	katarak	[katarak]
glaucoma (m)	gloukoom	[χlæukoəm]
AVC (m), apoplexia (f)	beroerte	[berurtə]
ataque (m) cardíaco	hartaanval	[hart·ānfal]
enfarte (m) do miocárdio	hartinfark	[hart·infark]
paralisia (f)	verlamming	[ferlammiŋ]
paralisar (vt)	verlam	[ferlam]
alergia (f)	allergie	[allerχi]
asma (f)	asma	[asma]
diabetes (f)	suikersiekte	[sœiker·siktə]
dor (f) de dentes	tandpyn	[tand·pajn]
cárie (f)	tandbederf	[tand·bederf]
diarreia (f)	diarree	[diarreə]
prisão (f) de ventre	hardlywigheid	[hardlajviχæjt]
desarranjo (m) intestinal	maagongesteldheid	[māχ·oŋəstɛldhæjt]
intoxicação (f) alimentar	voedselvergiftiging	[fudsəl·ferχiftəχiŋ]
intoxicar-se	voedselvergiftiging kry	[fudsəl·ferχiftəχiŋ kraj]
artrite (f)	artritis	[artritis]
raquitismo (m)	Engelse siekte	[ɛŋəlsə siktə]
reumatismo (m)	reumatiek	[røəmatik]
arteriosclerose (f)	artrosklerose	[artrosklerosə]
gastrite (f)	maagontsteking	[māχ·ontstekiŋ]
apendicite (f)	blindedermontsteking	[blindəderm·ontstekiŋ]
colecistite (f)	galblaasontsteking	[χalblās·ontstekiŋ]

úlcera (f)	maagsweer	[mãχsweər]
sarampo (m)	masels	[masɛls]
rubéola (f)	Duitse masels	[dœitsə masɛls]
iterícia (f)	geelsug	[χeəlsuχ]
hepatite (f)	hepatitis	[hepatitis]

esquizofrenia (f)	skisofrenie	[skisofreni]
raiva (f)	hondsdolheid	[hondsdolhæjt]
neurose (f)	neurose	[nøərosə]
comoção (f) cerebral	harsingskudding	[harsiŋ·skuddiŋ]

cancro (m)	kanker	[kankər]
esclerose (f)	sklerose	[sklerosə]
esclerose (f) múltipla	veelvuldige sklerose	[feəlfuldiχə sklerosə]

alcoolismo (m)	alkoholisme	[alkoholismə]
alcoólico (m)	alkoholikus	[alkoholikus]
sífilis (f)	sifilis	[sifilis]
SIDA (f)	VIGS	[vigs]

tumor (m)	tumor	[tumor]
maligno	kwaadaardig	[kwãdãrdəχ]
benigno	goedaardig	[χudãrdəχ]

febre (f)	koors	[koərs]
malária (f)	malaria	[malaria]
gangrena (f)	gangreen	[χanχreən]
enjoo (m)	seesiekte	[seə·siktə]
epilepsia (f)	epilepsie	[ɛpilepsi]

epidemia (f)	epidemie	[ɛpidemi]
tifo (m)	tifus	[tifus]
tuberculose (f)	tuberkulose	[tuberkulosə]
cólera (f)	cholera	[χolera]
peste (f)	pes	[pes]

72. Simtomas. Tratamentos. Parte 1

sintoma (m)	simptoom	[simptoəm]
temperatura (f)	temperatuur	[temperatɪr]
febre (f)	koors	[koərs]
pulso (m)	polsslag	[pols·slaχ]

vertigem (f)	duiseligheid	[dœiseliχæjt]
quente (testa, etc.)	warm	[varm]
calafrio (m)	koue rillings	[kæʋə rilliŋs]
pálido	bleek	[bleək]

tosse (f)	hoes	[hus]
tossir (vi)	hoes	[hus]
espirrar (vi)	nies	[nis]
desmaio (m)	floute	[flæʋtə]
desmaiar (vi)	flou word	[flæʋ vort]
nódoa (f) negra	blou kol	[blæʋ kol]

galo (m)	knop	[knop]
magoar-se (vr)	stamp	[stamp]
pisadura (f)	besering	[beseriŋ]

coxear (vi)	hink	[hink]
deslocação (f)	ontwrigting	[ontwriχtiŋ]
deslocar (vt)	ontwrig	[ontwrəχ]
fratura (f)	breuk	[brøək]
fraturar (vt)	n breuk hê	[n brøək hɛ:]

corte (m)	sny	[snaj]
cortar-se (vr)	jouself sny	[jæusɛlf snaj]
hemorragia (f)	bloeding	[bludiŋ]

| queimadura (f) | brandwond | [brant·vont] |
| queimar-se (vr) | jouself brand | [jæusɛlf brant] |

picar (vt)	prik	[prik]
picar-se (vr)	jouself prik	[jæusɛlf prik]
lesionar (vt)	seermaak	[seərmāk]
lesão (m)	besering	[beseriŋ]
ferida (f), ferimento (m)	wond	[vont]
trauma (m)	trauma	[trɔuma]

delirar (vi)	yl	[ajl]
gaguejar (vi)	stotter	[stottər]
insolação (f)	sonsteek	[sɔŋ·steək]

73. Simtomas. Tratamentos. Parte 2

| dor (f) | pyn | [pajn] |
| farpa (no dedo) | splinter | [splintər] |

suor (m)	sweet	[sweət]
suar (vi)	sweet	[sweət]
vómito (m)	braak	[brāk]
convulsões (f pl)	stuiptrekkings	[stœip·trɛkkiŋs]

grávida	swanger	[swaŋər]
nascer (vi)	gebore word	[χeborə vort]
parto (m)	geboorte	[χeboərtə]
dar â luz	baar	[bār]
aborto (m)	aborsie	[aborsi]

respiração (f)	asemhaling	[asemhaliŋ]
inspiração (f)	inaseming	[inaseminŋ]
expiração (f)	uitaseming	[œitaseminŋ]
expirar (vi)	uitasem	[œitasem]
inspirar (vi)	inasem	[inasem]

inválido (m)	invalide	[infalidə]
aleijado (m)	kreupel	[krøəpəl]
toxicodependente (m)	dwelmslaaf	[dwɛlm·slāf]
surdo	doof	[doəf]

mudo	stom	[stom]
surdo-mudo	doofstom	[doəf·stom]

louco (adj.)	swaksinnig	[swaksinnəχ]
louco (m)	kranksinnige	[kranksinniχə]
louca (f)	kranksinnige	[kranksinniχə]
ficar louco	kranksinnig word	[kranksinnəχ vort]

gene (m)	geen	[χeən]
imunidade (f)	immuniteit	[immunitæjt]
hereditário	erflik	[εrflik]
congénito	aangebore	[ānχəborə]

vírus (m)	virus	[firus]
micróbio (m)	mikrobe	[mikrobə]
bactéria (f)	bakterie	[bakteri]
infeção (f)	infeksie	[infeksi]

74. Simtomas. Tratamentos. Parte 3

hospital (m)	hospitaal	[hospitāl]
paciente (m)	pasiënt	[pasiεnt]

diagnóstico (m)	diagnose	[diaχnosə]
cura (f)	genesing	[χenesiŋ]
tratamento (m) médico	mediese behandeling	[medisə behandəliŋ]
curar-se (vr)	behandeling kry	[behandəliŋ kraj]
tratar (vt)	behandel	[behandəl]
cuidar (pessoa)	versorg	[fersorχ]
cuidados (m pl)	versorging	[fersorχiŋ]

operação (f)	operasie	[operasi]
enfaixar (vt)	verbind	[ferbint]
ligadura (f)	verband	[ferbant]
vacinação (f)	inenting	[inεntiŋ]
vacinar (vt)	inent	[inεnt]
injeção (f)	inspuiting	[inspœitiŋ]

ataque (~ de asma, etc.)	aanval	[ānfal]
amputação (f)	amputasie	[amputasi]
amputar (vt)	amputeer	[amputeər]
coma (f)	koma	[koma]
reanimação (f)	intensiewe sorg	[intεnsivə sorχ]

recuperar-se (vr)	herstel	[herstəl]
estado (~ de saúde)	kondisie	[kondisi]
consciência (f)	bewussyn	[bevussajn]
memória (f)	geheue	[χəhəə]

tirar (vt)	trek	[trek]
chumbo (m), obturação (f)	vulsel	[fulsəl]
chumbar, obturar (vt)	vul	[ful]
hipnose (f)	hipnose	[hipnosə]
hipnotizar (vt)	hipnotiseer	[hipnotiseər]

75. Médicos

médico (m)	dokter	[doktər]
enfermeira (f)	verpleegster	[ferpleeχ·stər]
médico (m) pessoal	lyfarts	[lajf·arts]

dentista (m)	tandarts	[tand·arts]
oculista (m)	oogarts	[oəχ·arts]
terapeuta (m)	internis	[internis]
cirurgião (m)	chirurg	[ʃirurχ]

psiquiatra (m)	psigiater	[psiχiatər]
pediatra (m)	kinderdokter	[kindər·doktər]
psicólogo (m)	sielkundige	[silkundiχə]
ginecologista (m)	ginekoloog	[χinekoloəχ]
cardiologista (m)	kardioloog	[kardioloəχ]

76. Medicina. Drogas. Acessórios

medicamento (m)	medisyn	[medisajn]
remédio (m)	geneesmiddel	[χeneəs·middəl]

receitar (vt)	voorskryf	[foərskrajf]
receita (f)	voorskrif	[foərskrif]

comprimido (m)	pil	[pil]
pomada (f)	salf	[salf]
ampola (f)	ampul	[ampul]
preparado (m)	mengsel	[meŋsəl]
xarope (m)	stroop	[stroəp]

cápsula (f)	pil	[pil]
remédio (m) em pó	poeier	[pujer]

ligadura (f)	verband	[ferbant]
algodão (m)	watte	[vattə]
iodo (m)	iodium	[iodium]

penso (m) rápido	pleister	[plæjstər]
conta-gotas (f)	oogdrupper	[oəχ·druppər]

termómetro (m)	termometer	[termometər]
seringa (f)	spuitnaald	[spœit·nält]

cadeira (f) de rodas	rolstoel	[rol·stul]
muletas (f pl)	krukke	[krukkə]

analgésico (m)	pynstiller	[pajn·stillər]
laxante (m)	lakseermiddel	[lakseər·middəl]

álcool (m) etílico	spiritus	[spiritus]
ervas (f pl) medicinais	geneeskragtige kruie	[χeneəs·kraχtiχə krœiə]
de ervas (chá ~)	kruie-	[krœie-]

77. Fumar. Produtos tabágicos

tabaco (m)	tabak	[tabak]
cigarro (m)	sigaret	[siχaret]
charuto (m)	sigaar	[siχār]
cachimbo (m)	pyp	[pajp]
maço (~ de cigarros)	pakkie	[pakki]

fósforos (m pl)	vuurhoutjies	[fɪrhæʊkis]
caixa (f) de fósforos	vuurhoutjiedosie	[fɪrhæʊki·dosi]
isqueiro (m)	aansteker	[āŋstekər]
cinzeiro (m)	asbak	[asbak]
cigarreira (f)	sigarethouer	[siχaret·hæʊər]

boquilha (f)	sigaretpypie	[siχaret·pajpi]
filtro (m)	filter	[filtər]

fumar (vi, vt)	rook	[roək]
acender um cigarro	aansteek	[āŋsteək]
tabagismo (m)	rook	[roək]
fumador (m)	roker	[rokər]

beata (f)	stompie	[stompi]
fumo (m)	rook	[roək]
cinza (f)	as	[as]

HABITAT HUMANO

Cidade

78. Cidade. Vida na cidade

cidade (f)	stad	[stat]
capital (f)	hoofstad	[hoef·stat]
aldeia (f)	dorp	[dorp]
mapa (m) da cidade	stadskaart	[stats·kãrt]
centro (m) da cidade	sentrum	[sentrum]
subúrbio (m)	voorstad	[foərstat]
suburbano	voorstedelik	[foərstedelik]
periferia (f)	buitewyke	[bœitəvajkə]
arredores (m pl)	omgewing	[omχeviŋ]
quarteirão (m)	stadswyk	[stats·wajk]
quarteirão (m) residencial	woonbuurt	[voənbɪrt]
tráfego (m)	verkeer	[ferkeər]
semáforo (m)	robot	[robot]
transporte (m) público	openbare vervoer	[openbarə ferfur]
cruzamento (m)	kruispunt	[krœis·punt]
passadeira (f)	sebraoorgang	[sebra·oərχaŋ]
passagem (f) subterrânea	voetgangertonnel	[futχaŋər·tonnel]
cruzar, atravessar (vt)	oorsteek	[oərsteek]
peão (m)	voetganger	[futχaŋər]
passeio (m)	sypaadjie	[saj·pãdʒi]
ponte (f)	brug	[bruχ]
margem (f) do rio	wal	[val]
fonte (f)	fontein	[fontæjn]
alameda (f)	laning	[laniŋ]
parque (m)	park	[park]
bulevar (m)	boulevard	[bulefar]
praça (f)	plein	[plæjn]
avenida (f)	laan	[lãn]
rua (f)	straat	[strãt]
travessa (f)	systraat	[saj·strãt]
beco (m) sem saída	doodloopstraat	[doədloəp·strãt]
casa (f)	huis	[hœis]
edifício, prédio (m)	gebou	[χebæʊ]
arranha-céus (m)	wolkekrabber	[volkə·krabbər]
fachada (f)	gewel	[χevəl]
telhado (m)	dak	[dak]

janela (f)	venster	[fɛŋstər]
arco (m)	arkade	[arkadə]
coluna (f)	kolom	[kolom]
esquina (f)	hoek	[huk]

montra (f)	uitstalraam	[œitstalrām]
letreiro (m)	reklamebord	[reklamə·bort]
cartaz (m)	plakkaat	[plakkāt]
cartaz (m) publicitário	reklameplakkaat	[reklamə·plakkāt]
painel (m) publicitário	aanplakbord	[ānplakbort]

lixo (m)	vullis	[fullis]
cesta (f) do lixo	vullisbak	[fullis·bak]
jogar lixo na rua	rommel strooi	[rommel stroj]
aterro (m) sanitário	vullishoop	[fullis·hoəp]

cabine (f) telefónica	telefoonhokkie	[telefoən·hokki]
candeeiro (m) de rua	lamppaal	[lamp·pāl]
banco (m)	bank	[bank]

polícia (m)	polisieman	[polisi·man]
polícia (instituição)	polisie	[polisi]
mendigo (m)	bedelaar	[bedelār]
sem-abrigo (m)	daklose	[daklosə]

79. Instituições urbanas

loja (f)	winkel	[vinkəl]
farmácia (f)	apteek	[apteək]
ótica (f)	optisiën	[optisiɛn]
centro (m) comercial	winkelsentrum	[vinkəl·sentrum]
supermercado (m)	supermark	[supermark]

padaria (f)	bakkery	[bakkeraj]
padeiro (m)	bakker	[bakkər]
pastelaria (f)	banketbakkery	[banket·bakkeraj]
mercearia (f)	kruidenierswinkel	[krœidenirs·vinkəl]
talho (m)	slagter	[slaχtər]

loja (f) de legumes	groentewinkel	[χruntə·vinkəl]
mercado (m)	mark	[mark]

café (m)	koffiekroeg	[koffi·kruχ]
restaurante (m)	restaurant	[restɔurant]
bar (m), cervejaria (f)	kroeg	[kruχ]
pizzaria (f)	pizzeria	[pizzeria]

salão (m) de cabeleireiro	haarsalon	[hār·salon]
correios (m pl)	poskantoor	[pos·kantoər]
lavandaria (f)	droogskoonmakers	[droəχ·skoən·makers]
estúdio (m) fotográfico	fotostudio	[foto·studio]

sapataria (f)	skoenwinkel	[skun·vinkəl]
livraria (f)	boekhandel	[buk·handəl]

loja (f) de artigos de desporto	sportwinkel	[sport·vinkəl]
reparação (f) de roupa	klereherstelwinkel	[klerə·herstəl·vinkəl]
aluguer (m) de roupa	klereverhuurwinkel	[klerə·ferhɪr·vinkəl]
aluguer (m) de filmes	videowinkel	[video·vinkəl]

circo (m)	sirkus	[sirkus]
jardim (m) zoológico	dieretuin	[dirə·tœin]
cinema (m)	bioskoop	[bioskoəp]
museu (m)	museum	[musøəm]
biblioteca (f)	biblioteek	[biblioteək]

teatro (m)	teater	[teatər]
ópera (f)	opera	[opera]
clube (m) noturno	nagklub	[naχ·klup]
casino (m)	kasino	[kasino]

mesquita (f)	moskee	[moskeə]
sinagoga (f)	sinagoge	[sinaχoχə]
catedral (f)	katedraal	[katedrãl]
templo (m)	tempel	[tempəl]
igreja (f)	kerk	[kerk]

instituto (m)	kollege	[kolledʒ]
universidade (f)	universiteit	[unifersitæjt]
escola (f)	skool	[skoəl]

prefeitura (f)	stadhuis	[stat·hœis]
câmara (f) municipal	stadhuis	[stat·hœis]
hotel (m)	hotel	[hotəl]
banco (m)	bank	[bank]

embaixada (f)	ambassade	[ambassadə]
agência (f) de viagens	reisagentskap	[ræjs·aχentskap]
agência (f) de informações	inligtingskantoor	[inliχtiŋs·kantoər]
casa (f) de câmbio	wisselkantoor	[vissəl·kantoər]

| metro (m) | metro | [metro] |
| hospital (m) | hospitaal | [hospitãl] |

| posto (m) de gasolina | petrolstasie | [petrol·stasi] |
| parque (m) de estacionamento | parkeerterrein | [parkeər·terræjn] |

80. Sinais

letreiro (m)	reklamebord	[reklamə·bort]
inscrição (f)	kennisgewing	[kɛnnis·χeviŋ]
cartaz, póster (m)	plakkaat	[plakkãt]
sinal (m) informativo	rigtingwyser	[riχtiŋ·wajsər]
seta (f)	pyl	[pajl]

aviso (advertência)	waarskuwing	[vãrskuviŋ]
sinal (m) de aviso	waarskuwingsbord	[vãrskuviŋs·bort]
avisar, advertir (vt)	waarsku	[vãrsku]
dia (m) de folga	rusdag	[rusdaχ]

horário (m)	diensrooster	[diŋs·roəstər]
horário (m) de funcionamento	besigheidsure	[besiχæjts·urə]

BEM-VINDOS!	WELKOM!	[vɛlkom!]
ENTRADA	INGANG	[inχaŋ]
SAÍDA	UITGANG	[œitχaŋ]

EMPURRE	STOOT	[stoət]
PUXE	TREK	[trek]
ABERTO	OOP	[oəp]
FECHADO	GESLUIT	[χeslœit]

MULHER	DAMES	[dames]
HOMEM	MANS	[maŋs]

DESCONTOS	AFSLAG	[afslaχ]
SALDOS	UITVERKOPING	[œitferkopiŋ]
NOVIDADE!	NUUT!	[nɪt!]
GRÁTIS	GRATIS	[χratis]

ATENÇÃO!	PAS OP!	[pas op!]
NÃO HÁ VAGAS	VOLBESPREEK	[folbespreək]
RESERVADO	BESPREEK	[bespreək]

ADMINISTRAÇÃO	ADMINISTRASIE	[administrasi]
SOMENTE PESSOAL AUTORIZADO	SLEGS PERSONEEL	[sleχs personeəl]

CUIDADO CÃO FEROZ	PAS OP VIR DIE HOND!	[pas op fir di hont!]
PROIBIDO FUMAR!	ROOK VERBODE	[roek ferbodə]
NÃO TOCAR	NIE AANRAAK NIE!	[ni ānrāk ni!]

PERIGOSO	GEVAARLIK	[χefārlik]
PERIGO	GEVAAR	[χefār]
ALTA TENSÃO	HOOGSPANNING	[hoeχ·spanniŋ]
PROIBIDO NADAR	NIE SWEM NIE	[ni swem ni]
AVARIADO	BUITE WERKING	[bœitə verkiŋ]

INFLAMÁVEL	ONTVLAMBAAR	[ontflambār]
PROIBIDO	VERBODE	[ferbodə]
ENTRADA PROIBIDA	TOEGANG VERBODE!	[tuχaŋ ferbodə!]
CUIDADO TINTA FRESCA	NAT VERF	[nat ferf]

81. Transportes urbanos

autocarro (m)	bus	[bus]
elétrico (m)	trem	[trem]
troleicarro (m)	trembus	[trembus]
itinerário (m)	busroete	[bus·rutə]
número (m)	nommer	[nommər]

ir de ... (carro, etc.)	ry per ...	[raj pər ...]
entrar (~ no autocarro)	inklim	[inklim]
descer de ...	uitklim ...	[œitklim ...]

paragem (f)	halte	[haltə]
próxima paragem (f)	volgende halte	[folχendə haltə]
ponto (m) final	eindpunt	[æjnd·punt]
horário (m)	diensrooster	[diŋs·roəstər]
esperar (vt)	wag	[vaχ]

| bilhete (m) | kaartjie | [kãrki] |
| custo (m) do bilhete | reistarief | [ræjs·tarif] |

bilheteiro (m)	kaartjieverkoper	[kãrki·ferkopər]
controlo (m) dos bilhetes	kaartjiekontrole	[kãrki·kontrolə]
revisor (m)	kontroleur	[kontroløər]

atrasar-se (vr)	laat wees	[lãt veəs]
perder (o autocarro, etc.)	mis	[mis]
estar com pressa	haastig wees	[hãstəχ veəs]

táxi (m)	taxi	[taksi]
taxista (m)	taxibestuurder	[taksi·bestɪrdər]
de táxi (ir ~)	per taxi	[pər taksi]
praça (f) de táxis	taxistaanplek	[taksi·stãnplek]

tráfego (m)	verkeer	[ferkeər]
engarrafamento (m)	verkeersknoop	[ferkeərs·knoəp]
horas (f pl) de ponta	spitsuur	[spits·ɪr]
estacionar (vi)	parkeer	[parkeər]
estacionar (vt)	parkeer	[parkeər]
parque (m) de estacionamento	parkeerterrein	[parkeər·terræjn]

metro (m)	metro	[metro]
estação (f)	stasie	[stasi]
ir de metro	die metro vat	[di metro fat]
comboio (m)	trein	[træjn]
estação (f)	treinstasie	[træjn·stasi]

82. Turismo

monumento (m)	monument	[monument]
fortaleza (f)	fort	[fort]
palácio (m)	paleis	[palæjs]
castelo (m)	kasteel	[kasteəl]
torre (f)	toring	[toriŋ]
mausoléu (m)	mausoleum	[mɔusoløəm]

arquitetura (f)	argitektuur	[arχitektɪr]
medieval	Middeleeus	[middeliʊs]
antigo	oud	[æʊt]
nacional	nasionaal	[naʃionãl]
conhecido	bekend	[bekent]

turista (m)	toeris	[turis]
guia (pessoa)	gids	[χids]
excursão (f)	uitstappie	[œitstappi]
mostrar (vt)	wys	[vajs]

contar (vt)	vertel	[fertəl]
encontrar (vt)	vind	[fint]
perder-se (vr)	verdwaal	[ferdwāl]
mapa (~ do metrô)	kaart	[kārt]
mapa (~ da cidade)	kaart	[kārt]

lembrança (f), presente (m)	aandenking	[āndenkiŋ]
loja (f) de presentes	geskenkwinkel	[xeskɛnk·vinkəl]
fotografar (vt)	fotografeer	[fotoχrafeər]
fotografar-se	jou portret laat maak	[jæʊ portret lāt māk]

83. Compras

comprar (vt)	koop	[koəp]
compra (f)	aankoop	[ānkoəp]
fazer compras	inkopies doen	[inkopis dʊn]
compras (f pl)	inkoop	[inkoəp]

estar aberta (loja, etc.)	oop wees	[oəp veəs]
estar fechada	toe wees	[tu veəs]

calçado (m)	skoeisel	[skuisəl]
roupa (f)	klere	[klerə]
cosméticos (m pl)	kosmetika	[kosmetika]
alimentos (m pl)	voedingsware	[fudiŋs·warə]
presente (m)	present	[present]

vendedor (m)	verkoper	[ferkopər]
vendedora (f)	verkoopsdame	[ferkoəps·damə]

caixa (f)	kassier	[kassir]
espelho (m)	spieël	[spiɛl]
balcão (m)	toonbank	[toən·bank]
cabine (f) de provas	paskamer	[pas·kamər]

provar (vt)	aanpas	[ānpas]
servir (vi)	pas	[pas]
gostar (apreciar)	hou van	[hæʊ fan]

preço (m)	prys	[prajs]
etiqueta (f) de preço	pryskaartjie	[prajs·kārki]
custar (vt)	kos	[kos]
Quanto?	Hoeveel?	[hufeəl?]
desconto (m)	afslag	[afslaχ]

não caro	billik	[billik]
barato	goedkoop	[χudkoəp]
caro	duur	[dɪr]
É caro	dis duur	[dis dɪr]

aluguer (m)	verhuur	[ferhɪr]
alugar (vestidos, etc.)	verhuur	[ferhɪr]
crédito (m)	krediet	[kredit]
a crédito	op krediet	[op krediet]

84. Dinheiro

dinheiro (m)	geld	[χɛlt]
câmbio (m)	valutaruil	[faluta·rœil]
taxa (f) de câmbio	wisselkoers	[vissəl·kurs]
Caixa Multibanco (m)	OTM	[o·te·em]
moeda (f)	muntstuk	[muntstuk]

dólar (m)	dollar	[dollar]
euro (m)	euro	[øəro]

lira (f)	lira	[lira]
marco (m)	Duitse mark	[dœitsə mark]
franco (m)	frank	[frank]
libra (f) esterlina	pond sterling	[pont sterliŋ]
iene (m)	yen	[jɛn]

dívida (f)	skuld	[skult]
devedor (m)	skuldenaar	[skuldenãr]
emprestar (vt)	uitleen	[œitleən]
pedir emprestado	leen	[leən]

banco (m)	bank	[bank]
conta (f)	rekening	[rekəniŋ]
depositar (vt)	deponeer	[deponeər]
levantar (vt)	trek	[trek]

cartão (m) de crédito	kredietkaart	[kredit·kãrt]
dinheiro (m) vivo	kontant	[kontant]
cheque (m)	tjek	[tʃek]
livro (m) de cheques	tjekboek	[tʃek·buk]

carteira (f)	beursie	[bøərsi]
porta-moedas (m)	muntstukbeursie	[muntstuk·bøərsi]
cofre (m)	brandkas	[brant·kas]

herdeiro (m)	erfgenaam	[ɛrfχənãm]
herança (f)	erfenis	[ɛrfenis]
fortuna (riqueza)	fortuin	[fortœin]

arrendamento (m)	huur	[hɪr]
renda (f) de casa	huur	[hɪr]
alugar (vt)	huur	[hɪr]

preço (m)	prys	[prajs]
custo (m)	prys	[prajs]
soma (f)	som	[som]

gastar (vt)	spandeer	[spandeər]
gastos (m pl)	onkoste	[onkostə]
economizar (vi)	besuinig	[besœineχ]
económico	ekonomies	[ɛkonomis]

pagar (vt)	betaal	[betãl]
pagamento (m)	betaling	[betaliŋ]

troco (m)	wisselgeld	[vissəl·χɛlt]
imposto (m)	belasting	[belastiŋ]
multa (f)	boete	[butə]
multar (vt)	beboet	[bebut]

85. Correios. Serviço postal

correios (m pl)	poskantoor	[pos·kantoər]
correio (m)	pos	[pos]
carteiro (m)	posbode	[pos·bodə]
horário (m)	besigheidsure	[besiχæjts·urə]

carta (f)	brief	[brif]
carta (f) registada	geregistreerde brief	[χereχistreərdə brif]
postal (m)	poskaart	[pos·kārt]
telegrama (m)	telegram	[teleχram]
encomenda (f) postal	pakkie	[pakki]
remessa (f) de dinheiro	geldoorplasing	[χɛld·oərplasiŋ]

receber (vt)	ontvang	[ontfaŋ]
enviar (vt)	stuur	[stɪr]
envio (m)	versending	[fersendiŋ]

endereço (m)	adres	[adres]
código (m) postal	poskode	[pos·kodə]
remetente (m)	sender	[sendər]
destinatário (m)	ontvanger	[ontfaŋər]

| nome (m) | voornaam | [foərnãm] |
| apelido (m) | van | [fan] |

tarifa (f)	postarief	[pos·tarif]
normal	standaard	[standārt]
económico	ekonomies	[ɛkonomis]

peso (m)	gewig	[χevəχ]
pesar (estabelecer o peso)	weeg	[veeχ]
envelope (m)	koevert	[kufert]
selo (m)	posseël	[pos·seɛl]

Moradia. Casa. Lar

86. Casa. Habitação

casa (f)	huis	[hœis]
em casa	tuis	[tœis]
pátio (m)	werf	[verf]
cerca (f)	omheining	[omhæjniŋ]

tijolo (m)	baksteen	[baksteən]
de tijolos	baksteen-	[baksteən-]
pedra (f)	klip	[klip]
de pedra	klip-	[klip-]
betão (m)	beton	[beton]
de betão	beton-	[beton-]

novo	nuut	[nɪt]
velho	ou	[æʊ]
decrépito	vervalle	[ferfallə]
moderno	moderne	[modernə]
de muitos andares	multiverdieping-	[multi·ferdipiŋ-]
alto	hoë	[hoɛ]

| andar (m) | verdieping | [ferdipiŋ] |
| de um andar | enkelverdieping | [ɛnkəl·ferdipiŋ] |

| andar (m) de baixo | eerste verdieping | [eərstə ferdipiŋ] |
| andar (m) de cima | boonste verdieping | [boəŋstə verdipiŋ] |

| telhado (m) | dak | [dak] |
| chaminé (f) | skoorsteen | [skoərsteən] |

telha (f)	dakteëls	[daktecls]
de telha	geteël	[xetecl]
sótão (m)	solder	[soldər]

| janela (f) | venster | [fɛŋstər] |
| vidro (m) | glas | [χlas] |

| parapeito (m) | vensterbank | [fɛŋstər·bank] |
| portadas (f pl) | luik | [lœik] |

parede (f)	muur	[mɪr]
varanda (f)	balkon	[balkon]
tubo (m) de queda	reënpyp	[reɛn·pajp]

em cima	bo	[bo]
subir (~ as escadas)	boontoe gaan	[boentu χān]
descer (vi)	afkom	[afkom]
mudar-se (vr)	verhuis	[ferhœis]

87. Casa. Entrada. Elevador

entrada (f)	ingang	[inχaŋ]
escada (f)	trap	[trap]
degraus (m pl)	treetjies	[treəkis]
corrimão (m)	leuning	[løəniŋ]
hall (m) de entrada	voorportaal	[foər·portāl]
caixa (f) de correio	posbus	[pos·bus]
caixote (m) do lixo	vullisblik	[fullis·blik]
conduta (f) do lixo	vullisgeut	[fullis·χøət]
elevador (m)	hysbak	[hajsbak]
elevador (m) de carga	vraghysbak	[fraχ·hajsbak]
cabine (f)	hysbak	[hajsbak]
pegar o elevador	hysbak neem	[hajsbak neəm]
apartamento (m)	woonstel	[voəŋstəl]
moradores (m pl)	bewoners	[bevoners]
vizinho (m)	buurman	[bɪrman]
vizinha (f)	buurvrou	[bɪrfræʋ]
vizinhos (pl)	bure	[burə]

88. Casa. Eletricidade

eletricidade (f)	krag, elektrisiteit	[kraχ], [elektrisitæjt]
làmpada (f)	gloeilamp	[χlui·lamp]
interruptor (m)	skakelaar	[skakəlār]
fusível (m)	sekering	[sekəriŋ]
fio, cabo (m)	kabel	[kabəl]
instalação (f) elétrica	bedrading	[bedradiŋ]
contador (m) de eletricidade	kragmeter	[kraχ·metər]
leitura (f)	lesings	[lesiŋs]

89. Casa. Portas. Fechaduras

porta (f)	deur	[døər]
portão (m)	hek	[hek]
maçaneta (f)	deurknop	[døər·knop]
destrancar (vt)	oopsluit	[oəpslœit]
abrir (vt)	oopmaak	[oəpmāk]
fechar (vt)	sluit	[slœit]
chave (f)	sleutel	[sløətəl]
molho (m)	bos	[bos]
ranger (vi)	kraak	[krāk]
rangido (m)	gekraak	[χekrāk]
dobradiça (f)	skarnier	[skarnir]
tapete (m) de entrada	deurmat	[døər·mat]
fechadura (f)	deurslot	[døər·slot]

buraco (m) da fechadura	sleutelgat	[sløøtəl·χat]
ferrolho (m)	grendel	[χrendəl]
fecho (ferrolho pequeno)	deurknip	[døør·knip]
cadeado (m)	hangslot	[haŋslot]

tocar (vt)	lui	[lœi]
toque (m)	gelui	[χelœi]
campainha (f)	deurklokkie	[døør·klokki]
botão (m)	belknoppie	[bɛl·knoppi]
batida (f)	klop	[klop]
bater (vi)	klop	[klop]

código (m)	kode	[kodə]
fechadura (f) de código	kombinasieslot	[kombinasi·slot]
telefone (m) de porta	interkom	[interkom]
número (m)	nommer	[nommər]
placa (f) de porta	naambordjie	[nām·bordʒi]
vigia (f), olho (m) mágico	loergaatjie	[lurχāki]

90. Casa de campo

aldeia (f)	dorp	[dorp]
horta (f)	groentetuin	[χruntə·tœin]
cerca (f)	heining	[hæjniŋ]
paliçada (f)	spitspaalheining	[spitspāl·hæjniŋ]
cancela (f) do jardim	tuinhekkie	[tœin·hɛkki]

celeiro (m)	graanstoorplek	[χrāŋ·stoərplek]
adega (f)	wortelkelder	[vortəl·keldər]
galpão, barracão (m)	tuinhuisie	[tœin·hœisi]
poço (m)	waterput	[vatər·put]

fogão (f)	houtkaggel	[hæʊt·kaχχəl]
atiçar o fogo	die houtkaggel stook	[di hæʊt·kaχχəl stoək]
lenha (carvão ou ~)	brandhout	[brant·hæʊt]
acha (lenha)	stomp	[stomp]

varanda (f)	stoep	[stup]
alpendre (m)	dek	[dek]
degraus (m pl) de entrada	ingangstrappie	[inχaŋs·trappi]
balouço (m)	swaai	[swāi]

91. Moradia. Mansão

casa (f) de campo	buitewoning	[bœitə·voniŋ]
vila (f)	landhuis	[land·hœis]
ala (~ do edifício)	vleuel	[fløəəl]

jardim (m)	tuin	[tœin]
parque (m)	park	[park]
estufa (f)	tropiese kweekhuis	[tropiə kweək·hœis]
cuidar de …	versorg	[fersorχ]

piscina (f)	swembad	[swem·bat]
ginásio (m)	gim	[χim]
campo (m) de ténis	tennisbaan	[tɛnnis·bān]
cinema (m)	huisteater	[hœis·teatər]
garagem (f)	garage	[χaraʒə]

propriedade (f) privada	privaat besit	[prifãt besit]
terreno (m) privado	privaateiendom	[prifãt·æjendom]

advertência (f)	waarskuwing	[vãrskuviŋ]
sinal (m) de aviso	waarskuwingsbord	[vãrskuviŋs·bort]

guarda (f)	sekuriteit	[sekuritæjt]
guarda (m)	veiligheidswag	[fæjliχæjts·waχ]
alarme (m)	diefalarm	[dif·alarm]

92. Castelo. Palácio

castelo (m)	kasteel	[kasteəl]
palácio (m)	paleis	[palæjs]
fortaleza (f)	fort	[fort]
muralha (f)	ringmuur	[riŋ·mɪr]
torre (f)	toring	[toriŋ]
torre (f) de menagem	toring	[toriŋ]

grade (f) levadiça	valhek	[falhek]
passagem (f) subterrânea	tonnel	[tonnəl]
fosso (m)	grag	[χraχ]
corrente, cadeia (f)	ketting	[kɛttiŋ]
seteira (f)	skietgat	[skitχat]

magnífico	pragtig	[praχtəχ]
majestoso	majestueus	[majestuøes]
inexpugnável	onneembaar	[onneəmbãr]
medieval	Middeleeus	[middeliʊs]

93. Apartamento

apartamento (m)	woonstel	[voəŋstəl]
quarto (m)	kamer	[kamər]
quarto (m) de dormir	slaapkamer	[slãp·kamər]
sala (f) de jantar	eetkamer	[eət·kamər]
sala (f) de estar	sitkamer	[sit·kamər]
escritório (m)	studeerkamer	[studeər·kamər]

antessala (f)	ingangsportaal	[inχaŋs·portãl]
quarto (m) de banho	badkamer	[bad·kamər]
toilette (lavabo)	toilet	[tojlet]

teto (m)	plafon	[plafon]
chão, soalho (m)	vloer	[flur]
canto (m)	hoek	[huk]

94. Apartamento. Limpeza

arrumar, limpar (vt)	skoonmaak	[skoənmāk]
arrumar, guardar (vt)	bêre	[bærə]
pó (m)	stof	[stof]
empoeirado	stoffig	[stoffəχ]
limpar o pó	afstof	[afstof]
aspirador (m)	stofsuier	[stof·sœiər]
aspirar (vt)	stofsuig	[stofsœiχ]
varrer (vt)	vee	[feə]
sujeira (f)	veegsel	[feəχsəl]
arrumação (f), ordem (f)	orde	[ordə]
desordem (f)	wanorde	[vanordə]
esfregona (f)	mop	[mop]
pano (m), trapo (m)	stoflap	[stoflap]
vassoura (f)	kort besem	[kort besem]
pá (f) de lixo	skoppie	[skoppi]

95. Mobiliário. Interior

mobiliário (m)	meubels	[møebɛls]
mesa (f)	tafel	[tafel]
cadeira (f)	stoel	[stul]
cama (f)	bed	[bet]
divã (m)	rusbank	[rusbank]
cadeirão (m)	gemakstoel	[χemak·stul]
estante (f)	boekkas	[buk·kas]
prateleira (f)	rak	[rak]
guarda-vestidos (m)	klerekas	[klerə·kas]
cabide (m) de parede	kapstok	[kapstok]
cabide (m) de pé	kapstok	[kapstok]
cómoda (f)	laaikas	[lājkas]
mesinha (f) de centro	koffietafel	[koffi·tafel]
espelho (m)	spieël	[spiɛl]
tapete (m)	mat	[mat]
tapete (m) pequeno	matjie	[maki]
lareira (f)	vuurherd	[fɪr·hert]
vela (f)	kers	[kers]
castiçal (m)	kandelaar	[kandelār]
cortinas (f pl)	gordyne	[χordajnə]
papel (m) de parede	muurpapier	[mɪr·papir]
estores (f pl)	blindings	[blindiŋs]
candeeiro (m) de mesa	tafellamp	[tafel·lamp]
candeeiro (m) de parede	muurlamp	[mɪr·lamp]

| candeeiro (m) de pé | staanlamp | [stān·lamp] |
| lustre (m) | kroonlugter | [kroən·luχtər] |

perna (da cadeira, etc.)	poot	[poət]
braço (m)	armleuning	[arm·løəniŋ]
costas (f pl)	rugleuning	[ruχ·løəniŋ]
gaveta (f)	laai	[läi]

96. Quarto de dormir

roupa (f) de cama	beddegoed	[beddə·χut]
almofada (f)	kussing	[kussiŋ]
fronha (f)	kussingsloop	[kussiŋ·sloəp]
cobertor (m)	duvet	[dufet]
lençol (m)	laken	[laken]
colcha (f)	bedsprei	[bed·spræj]

97. Cozinha

cozinha (f)	kombuis	[kombœis]
gás (m)	gas	[χas]
fogão (m) a gás	gasstoof	[χas·stoəf]
fogão (m) elétrico	elektriese stoof	[elektrisə stoəf]
forno (m)	oond	[oent]
forno (m) de micro-ondas	mikrogolfoond	[mikroχolf·oent]

frigorífico (m)	yskas	[ajs·kas]
congelador (m)	vrieskas	[friskas]
máquina (f) de lavar louça	skottelgoedwasser	[skottɛlχud·wassər]

moedor (m) de carne	vleismeul	[flæejs·møəl]
espremedor (m)	versapper	[fersappər]
torradeira (f)	broodrooster	[broəd·roestər]
batedeira (f)	menger	[menər]

máquina (f) de café	koffiemasjien	[koffi·maʃin]
cafeteira (f)	koffiepot	[koffi·pot]
moinho (m) de café	koffiemeul	[koffi·møəl]

chaleira (f)	fluitketel	[flœit·ketəl]
bule (m)	teepot	[tee·pot]
tampa (f)	deksel	[deksəl]
coador (f) de chá	teesiffie	[tee·siffi]

colher (f)	lepel	[lepəl]
colher (f) de chá	teelepeltjie	[tee·lepəlki]
colher (f) de sopa	soplepel	[sop·lepəl]
garfo (m)	vurk	[furk]
faca (f)	mes	[mes]

| louça (f) | tafelgerei | [tafel·χeræj] |
| prato (m) | bord | [bort] |

pires (m)	piering	[piriŋ]
cálice (m)	likeurglas	[likøər·χlas]
copo (m)	glas	[χlas]
chávena (f)	koppie	[koppi]

açucareiro (m)	suikerpot	[sœikər·pot]
saleiro (m)	soutvaatjie	[sæʊt·fāki]
pimenteiro (m)	pepervaatjie	[pepər·fāki]
manteigueira (f)	botterbakkie	[bottər·bakki]

panela, caçarola (f)	soppot	[sop·pot]
frigideira (f)	braaipan	[brāj·pan]
concha (f)	opskeplepel	[opskep·lepəl]
passador (m)	vergiet	[ferχit]
bandeja (f)	skinkbord	[skink·bort]

garrafa (f)	bottel	[bottəl]
boião (m) de vidro	fles	[fles]
lata (f)	blikkie	[blikki]

abre-garrafas (m)	botteloopmaker	[bottəl·oəpmakər]
abre-latas (m)	blikoopmaker	[blik·oəpmakər]
saca-rolhas (m)	kurktrekker	[kurk·trɛkkər]
filtro (m)	filter	[filtər]
filtrar (vt)	filter	[filtər]

| lixo (m) | vullis | [fullis] |
| balde (m) do lixo | vullisbak | [fullis·bak] |

98. Casa de banho

quarto (m) de banho	badkamer	[bad·kamər]
água (f)	water	[vatər]
torneira (f)	kraan	[krān]
água (f) quente	warme water	[varmə vatər]
água (f) fria	koue water	[kæʊə vatər]

pasta (f) de dentes	tandepasta	[tandə·pasta]
escovar os dentes	tande borsel	[tandə borsəl]
escova (f) de dentes	tandeborsel	[tandə·borsəl]

barbear-se (vr)	skeer	[skeər]
espuma (f) de barbear	skeerroom	[skeər·roəm]
máquina (f) de barbear	skeermes	[skeər·mes]

lavar (vt)	was	[vas]
lavar-se (vr)	bad	[bat]
duche (m)	stort	[stort]
tomar um duche	stort	[stort]

banheira (f)	bad	[bat]
sanita (f)	toilet	[tojlet]
lavatório (m)	wasbak	[vas·bak]
sabonete (m)	seep	[seəp]

saboneteira (f)	seepbakkie	[seep·bakki]
esponja (f)	spons	[spoŋs]
champô (m)	sjampoe	[ʃampu]
toalha (f)	handdoek	[handduk]
roupão (m) de banho	badjas	[batjas]

lavagem (f)	was	[vas]
máquina (f) de lavar	wasmasjien	[vas·maʃin]
lavar a roupa	die wasgoed was	[di vasχut vas]
detergente (m)	waspoeier	[vas·pujer]

99. Eletrodomésticos

televisor (m)	TV-stel	[te·fe-stəl]
gravador (m)	bandspeler	[band·spelər]
videogravador (m)	videomasjien	[video·maʃin]
rádio (m)	radio	[radio]
leitor (m)	speler	[spelər]

projetor (m)	videoprojektor	[video·projektor]
cinema (m) em casa	tuisfliekteater	[tœis·flik·teatər]
leitor (m) de DVD	DVD-speler	[de·fe·de-spelər]
amplificador (m)	versterker	[fersterkər]
console (f) de jogos	videokonsole	[video·koŋsolə]

càmara (f) de vídeo	videokamera	[video·kamera]
máquina (f) fotográfica	kamera	[kamera]
càmara (f) digital	digitale kamera	[diχitalə kamera]

aspirador (m)	stofsuier	[stof·sœiər]
ferro (m) de engomar	strykyster	[strajk·ajstər]
tábua (f) de engomar	strykplank	[strajk·plank]

telefone (m)	telefoon	[telefoən]
telemóvel (m)	selfoon	[sɛlfoən]
máquina (f) de escrever	tikmasjien	[tik·maʃin]
máquina (f) de costura	naaimasjien	[naj·maʃin]

microfone (m)	mikrofoon	[mikrofoən]
auscultadores (m pl)	koptelefoon	[kop·telefoən]
controlo remoto (m)	afstandsbeheer	[afstands·beheer]

CD (m)	CD	[se·de]
cassete (f)	kasset	[kasset]
disco (m) de vinil	plaat	[plāt]

100. Reparações. Renovação

renovação (f)	opknapwerk	[opknap·werk]
renovar (vt), fazer obras	opknap	[opknap]
reparar (vt)	herstel	[herstəl]
consertar (vt)	aan kant maak	[ān kant māk]

refazer (vt)	oordoen	[oərdun]
tinta (f)	verf	[ferf]
pintar (vt)	verf	[ferf]
pintor (m)	skilder	[skildər]
pincel (m)	verfborsel	[ferf·borsəl]

| cal (f) | witkalk | [vitkalk] |
| caiar (vt) | wit | [vit] |

papel (m) de parede	muurpapier	[mɪr·papir]
colocar papel de parede	behang	[behaŋ]
verniz (m)	vernis	[fernis]
envernizar (vt)	vernis	[fernis]

101. Canalizações

água (f)	water	[vatər]
água (f) quente	warme water	[varmə vatər]
água (f) fria	koue water	[kæuə vatər]
torneira (f)	kraan	[krān]

gota (f)	druppel	[druppəl]
gotejar (vi)	drup	[drup]
vazar (vt)	lek	[lek]
vazamento (m)	lekkasie	[lɛkkasi]
poça (f)	poeletjie	[puləki]

tubo (m)	pyp	[pajp]
válvula (f)	kraan	[krān]
entupir-se (vr)	verstop raak	[ferstop rāk]

ferramentas (f pl)	gereedskap	[ɣereədskap]
chave (f) inglesa	skroefsleutel	[skruf·sløətəl]
desenroscar (vt)	losskroef	[losskruf]
enroscar (vt)	vasskroef	[fasskruf]

desentupir (vt)	oopmaak	[oəpmāk]
canalizador (m)	loodgieter	[loədχitər]
cave (f)	kelder	[kɛldər]
sistema (m) de esgotos	riolering	[rioleriŋ]

102. Fogo. Deflagração

incêndio (m)	brand	[brant]
chama (f)	vlam	[flam]
faísca (f)	vonk	[fonk]
fumo (m)	rook	[roək]
tocha (f)	fakkel	[fakkel]
fogueira (f)	kampvuur	[kampfɪr]

| gasolina (f) | petrol | [petrol] |
| querosene (m) | kerosien | [kerosin] |

inflamável	ontvambaar	[ontfambār]
explosivo	ontplofbaar	[ontplofbār]
PROIBIDO FUMAR!	ROOK VERBODE	[roək ferbodə]

segurança (f)	veiligheid	[fæjliχæjt]
perigo (m)	gevaar	[χefār]
perigoso	gevaarlik	[χefārlik]

incendiar-se (vr)	vlam vat	[flam fat]
explosão (f)	ontploffing	[ontploffiŋ]
incendiar (vt)	aan die brand steek	[ān di brant steək]
incendiário (m)	brandstigter	[brant·stiχtər]
incêndio (m) criminoso	brandstigting	[brant·stiχtiŋ]

arder (vi)	brand	[brant]
queimar (vi)	brand	[brant]
queimar tudo (vi)	afbrand	[afbrant]

chamar os bombeiros	die brandweer roep	[di brantveər rup]
bombeiro (m)	brandweerman	[brantveər·man]
carro (m) de bombeiros	brandweerwa	[brantveər·wa]
corpo (m) de bombeiros	brandweer	[brantveər]
escada (f)extensível	brandweerwaleer	[brantveər·wa·leər]

mangueira (f)	brandslang	[brant·slaŋ]
extintor (m)	brandblusser	[brant·blussər]
capacete (m)	helmet	[hɛlmet]
sirene (f)	sirene	[sirenə]

gritar (vi)	skreeu	[skriʊ]
chamar por socorro	hulp roep	[hulp rup]
salvador (m)	redder	[rɛddər]
salvar, resgatar (vt)	red	[ret]

chegar (vi)	aankom	[ānkom]
apagar (vt)	blus	[blus]
água (f)	water	[vatər]
areia (f)	sand	[sant]

ruínas (f pl)	ruïnes	[ruïnes]
ruir (vi)	instort	[instort]
desmoronar (vi),	val	[fal]
ir abaixo	instort	[instort]

| fragmento (m) | brokstukke | [brokstukkə] |
| cinza (f) | as | [as] |

| sufocar (vi) | verstik | [ferstik] |
| ser morto, morrer (vi) | omkom | [omkom] |

ATIVIDADES HUMANAS

Emprego. Negócios. Parte 1

103. Escritório. O trabalho no escritório

escritório (~ de advogados)	kantoor	[kantoer]
escritório (do diretor, etc.)	kantoor	[kantoer]
receção (f)	ontvangs	[ontfaŋs]
secretário (m)	sekretaris	[sekretaris]
secretária (f)	sekretaresse	[sekretarɛssə]
diretor (m)	direkteur	[direktøər]
gerente (m)	bestuurder	[bestɪrdər]
contabilista (m)	boekhouer	[bukhæʊər]
empregado (m)	werknemer	[verknemər]
mobiliário (m)	meubels	[møəbɛls]
mesa (f)	lessenaar	[lɛssenãr]
cadeira (f)	draaistoel	[drãj·stul]
bloco (m) de gavetas	laaikas	[lãjkas]
cabide (m) de pé	kapstok	[kapstok]
computador (m)	rekenaar	[rekenãr]
impressora (f)	drukker	[drukkər]
fax (m)	faksmasjien	[faks·maʃin]
fotocopiadora (f)	fotostaatmasjien	[fotostãt·maʃin]
papel (m)	papier	[papir]
artigos (m pl) de escritório	kantoorbenodigdhede	[kantoer·benodiχdhede]
tapete (m) de rato	muismatjie	[mœis·maki]
folha (f) de papel	blaai	[blãi]
pasta (f)	binder	[bindər]
catálogo (m)	katalogus	[kataloχus]
diretório (f) telefónico	telefoongids	[telefoen·χids]
documentação (f)	dokumentasie	[dokumentasi]
brochura (f)	brosjure	[broʃurə]
flyer (m)	strooibiljet	[stroj·biljet]
amostra (f)	monsterkaart	[mɔŋstər·kãrt]
formação (f)	opleidingsvergadering	[oplæjdiŋs·ferχaderiŋ]
reunião (f)	vergadering	[ferχaderiŋ]
hora (f) de almoço	middagpouse	[middaχ·pæʊsə]
tirar cópias	aantal kopieë maak	[ãntal kopiɛ mãk]
fazer uma chamada	bel	[bəl]
responder (vt)	antwoord	[antwoert]
passar (vt)	deursit	[døərsit]

marcar (vt)	reël	[reɛl]
demonstrar (vt)	demonstreer	[demɔŋstreer]
estar ausente	afwesig wees	[afwesəχ vees]
ausência (f)	afwesigheid	[afwesiχæjt]

104. Processos negociais. Parte 1

| negócio (m) | besigheid | [besiχæjt] |
| ocupação (f) | beroep | [berup] |

firma, empresa (f)	firma	[firma]
companhia (f)	maatskappy	[mãtskappaj]
corporação (f)	korporasie	[korporasi]
empresa (f)	onderneming	[ondərnemiŋ]
agência (f)	agentskap	[aχentskap]

acordo (documento)	ooreenkoms	[oəreənkoms]
contrato (m)	kontrak	[kontrak]
acordo (transação)	transaksie	[traŋsaksi]
encomenda (f)	bestelling	[bestɛlliŋ]
cláusulas (f pl), termos (m pl)	voorwaarde	[foərwãrdə]

por grosso (adv)	groothandels-	[χroət·handəls-]
por grosso (adj)	groothandels-	[χroət·handəls-]
venda (f) por grosso	groothandel	[χroət·handəl]
a retalho	kleinhandels-	[klæjn·handəls-]
venda (f) a retalho	kleinhandel	[klæjn·handəl]

concorrente (m)	konkurrent	[konkurrent]
concorrência (f)	konkurrensie	[konkurreŋsi]
competir (vi)	kompeteer	[kompeteer]

| sócio (m) | vennoot | [fɛnnoət] |
| parceria (f) | vennootskap | [fɛnnoətskap] |

crise (f)	krisis	[krisis]
bancarrota (f)	bankrotskap	[bankrotskap]
entrar em falência	bankrot speel	[bankrot speəl]
dificuldade (f)	moeilikheid	[muilikhæjt]
problema (m)	probleem	[probleəm]
catástrofe (f)	katastrofe	[katastrofə]

economia (f)	ekonomie	[ɛkonomi]
económico	ekonomiese	[ɛkonomisə]
recessão (f) económica	ekonomiese agteruitgang	[ɛkonomisə aχtər·œitχaŋ]

| objetivo (m) | doel | [dul] |
| tarefa (f) | opdrag | [opdraχ] |

comercializar (vi)	handel	[handəl]
rede (de distribuição)	netwerk	[netwerk]
estoque (m)	voorraad	[foərrãt]
sortido (m)	reeks	[reəks]
líder (m)	leier	[læjer]

grande (~ empresa)	groot	[χroət]
monopólio (m)	monopolie	[monopoli]

teoria (f)	teorie	[teori]
prática (f)	praktyk	[praktajk]
experiência (falar por ~)	ervaring	[ɛrfariŋ]
tendência (f)	tendens	[tendɛŋs]
desenvolvimento (m)	ontwikkeling	[ontwikkeliŋ]

105. Processos negociais. Parte 2

rentabilidade (f)	wins	[vins]
rentável	voordelig	[foərdeləχ]

delegação (f)	delegasie	[deleχasi]
salário, ordenado (m)	salaris	[salaris]
corrigir (um erro)	korrigeer	[korriχeər]
viagem (f) de negócios	sakereis	[sakeræjs]
comissão (f)	kommissie	[kommissi]

controlar (vt)	kontroleer	[kontroleər]
conferência (f)	konferensie	[konferɛŋsi]
licença (f)	lisensie	[lisɛŋsi]
fiável	betroubaar	[betræubãr]

empreendimento (m)	inisiatief	[inisiatif]
norma (f)	norm	[norm]
circunstância (f)	omstandigheid	[omstandiχæjt]
dever (m)	taak	[tãk]

empresa (f)	organisasie	[orχanisasi]
organização (f)	organisasie	[orχanisasi]
organizado	georganiseer	[χeorχaniseər]
anulação (f)	kansellering	[kaŋsɛlleriŋ]
anular, cancelar (vt)	kanselleer	[kaŋsɛlleər]
relatório (m)	verslag	[ferslaχ]

patente (f)	patent	[patent]
patentear (vt)	patenteer	[patenteər]
planear (vt)	beplan	[beplan]

prémio (m)	bonus	[bonus]
profissional	professioneel	[profɛssioneel]
procedimento (m)	prosedure	[prosedurə]

examinar (a questão)	ondersoek	[ondərsuk]
cálculo (m)	berekening	[berekeniŋ]
reputação (f)	reputasie	[reputasi]
risco (m)	risiko	[risiko]

dirigir (~ uma empresa)	beheer	[beheər]
informação (f)	informasie	[informasi]
propriedade (f)	eiendom	[æjendom]
união (f)	unie	[uni]

seguro (m) de vida	lewensversekering	[levɛŋs·fersekeriŋ]
fazer um seguro	verseker	[fersekər]
seguro (m)	versekering	[fersekeriŋ]

leilão (m)	veiling	[fæjliŋ]
notificar (vt)	laat weet	[lāt veət]
gestão (f)	beheer	[beheər]
serviço (indústria de ~s)	diens	[diŋs]

fórum (m)	forum	[forum]
funcionar (vi)	funksioneer	[funksioneər]
estágio (m)	stadium	[stadium]
jurídico	regs-	[reχs-]
jurista (m)	regsgeleerde	[reχs·χeleərdə]

106. Produção. Trabalhos

usina (f)	fabriek	[fabrik]
fábrica (f)	fabriek	[fabrik]
oficina (f)	werkplek	[verkplek]
local (m) de produção	bedryf	[bedrajf]

indústria (f)	industrie	[industri]
industrial	industrieel	[industriəl]
indústria (f) pesada	swaar industrie	[swār industri]
indústria (f) ligeira	ligte industrie	[liχtə industri]

produção (f)	produkte	[produktə]
produzir (vt)	produseer	[produseər]
matérias (f pl) primas	grondstowwe	[χront·stowə]

chefe (m) de brigada	voorman	[foərman]
brigada (f)	werkspan	[verks·pan]
operário (m)	werker	[verkər]

dia (m) de trabalho	werksdag	[verks·daχ]
pausa (f)	pouse	[pæʊsə]
reunião (f)	vergadering	[ferχaderiŋ]
discutir (vt)	bespreek	[bespreək]

plano (m)	plan	[plan]
cumprir o plano	die plan uitvoer	[di plan œitfur]
taxa (f) de produção	produksienorm	[produksi·norm]
qualidade (f)	kwaliteit	[kwalitæjt]
controlo (m)	kontrole	[kontrolə]
controlo (m) da qualidade	kwaliteitskontrole	[kwalitæjts·kontrolə]

segurança (f) no trabalho	werkplekveiligheid	[verkplek·fæjliχæjt]
disciplina (f)	dissipline	[dissiplinə]
infração (f)	oortreding	[oərtrediŋ]
violar (as regras)	oortree	[oərtreə]

| greve (f) | staking | [stakiŋ] |
| grevista (m) | staker | [stakər] |

| estar em greve | staak | [stāk] |
| sindicato (m) | vakbond | [fakbont] |

inventar (vt)	uitvind	[œitfint]
invenção (f)	uitvinding	[œitfindiŋ]
pesquisa (f)	navorsing	[naforsiŋ]
melhorar (vt)	verbeter	[ferbetər]
tecnologia (f)	tegnologie	[teχnoloχi]
desenho (m) técnico	tegniese tekening	[teχnisə tekəniŋ]

carga (f)	vrag	[fraχ]
carregador (m)	laaier	[lājer]
carregar (vt)	laai	[lāi]
carregamento (m)	laai	[lāi]
descarregar (vt)	uitlaai	[œitlāi]
descarga (f)	uitlaai	[œitlāi]

transporte (m)	vervoer	[ferfur]
companhia (f) de transporte	vervoermaatskappy	[ferfur·mātskappaj]
transportar (vt)	vervoer	[ferfur]

vagão (m) de carga	trok	[trok]
cisterna (f)	tenk	[tɛnk]
camião (m)	vragmotor	[fraχ·motor]

| máquina-ferramenta (f) | werktuigmasjien | [verktœiχ·maʃin] |
| mecanismo (m) | meganisme | [meχanismə] |

resíduos (m pl) industriais	industriële afval	[industriɛlə affal]
embalagem (f)	verpakking	[ferpakkiŋ]
embalar (vt)	verpak	[ferpak]

107. Contrato. Acordo

contrato (m)	kontrak	[kontrak]
acordo (m)	ooreenkoms	[oəreənkoms]
adenda (f), anexo (m)	addendum	[addendum]

assinatura (f)	handtekening	[hand·tekəniŋ]
assinar (vt)	onderteken	[ondərtekən]
carimbo (m)	stempel	[stempəl]

| objeto (m) do contrato | onderwerp van ooreenkoms | [ondərwerp fan oəreənkoms] |

cláusula (f)	klousule	[klæʊsulə]
partes (f pl)	partye	[partajə]
morada (f) jurídica	wetlike adres	[vetlikə adres]

violar o contrato	die kontrak verbreek	[di kontrak ferbreək]
obrigação (f)	verpligting	[ferpliχtiŋ]
responsabilidade (f)	verantwoordelikheid	[ferant·voərdelikhæjt]
força (f) maior	oormag	[oərmaχ]
litígio (m), disputa (f)	geskil	[χeskil]
multas (f pl)	boete	[butə]

108. Importação & Exportação

importação (f)	invoer	[infur]
importador (m)	invoerder	[infurdər]
importar (vt)	invoer	[infur]
de importação	invoer-	[infur-]
exportação (f)	uitvoer	[œitfur]
exportador (m)	uitvoerder	[œitfurdər]
exportar (vt)	uitvoer	[œitfur]
de exportação	uitvoer-	[œitfur-]
mercadoria (f)	goedere	[χudərə]
lote (de mercadorias)	besending	[besendiŋ]
peso (m)	gewig	[χevəχ]
volume (m)	volume	[folumə]
metro (m) cúbico	kubieke meter	[kubikə metər]
produtor (m)	produsent	[produsent]
companhia (f) de transporte	vervoermaatskappy	[ferfur·mātskappaj]
contentor (m)	houer	[hæʊər]
fronteira (f)	grens	[χrɛŋs]
alfândega (f)	doeane	[duanə]
taxa (f) alfandegária	doeanereg	[duanə·reχ]
funcionário (m) da alfândega	doeanebeampte	[duanə·beamptə]
contrabando (atividade)	smokkel	[smokkəl]
contrabando (produtos)	smokkelgoed	[smokkəl·χut]

109. Finanças

ação (f)	aandeel	[āndeəl]
obrigação (f)	obligasie	[obliχasi]
nota (f) promissória	promesse	[promɛssə]
bolsa (f)	beurs	[bøərs]
cotação (m) das ações	aandeelkoers	[āndeəl·kurs]
tornar-se mais barato	daal	[dāl]
tornar-se mais caro	styg	[stajχ]
parte (f)	aandeel	[āndeəl]
participação (f) maioritária	meerderheidsbelang	[meərderhæjts·belaŋ]
investimento (m)	belegging	[beleχχiŋ]
investir (vt)	belê	[belɛ:]
percentagem (f)	persent	[persent]
juros (m pl)	rente	[rentə]
lucro (m)	wins	[vins]
lucrativo	voordelig	[foərdeləχ]
imposto (m)	belasting	[belastiŋ]

divisa (f)	valuta	[faluta]
nacional	nasionaal	[naʃionãl]
câmbio (m)	wissel	[vissəl]
contabilista (m)	boekhouer	[bukhæʊər]
contabilidade (f)	boekhouding	[bukhæʊdiŋ]

bancarrota (f)	bankrotskap	[bankrotskap]
falência (f)	ineenstorting	[ineɛŋstortiŋ]
ruína (f)	bankrotskap	[bankrotskap]
arruinar-se (vr)	geruïneer wees	[χeruïneer veəs]
inflação (f)	inflasie	[inflasi]
desvalorização (f)	devaluasie	[defaluasi]

capital (m)	kapitaal	[kapitãl]
rendimento (m)	inkomste	[inkomstə]
volume (m) de negócios	omset	[omset]
recursos (m pl)	hulpbronne	[hulpbronnə]
recursos (m pl) financeiros	monetêre hulpbronne	[monetærə hulpbronnə]
despesas (f pl) gerais	oorhoofse koste	[oərhoəfsə kostə]
reduzir (vt)	verminder	[fermindər]

110. Marketing

marketing (m)	bemarking	[bemarkiŋ]
mercado (m)	mark	[mark]
segmento (m) do mercado	marksegment	[mark·seχment]
produto (m)	produk	[produk]
mercadoria (f)	goedere	[χuderə]

marca (f)	merk	[merk]
marca (f) comercial	handelsmerk	[handəls·merk]
logotipo (m)	logo	[loχo]
logo (m)	logo	[loχo]

demanda (f)	vraag	[frãχ]
oferta (f)	aanbod	[ãnbot]
necessidade (f)	behoefte	[behuftə]
consumidor (m)	verbruiker	[ferbrœikər]

análise (f)	analise	[analisə]
analisar (vt)	analiseer	[analiseer]
posicionamento (m)	plasing	[plasiŋ]
posicionar (vt)	plaas	[plãs]

preço (m)	prys	[prajs]
política (f) de preços	prysbeleid	[prajs·belæjt]
formação (f) de preços	prysvorming	[prajs·formiŋ]

111. Publicidade

| publicidade (f) | reklame | [reklamə] |
| publicitar (vt) | adverteer | [adferteer] |

orçamento (m)	begroting	[beχrotiŋ]
anúncio (m) publicitário	advertensie	[adfertɛŋsi]
publicidade (f) televisiva	TV-advertensie	[te·fe-adfertɛŋsi]
publicidade (f) na rádio	radioreklame	[radio·reklamə]
publicidade (f) exterior	buitereklame	[bœite·reklamə]
meios (m pl) de comunicação social	massamedia	[massa·media]
periódico (m)	tydskrif	[tajdskrif]
imagem (f)	imago	[imaχo]
slogan (m)	slagspreuk	[slaχ·sprøək]
mote (m), divisa (f)	motto	[motto]
campanha (f)	veldtog	[fɛldtoχ]
companha (f) publicitária	reklameveldtog	[reklamə·fɛldtoχ]
grupo (m) alvo	doelgroep	[dul·χrup]
cartão (m) de visita	besigheidskaartjie	[besiχæjts·kãrki]
flyer (m)	strooibiljet	[stroj·biljet]
brochura (f)	brosjure	[broʃurə]
folheto (m)	pamflet	[pamflet]
boletim (~ informativo)	nuusbrief	[nɪsbrif]
letreiro (m)	reklamebord	[reklamə·bort]
cartaz, póster (m)	plakkaat	[plakkãt]
painel (m) publicitário	aanplakbord	[ãnplakbort]

112. Banca

banco (m)	bank	[bank]
sucursal, balcão (f)	tak	[tak]
consultor (m)	bankklerk	[bank·klerk]
gerente (m)	bestuurder	[bestɪrdər]
conta (f)	bankrekening	[bank·rekəniŋ]
número (m) da conta	rekeningnommer	[rekəniŋ·nommər]
conta (f) corrente	tjekrekening	[tʃek·rekəniŋ]
conta (f) poupança	spaarrekening	[spãr·rekəniŋ]
fechar uma conta	die rekening sluit	[di rekəniŋ slœit]
levantar (vt)	trek	[trek]
depósito (m)	deposito	[deposito]
transferência (f) bancária	telegrafiese oorplasing	[teleχrafisə oərplasiŋ]
transferir (vt)	oorplaas	[oərplãs]
soma (f)	som	[som]
Quanto?	Hoeveel?	[hufeəl?]
assinatura (f)	handtekening	[hand·tekəniŋ]
assinar (vt)	onderteken	[ondertekən]
cartão (m) de crédito	kredietkaart	[kredit·kãrt]

código (m)	kode	[kodə]
número (m) do cartão de crédito	kredietkaartnommer	[kredit·kārt·nommər]
Caixa Multibanco (m)	OTM	[o·te·em]

| cheque (m) | tjek | [tʃek] |
| livro (m) de cheques | tjekboek | [tʃek·buk] |

| empréstimo (m) | lening | [leniŋ] |
| garantia (f) | waarborg | [vārborχ] |

113. Telefone. Conversação telefónica

telefone (m)	telefoon	[telefoən]
telemóvel (m)	selfoon	[sɛlfoən]
secretária (f) electrónica	antwoordmasjien	[antwoərt·maʃin]

| fazer uma chamada | bel | [bəl] |
| chamada (f) | oproep | [oprup] |

Alô!	Hallo!	[hallo!]
perguntar (vt)	vra	[fra]
responder (vt)	antwoord	[antwoərt]

ouvir (vt)	hoor	[hoər]
bem	goed	[χut]
mal	nie goed nie	[ni χut ni]
ruído (m)	steurings	[støəriŋs]

auscultador (m)	gehoorstuk	[χehoərstuk]
pegar o telefone	optel	[optəl]
desligar (vi)	afskakel	[afskakəl]

ocupado	besig	[besəχ]
tocar (vi)	lui	[lœi]
lista (f) telefónica	telefoongids	[telefoən·χids]

local	lokale	[lokalə]
chamada (f) local	lokale oproep	[lokalə oprup]
para outra cidade	langafstand	[lanχ·afstant]
chamada (f) para outra cidade	langafstand oproep	[lanχ·afstant oprup]
internacional	internasionale	[internaʃionalə]
chamada (f) internacional	internasionale oproep	[internaʃionalə oprup]

114. Telefone móvel

telemóvel (m)	selfoon	[sɛlfoən]
ecrã (m)	skerm	[skerm]
botão (m)	knoppie	[knoppi]
cartão SIM (m)	SIMkaart	[sim·kārt]
bateria (f)	battery	[battəraj]
descarregar-se	pap wees	[pap veəs]

carregador (m)	batterylaaier	[batteraj·lajer]
menu (m)	spyskaart	[spajs·kãrt]
definições (f pl)	instellings	[instɛlliŋs]
melodia (f)	wysie	[vajsi]
escolher (vt)	kies	[kis]

calculadora (f)	sakrekenaar	[sakrekənãr]
correio (m) de voz	stempos	[stem·pos]
despertador (m)	wekker	[vɛkkər]
contatos (m pl)	kontakte	[kontaktə]

mensagem (f) de texto	SMS	[es·em·es]
assinante (m)	intekenaar	[intekənãr]

115. Estacionário

caneta (f)	bolpen	[bol·pen]
caneta (f) tinteiro	vulpen	[ful·pen]

lápis (m)	potlood	[potloət]
marcador (m)	merkpen	[merk·pen]
caneta (f) de feltro	viltpen	[filt·pen]

bloco (m) de notas	notaboekie	[nota·buki]
agenda (f)	dagboek	[daχ·buk]

régua (f)	liniaal	[liniãl]
calculadora (f)	sakrekenaar	[sakrekənãr]
borracha (f)	uitveër	[œitfeɛr]
pionés (m)	duimspyker	[dœim·spajkər]
clipe (m)	skuifspeld	[skœif·spɛlt]

cola (f)	gom	[χom]
agrafador (m)	krammasjien	[kram·maʃin]
furador (m)	ponsmasjien	[pɔŋs·maʃin]
afia-lápis (m)	skerpmaker	[skerp·makər]

116. Vários tipos de documentos

relatório (m)	verslag	[ferslaχ]
acordo (m)	ooreenkoms	[oereənkoms]
ficha (f) de inscrição	aansoekvorm	[ãŋsuk·form]
autêntico	outentiek	[æʊtentik]
crachá (m)	lapelkaart	[lapəl·kãrt]
cartão (m) de visita	besigheidskaartjie	[besiχæjts·kãrki]

certificado (m)	sertifikaat	[sertifikãt]
cheque (m)	tjek	[ʧek]
conta (f)	rekening	[rekəniŋ]
constituição (f)	grondwet	[χront·wet]
contrato (m)	kontrak	[kontrak]
cópia (f)	kopie	[kopi]

exemplar (m)	kopie	[kopi]
declaração (f) alfandegária	doeaneverklaring	[duanə·ferklarɪŋ]
documento (m)	dokument	[dokument]
carta (f) de condução	bestuurslisensie	[bestɪrs·lisɛŋsi]
adenda (ao contrato)	addendum	[addendum]
questionário (m)	vorm	[form]

bilhete (m) de identidade	identiteitskaart	[identitæjts·kãrt]
inquérito (m)	navraag	[nafrãχ]
convite (m)	uitnodiging	[œitnodəχiŋ]
fatura (f)	rekening	[rekəniŋ]

lei (f)	wet	[vet]
carta (correio)	brief	[brif]
papel (m) timbrado	briefhoof	[brifhoəf]
lista (f)	lys	[lajs]
manuscrito (m)	manuskrip	[manuskrip]
boletim (~ informativo)	nuusbrief	[nɪsbrif]
bilhete (mensagem breve)	briefie	[brifi]

passe (m)	lapelkaart	[lapəl·kãrt]
passaporte (m)	paspoort	[paspoərt]
permissão (f)	permit	[permit]
CV, currículo (m)	curriculum vitae	[kurrikulum fitaə]
vale (nota promissória)	skuldbekentenis	[skuld·bekentənis]
recibo (m)	kwitansie	[kwitaŋsi]
talão (f)	strokie	[stroki]
relatório (m)	verslag	[ferslaχ]

mostrar (vt)	wys	[vajs]
assinar (vt)	onderteken	[ondərtekən]
assinatura (f)	handtekening	[hand·tekəniŋ]
carimbo (m)	stempel	[stempəl]
texto (m)	teks	[teks]
bilhete (m)	kaartjie	[kãrki]

riscar (vt)	doodtrek	[doədtrek]
preencher (vt)	invul	[inful]

guia (f) de remessa	vragbrief	[fraχ·brif]
testamento (m)	testament	[testament]

117. Tipos de negócios

serviços (m pl) de contabilidade	boekhoudienste	[bukhæʊ·diŋstə]
publicidade (f)	reklame	[reklamə]
agência (f) de publicidade	reklameburo	[reklamə·buro]
ar condicionado (m)	lugversorger	[luχfersorχər]
companhia (f) aérea	lugredery	[luχrederaj]

bebidas (f pl) alcoólicas	alkoholiese dranke	[alkoholisə drankə]
comércio (m) de antiguidades	antiek	[antik]
galeria (f) de arte	kunsgalery	[kuns·χaleraj]

serviços (m pl) de auditoria	ouditeursdienste	[æʊditøərs·diŋstə]
negócios (m pl) bancários	bankwese	[bankwesə]
bar (m)	kroeg	[kruχ]
salão (m) de beleza	skoonheidssalon	[skoənhæjts·salon]
livraria (f)	boekhandel	[buk·handəl]
cervejaria (f)	brouery	[bræʊeraj]
centro (m) de escritórios	sakesentrum	[sakə·sentrum]
escola (f) de negócios	besigheidsskool	[besiχæjts·skoəl]

casino (m)	kasino	[kasino]
construção (f)	boubedryf	[bæʊbedrajf]
serviços (m pl) de consultoria	advieskantoor	[adfis·kantoər]

estomatologia (f)	tandekliniek	[tandə·klinik]
design (m)	ontwerp	[ontwerp]
farmácia (f)	apteek	[apteək]
lavandaria (f)	droogskoonmakers	[droəχ·skoən·makers]
agência (f) de emprego	arbeidsburo	[arbæjds·buro]

serviços (m pl) financeiros	finansiële dienste	[finaŋsiɛlə diŋstə]
alimentos (m pl)	voedingsware	[fudiŋs·warə]
agência (f) funerária	begrafnisonderneming	[beχrafnis·ondərnemiŋ]
mobiliário (m)	meubels	[møəbɛls]
roupa (f)	klerasie	[klerasi]
hotel (m)	hotel	[hotəl]

gelado (m)	roomys	[roəm·ajs]
indústria (f)	industrie	[industri]
seguro (m)	versekering	[fersekeriŋ]
internet (f)	internet	[internet]
investimento (m)	investerings	[infesteriŋs]

joalheiro (m)	juwelier	[juvelir]
joias (f pl)	juweliersware	[juvelirs·warə]
lavandaria (f)	wassery	[vasseraj]
serviços (m pl) jurídicos	regsadviseur	[reχs·adfisøər]
indústria (f) ligeira	ligte industrie	[liχtə industri]

revista (f)	tydskrif	[tajdskrif]
vendas (f pl) por catálogo	posorderbedryf	[pos·ordər·bedrajf]
medicina (f)	geneesmiddels	[χeneəs·middəls]
cinema (m)	bioskoop	[bioskoəp]
museu (m)	museum	[musøəm]

agência (f) de notícias	nuusagentskap	[nɪs·aχentskap]
jornal (m)	koerant	[kurant]
clube (m) noturno	nagklub	[naχ·klup]

petróleo (m)	olie	[oli]
serviço (m) de encomendas	koerierdienste	[kurir·diŋstə]
indústria (f) farmacêutica	farmasie	[farmasi]
poligrafia (f)	drukkery	[drukkəraj]
editora (f)	uitgewery	[œitχevəraj]

rádio (m)	radio	[radio]
imobiliário (m)	eiendom	[æjendom]

restaurante (m)	restaurant	[restɔurant]
empresa (f) de segurança	sekuriteitsfirma	[sekuritæjts·firma]
desporto (m)	sport	[sport]
bolsa (f)	beurs	[bøers]
loja (f)	winkel	[vinkəl]
supermercado (m)	supermark	[supermark]
piscina (f)	swembad	[swem·bat]
alfaiataria (f)	kleremaker	[klerə·makər]
televisão (f)	televisie	[telefisi]
teatro (m)	teater	[teatər]
comércio (atividade)	handel	[handəl]
serviços (m pl) de transporte	vervoer	[ferfur]
viagens (m pl)	reisbedryf	[ræjs·bedrajf]
veterinário (m)	veearts	[fee·arts]
armazém (m)	pakhuis	[pak·hœis]
recolha (f) do lixo	afvalinsameling	[affal·insameliŋ]

Emprego. Negócios. Parte 2

118. Espetáculo. Feira

feira (f)	skou	[skæʊ]
feira (f) comercial	handelsskou	[handəls·skæʊ]

participação (f)	deelneming	[deəlnemiŋ]
participar (vi)	deelneem	[deəlneəm]
participante (m)	deelnemer	[deəlnemər]

diretor (m)	bestuurder	[bestɪrdər]
direção (f)	organisasiekantoor	[orχanisasi·kantoer]
organizador (m)	organiseerder	[orχaniseerdər]
organizar (vt)	organiseer	[orχaniseər]

ficha (f) de inscrição	deelnemingsvorm	[deəlnemiŋs·form]
preencher (vt)	invul	[inful]
detalhes (m pl)	besonderhede	[besondərhedə]
informação (f)	informasie	[informasi]

preço (m)	prys	[prajs]
incluindo	insluitend	[inslœeitent]
incluir (vt)	insluit	[inslœeit]
pagar (vt)	betaal	[betāl]
taxa (f) de inscrição	registrasiefooi	[reχistrasi·foj]

entrada (f)	ingang	[inχaŋ]
pavilhão (m)	paviljoen	[pafiljun]
inscrever (vt)	registreer	[reχistreər]
crachá (m)	lapelkaart	[lapəl·kārt]

stand (m)	stalletjie	[stalləki]
reservar (vt)	bespreek	[bespreək]

vitrina (f)	uistalkas	[œistalkas]
foco, spot (m)	kollig	[kolləχ]
design (m)	ontwerp	[ontwerp]
pôr, colocar (vt)	sit	[sit]
pôr, colocar	geplaas wees	[χeplās veəs]

distribuidor (m)	verdeler	[ferdelər]
fornecedor (m)	verskaffer	[ferskaffər]
fornecer (vt)	verskaf	[ferskaf]

país (m)	land	[lant]
estrangeiro	buitelands	[bœitəlands]
produto (m)	produk	[produk]
associação (f)	vereniging	[ferenəχiŋ]
sala (f) de conferências	konferensiesaal	[konferɛŋsi·sāl]

| congresso (m) | kongres | [konχres] |
| concurso (m) | wedstryd | [vedstrajt] |

visitante (m)	besoeker	[besukər]
visitar (vt)	besoek	[besuk]
cliente (m)	kliënt	[kliɛnt]

119. Media

jornal (m)	koerant	[kurant]
revista (f)	tydskrif	[tajdskrif]
imprensa (f)	pers	[pers]
rádio (m)	radio	[radio]
estação (f) de rádio	omroep	[omrup]
televisão (f)	televisie	[telefisi]

apresentador (m)	aanbieder	[ānbidər]
locutor (m)	nuusleser	[nɪslesər]
comentador (m)	kommentator	[kommentator]

jornalista (m)	joernalis	[jurnalis]
correspondente (m)	korrespondent	[korrespondɛnt]
repórter (m) fotográfico	persfotograaf	[pers·fotoχrāf]
repórter (m)	verslaggewer	[ferslaχ·χevər]

| redator (m) | redakteur | [redaktøər] |
| redator-chefe (m) | hoofredakteur | [hoəf·redaktøər] |

assinar a ...	inteken op ...	[intekən op ...]
assinatura (f)	intekening	[intekəniŋ]
assinante (m)	intekenaar	[intekənār]
ler (vt)	lees	[leəs]
leitor (m)	leser	[lesər]

tiragem (f)	oplaag	[oplāχ]
mensal	maandeliks	[māndəliks]
semanal	weekliks	[veəkliks]
número (jornal, revista)	nommer	[nommər]
recente	nuwe	[nuvə]

título (m)	opskrif	[opskrif]
pequeno artigo (m)	kort artikel	[kort artikəl]
coluna (~ semanal)	kolom	[kolom]
artigo (m)	artikel	[artikəl]
página (f)	bladsy	[bladsaj]

reportagem (f)	veslag	[feslaχ]
evento (m)	gebeurtenis	[χebøərtenis]
sensação (f)	sensasie	[sɛŋsasi]
escândalo (m)	skandaal	[skandāl]
escandaloso	skandelik	[skandəlik]
grande	groot	[χroət]
programa (m) de TV	program	[proχram]
entrevista (f)	onderhoud	[ondərhæʊt]

| transmissão (f) em direto | regstreekse uitsending | [rEXstreekse œitsendiŋ] |
| canal (m) | kanaal | [kanāl] |

120. Agricultura

agricultura (f)	landbou	[landbæʊ]
camponês (m)	boer	[bur]
camponesa (f)	boervrou	[bur·fræʊ]
agricultor (m)	boer	[bur]

| trator (m) | trekker | [trɛkkər] |
| ceifeira-debulhadora (f) | stroper | [stropər] |

arado (m)	ploeg	[pluχ]
arar (vt)	ploeg	[pluχ]
campo (m) lavrado	ploegland	[pluχlant]
rego (m)	voor	[foər]

semear (vt)	saai	[sāi]
semeadora (f)	saaier	[sājer]
semeação (f)	saai	[sāi]

| gadanha (f) | sens | [sɛŋs] |
| gadanhar (vt) | maai | [māi] |

| pá (f) | graaf | [χrāf] |
| cavar (vt) | omspit | [omspit] |

enxada (f)	skoffel	[skoffəl]
carpir (vt)	skoffel	[skoffəl]
erva (f) daninha	onkruid	[onkrœit]

regador (m)	gieter	[χitər]
regar (vt)	nat gooi	[nat χoj]
rega (f)	nat gooi	[nat χoj]

| forquilha (f) | gaffel | [χaffəl] |
| ancinho (m) | hark | [hark] |

fertilizante (m)	misstof	[misstof]
fertilizar (vt)	bemes	[bemes]
estrume (m)	misstof	[misstof]

campo (m)	veld	[fɛlt]
prado (m)	weiland	[væjlant]
horta (f)	groentetuin	[χruntə·tœin]
pomar (m)	boord	[boərt]

pastar (vt)	wei	[væj]
pastor (m)	herder	[herdər]
pastagem (f)	weiland	[væjlant]

| pecuária (f) | veeboerdery | [fee·burderaj] |
| criação (f) de ovelhas | skaapboerdery | [skāp·burderaj] |

plantação (f)	aanplanting	[ãnplantiŋ]
canteiro (m)	bedding	[beddiŋ]
invernadouro (m)	broeikas	[bruikas]

| seca (f) | droogte | [droəχtə] |
| seco (verão ~) | droog | [droəχ] |

cereal (m)	graan	[χrãn]
cereais (m pl)	graangewasse	[χrãn·χəwassə]
colher (vt)	oes	[us]

moleiro (m)	meulenaar	[møəlenãr]
moinho (m)	meul	[møəl]
moer (vt)	maal	[mãl]
farinha (f)	meelblom	[meəl·blom]
palha (f)	strooi	[stroj]

121. Construção. Processo de construção

canteiro (m) de obras	bouperseel	[bæʊ·perseəl]
construir (vt)	bou	[bæʊ]
construtor (m)	bouwerker	[bæʊ·verkər]

projeto (m)	projek	[projek]
arquiteto (m)	argitek	[arχitek]
operário (m)	werker	[verkər]

fundação (f)	fondament	[fondament]
telhado (m)	dak	[dak]
estaca (f)	heipaal	[hæjpãl]
parede (f)	muur	[mɪr]

| varões (m pl) para betão | betonstaal | [betoŋ·stãl] |
| andaime (m) | steiers | [stæjers] |

betão (m)	beton	[beton]
granito (m)	graniet	[χranit]
pedra (f)	klip	[klip]
tijolo (m)	baksteen	[baksteən]

areia (f)	sand	[sant]
cimento (m)	sement	[sement]
emboço (m)	pleister	[plæjstər]
emboçar (vt)	pleister	[plæjstər]

tinta (f)	verf	[ferf]
pintar (vt)	verf	[ferf]
barril (m)	drom	[drom]

grua (f), guindaste (m)	kraan	[krãn]
erguer (vt)	optel	[optəl]
baixar (vt)	laat sak	[lãt sak]
buldózer (m)	stootskraper	[stoət·skrapər]
escavadora (f)	graafmasjien	[χrãf·maʃin]

caçamba (f)	bak	[bak]
escavar (vt)	grawe	[χravə]
capacete (m) de proteção	helmet	[hɛlmet]

122. Ciência. Investigação. Cientistas

ciência (f)	wetenskap	[vetɛŋskap]
científico	wetenskaplik	[vetɛŋskaplik]
cientista (m)	wetenskaplike	[vetɛŋskaplikə]
teoria (f)	teorie	[teorɪ]

axioma (m)	aksioma	[aksioma]
análise (f)	analise	[analisə]
analisar (vt)	analiseer	[analiseər]
argumento (m)	argument	[arχument]
substância (f)	substansie	[substaŋsi]

hipótese (f)	hipotese	[hipotesə]
dilema (m)	dilemma	[dilɛmma]
tese (f)	proefskrif	[prufskrif]
dogma (m)	dogma	[doχma]

doutrina (f)	doktrine	[doktrinə]
pesquisa (f)	navorsing	[naforsiŋ]
pesquisar (vt)	navors	[nafors]
teste (m)	toetse	[tutsə]
laboratório (m)	laboratorium	[laboratorium]

método (m)	metode	[metodə]
molécula (f)	molekule	[molekulə]
monitoramento (m)	monitering	[moniteriŋ]
descoberta (f)	ontdekking	[ontdɛkkiŋ]

postulado (m)	postulaat	[postulāt]
princípio (m)	beginsel	[beχinsəl]
prognóstico (previsão)	voorspelling	[foərspɛlliŋ]
prognosticar (vt)	voorspel	[foərspəl]

síntese (f)	sintese	[sintesə]
tendência (f)	tendens	[tendɛŋs]
teorema (m)	stelling	[stɛlliŋ]

| ensinamentos (m pl) | leer | [leər] |
| facto (m) | feit | [fæjt] |

| expedição (f) | ekspedisie | [ɛkspedisi] |
| experiência (f) | eksperiment | [ɛksperiment] |

académico (m)	akademikus	[akademikus]
bacharel (m)	baccalaureus	[bakalɔurøəs]
doutor (m)	doktor	[doktor]
docente (m)	medeprofessor	[medə·profɛssor]
mestre (m)	Magister	[maχistər]
professor (m) catedrático	professor	[profɛssor]

Profissões e ocupações

123. Procura de emprego. Demissão

trabalho (m)	baantjie	[bānki]
equipa (f)	personeel	[personeel]
pessoal (m)	personeel	[personeel]
carreira (f)	loopbaan	[loəpbān]
perspetivas (f pl)	vooruitsigte	[foərœit·siχtə]
mestria (f)	meesterskap	[meesterskap]
seleção (f)	seleksie	[seleksi]
agência (f) de emprego	arbeidsburo	[arbæjds·buro]
CV, currículo (m)	curriculum vitae	[kurrikulum fitaə]
entrevista (f)	werksonderhoud	[werk·ondərhæʊt]
para um emprego		
vaga (f)	vakature	[fakaturə]
salário (m)	salaris	[salaris]
salário (m) fixo	vaste salaris	[fastə salaris]
pagamento (m)	loon	[loən]
posto (m)	posisie	[posisi]
dever (do empregado)	taak	[tāk]
gama (f) de deveres	reeks opdragte	[reeks opdraχtə]
ocupado	besig	[besəχ]
despedir, demitir (vt)	afdank	[afdank]
demissão (f)	afdanking	[afdankiŋ]
desemprego (m)	werkloosheid	[verkloəshæjt]
desempregado (m)	werkloos	[verkloəs]
reforma (f)	pensioen	[pɛnsiun]
reformar-se	met pensioen gaan	[met pɛnsiun χān]

124. Gente de negócios

diretor (m)	direkteur	[direktøər]
gerente (m)	bestuurder	[bestɪrdər]
patrão, chefe (m)	baas	[bās]
superior (m)	hoof	[hoəf]
superiores (m pl)	hoofde	[hoəfdə]
presidente (m)	direkteur	[direktøər]
presidente (m) de direção	voorsitter	[foərsittər]
substituto (m)	adjunk	[adjunk]
assistente (m)	assistent	[assistent]

| secretário (m) | sekretaris | [sekretaris] |
| secretário (m) pessoal | persoonlike assistent | [persoenlikə assistent] |

homem (m) de negócios	sakeman	[sakəman]
empresário (m)	entrepreneur	[ɛntrəprenøər]
fundador (m)	stigter	[stiχtər]
fundar (vt)	stig	[stiχ]

fundador, sócio (m)	stigter	[stiχtər]
parceiro, sócio (m)	vennoot	[fɛnnoət]
acionista (m)	aandeelhouer	[āndeəl·hæʋər]

milionário (m)	miljoenêr	[miljunær]
bilionário (m)	miljardêr	[miljardær]
proprietário (m)	eienaar	[æjenār]
proprietário (m) de terras	grondeienaar	[χront·æjenār]

cliente (m)	kliënt	[kliɛnt]
cliente (m) habitual	vaste kliënt	[fastə kliɛnt]
comprador (m)	koper	[kopər]
visitante (m)	besoeker	[besukər]

profissional (m)	professioneel	[profɛssioneəl]
perito (m)	kenner	[kɛnnər]
especialista (m)	spesialis	[spesialis]

| banqueiro (m) | bankier | [bankir] |
| corretor (m) | makelaar | [makəlār] |

caixa (m, f)	kassier	[kassir]
contabilista (m)	boekhouer	[bukhæʋər]
guarda (m)	veiligheidswag	[fæjliχæjts·waχ]

investidor (m)	belegger	[beleχər]
devedor (m)	skuldenaar	[skuldenār]
credor (m)	krediteur	[kreditøər]
mutuário (m)	lener	[lenər]

| importador (m) | invoerder | [infurdər] |
| exportador (m) | uitvoerder | [œitfurdər] |

produtor (m)	produsent	[produsent]
distribuidor (m)	verdeler	[ferdelər]
intermediário (m)	tussenpersoon	[tussən·persoən]

consultor (m)	raadgewer	[rāt·χevər]
representante (m)	verkoopsagent	[ferkoəps·aχent]
agente (m)	agent	[aχent]
agente (m) de seguros	versekeringsagent	[fersəkeriŋs·aχent]

125. Profissões de serviços

| cozinheiro (m) | kok | [kok] |
| cozinheiro chefe (m) | sjef | [ʃef] |

padeiro (m)	bakker	[bakkər]
barman (m)	kroegman	[kruχman]
empregado (m) de mesa	kelner	[kɛlnər]
empregada (f) de mesa	kelnerin	[kɛlnərin]

advogado (m)	advokaat	[adfokãt]
jurista (m)	prokureur	[prokurøər]
notário (m)	notaris	[notaris]

eletricista (m)	elektrisiën	[ɛlektrisiɛn]
canalizador (m)	loodgieter	[loədχitər]
carpinteiro (m)	timmerman	[timmerman]

massagista (m)	masseerder	[masseərdər]
massagista (f)	masseerster	[masseərstər]
médico (m)	dokter	[doktər]

taxista (m)	taxibestuurder	[taksi·bestɪrdər]
condutor (automobilista)	bestuurder	[bestɪrdər]
entregador (m)	koerier	[kurir]

camareira (f)	kamermeisie	[kamər·mæjsi]
guarda (m)	veiligheidswag	[fæjliχæjts·waχ]
hospedeira (f) de bordo	lugwaardin	[luχ·wãrdin]

professor (m)	onderwyser	[ondərwajsər]
bibliotecário (m)	bibliotekaris	[bibliotekaris]
tradutor (m)	vertaler	[fertalər]
intérprete (m)	tolk	[tolk]
guia (pessoa)	gids	[χids]

cabeleireiro (m)	haarkapper	[hãr·kappər]
carteiro (m)	posbode	[pos·bodə]
vendedor (m)	verkoper	[ferkopər]

jardineiro (m)	tuinman	[tœin·man]
criado (m)	bediende	[bedində]
criada (f)	bediende	[bedində]
empregada (f) de limpeza	skoonmaakster	[skoən·mãkstər]

126. Profissões militares e postos

soldado (m) raso	soldaat	[soldãt]
sargento (m)	sersant	[sersant]
tenente (m)	luitenant	[lœitənant]
capitão (m)	kaptein	[kaptæjn]

major (m)	majoor	[majoər]
coronel (m)	kolonel	[kolonəl]
general (m)	generaal	[χenerãl]
marechal (m)	maarskalk	[mãrskalk]
almirante (m)	admiraal	[admirãl]
militar (m)	leër	[leɛr]
soldado (m)	soldaat	[soldãt]

oficial (m)	offisier	[offisir]
comandante (m)	kommandant	[kommandant]

guarda (m) fronteiriço	grenswag	[χrɛŋs·waχ]
operador (m) de rádio	radio-operateur	[radio-operatøər]
explorador (m)	verkenner	[ferkɛnnər]
sapador (m)	sappeur	[sappøər]
atirador (m)	skutter	[skuttər]
navegador (m)	navigator	[nafiχator]

127. Oficiais. Padres

rei (m)	koning	[koniŋ]
rainha (f)	koningin	[koniŋin]

príncipe (m)	prins	[prins]
princesa (f)	prinses	[prinsəs]

czar (m)	tsaar	[tsãr]
czarina (f)	tsarina	[tsarina]

presidente (m)	president	[president]
ministro (m)	minister	[ministər]
primeiro-ministro (m)	eerste minister	[eərstə ministər]
senador (m)	senator	[senator]

diplomata (m)	diplomaat	[diplomãt]
cônsul (m)	konsul	[kɔŋsul]
embaixador (m)	ambassadeur	[ambassadøər]
conselheiro (m)	adviseur	[adfisøər]

funcionário (m)	amptenaar	[amptənar]
prefeito (m)	prefek	[prəfek]
Presidente (m) da Câmara	burgermeester	[burgər·meəstər]

juiz (m)	regter	[reχtər]
procurador (m)	aanklaer	[ãnklaər]

missionário (m)	sendeling	[sendəliŋ]
monge (m)	monnik	[monnik]
abade (m)	ab	[ap]
rabino (m)	rabbi	[rabbi]

vizir (m)	visier	[fisir]
xá (m)	sjah	[ʃah]
xeque (m)	sjeik	[ʃæjk]

128. Profissões agrícolas

apicultor (m)	byeboer	[bajəbur]
pastor (m)	herder	[herdər]
agrónomo (m)	landboukundige	[landbæu·kundiχə]

| criador (m) de gado | veeteler | [feeˑtelər] |
| veterinário (m) | veearts | [feeˑarts] |

agricultor (m)	boer	[bur]
vinicultor (m)	wynmaker	[vajnˑmakər]
zoólogo (m)	dierkundige	[dirˑkundiχə]
cowboy (m)	cowboy	[kovboj]

129. Profissões artísticas

| ator (m) | akteur | [aktøər] |
| atriz (f) | aktrise | [aktrisə] |

| cantor (m) | sanger | [saŋər] |
| cantora (f) | sangeres | [saŋəres] |

| bailarino (m) | danser | [daŋsər] |
| bailarina (f) | danseres | [daŋsəres] |

| artista (m) | verhoogkunstenaar | [ferhoəχˑkunstənār] |
| artista (f) | verhoogkunstenares | [ferhoəχˑkunstənares] |

músico (m)	musikant	[musikant]
pianista (m)	pianis	[pianis]
guitarrista (m)	kitaarspeler	[kitārˑspelər]

maestro (m)	dirigent	[diriχent]
compositor (m)	komponis	[komponis]
empresário (m)	impresario	[impresario]

realizador (m)	filmregisseur	[filmˑreχissøər]
produtor (m)	produsent	[produsent]
argumentista (m)	draaiboekskrywer	[drājbukˑskrajvər]
crítico (m)	kritikus	[kritikus]

escritor (m)	skrywer	[skrajvər]
poeta (m)	digter	[diχtər]
escultor (m)	beeldhouer	[beəldhæʋər]
pintor (m)	kunstenaar	[kunstənār]

malabarista (m)	jongleur	[jonχløər]
palhaço (m)	hanswors	[haŋswors]
acrobata (m)	akrobaat	[akrobāt]
mágico (m)	goëlaar	[χoɛlār]

130. Várias profissões

médico (m)	dokter	[doktər]
enfermeira (f)	verpleegster	[ferpleəχˑstər]
psiquiatra (m)	psigiater	[psiχiatər]
estomatologista (m)	tandarts	[tandˑarts]
cirurgião (m)	chirurg	[ʃirurχ]

astronauta (m)	astronout	[astronæʊt]
astrónomo (m)	astronoom	[astronoəm]
piloto (m)	piloot	[piloət]

motorista (m)	bestuurder	[bestɪrdər]
maquinista (m)	treindrywer	[træjn·drajvər]
mecânico (m)	werktuigkundige	[verktœiχ·kundiχə]

mineiro (m)	mynwerker	[majn·werkər]
operário (m)	werker	[verkər]
serralheiro (m)	slotmaker	[slot·makər]
marceneiro (m)	skrynwerker	[skrajn·werkər]
torneiro (m)	draaibankwerker	[drãjbank·werkər]
construtor (m)	bouwerker	[bæʊ·verkər]
soldador (m)	sweiser	[swæjsər]

professor (m) catedrático	professor	[profɛssor]
arquiteto (m)	argitek	[arχitek]
historiador (m)	historikus	[historikus]
cientista (m)	wetenskaplike	[vetɛŋskaplikə]
físico (m)	fisikus	[fisikus]
químico (m)	skeikundige	[skæjkundiχə]

arqueólogo (m)	argeoloog	[arχeoloəχ]
geólogo (m)	geoloog	[χeoloəχ]
pesquisador (cientista)	navorser	[naforsər]

| babysitter (f) | babasitter | [babasittər] |
| professor (m) | onderwyser | [ondərwajsər] |

redator (m)	redakteur	[redaktøər]
redator-chefe (m)	hoofredakteur	[hoəf·redaktøər]
correspondente (m)	korrespondent	[korrespondɛnt]
datilógrafa (f)	tikster	[tikstər]

designer (m)	ontwerper	[ontwerpər]
especialista (m) em informática	rekenaarkenner	[rekənãr·kɛnnər]
programador (m)	programmeur	[proχrammøər]
engenheiro (m)	ingenieur	[inχeniøər]

marujo (m)	matroos	[matroəs]
marinheiro (m)	seeman	[seəman]
salvador (m)	redder	[rɛddər]

bombeiro (m)	brandweerman	[brantveər·man]
polícia (m)	polisieman	[polisi·man]
guarda-noturno (m)	bewaker	[bevakər]
detetive (m)	speurder	[spøərdər]

funcionário (m) da alfândega	doeanebeampte	[duanə·beamptə]
guarda-costas (m)	lyfwag	[lajf·waχ]
guarda (m) prisional	tronkbewaarder	[tronk·bevãrdər]
inspetor (m)	inspekteur	[inspektøər]
desportista (m)	sportman	[sportman]
treinador (m)	breier	[bræjer]

115

talhante (m)	**slagter**	[slaχtər]
sapateiro (m)	**skoenmaker**	[skun·makər]
comerciante (m)	**handelaar**	[handəlār]
carregador (m)	**laaier**	[lājer]
estilista (m)	**modeontwerper**	[modə·ontwerpər]
modelo (f)	**model**	[modəl]

131. Ocupações. Estatuto social

aluno, escolar (m)	**skoolseun**	[skoəl·søən]
estudante (~ universitária)	**student**	[student]
filósofo (m)	**filosoof**	[filosoəf]
economista (m)	**ekonoom**	[εkonoəm]
inventor (m)	**uitvinder**	[œitfindər]
desempregado (m)	**werkloos**	[verkloəs]
reformado (m)	**pensioentrekker**	[pεnsiun·trεkkər]
espião (m)	**spioen**	[spiun]
preso (m)	**gevangene**	[χefaŋənə]
grevista (m)	**staker**	[stakər]
burocrata (m)	**burokraat**	[burokrāt]
viajante (m)	**reisiger**	[ræjsiχər]
homossexual (m)	**gay**	[χaaj]
hacker (m)	**kuberkraker**	[kubər·krakər]
hippie	**hippie**	[hippi]
bandido (m)	**bandiet**	[bandit]
assassino (m) a soldo	**huurmoordenaar**	[hɪr·moərdenār]
toxicodependente (m)	**dwelmslaaf**	[dwεlm·slāf]
traficante (m)	**dwelmhandelaar**	[dwεlm·handəlār]
prostituta (f)	**prostituut**	[prostitɪt]
chulo (m)	**pooier**	[pojer]
bruxo (m)	**towenaar**	[tovenār]
bruxa (f)	**heks**	[heks]
pirata (m)	**piraat, seerower**	[pirāt], [seə·rovər]
escravo (m)	**slaaf**	[slāf]
samurai (m)	**samoerai**	[samuraj]
selvagem (m)	**wilde**	[vildə]

Desportos

132. Tipos de desportos. Desportistas

desportista (m)	**sportman**	[sportman]
tipo (m) de desporto	**sportsoorte**	[sport·soərtə]
basquetebol (m)	**basketbal**	[basketbal]
jogador (m) de basquetebol	**basketbalspeler**	[basketbal·spelər]
beisebol (m)	**bofbal**	[bofbal]
jogador (m) de beisebol	**bofbalspeler**	[bofbal·spelər]
futebol (m)	**sokker**	[sokkər]
futebolista (m)	**sokkerspeler**	[sokkər·spelər]
guarda-redes (m)	**doelwagter**	[dul·waχtər]
hóquei (m)	**hokkie**	[hokki]
jogador (m) de hóquei	**hokkiespeler**	[hokki·spelər]
voleibol (m)	**vlugbal**	[fluχbal]
jogador (m) de voleibol	**vlugbalspeler**	[fluχbal·spelər]
boxe (m)	**boks**	[boks]
boxeador, pugilista (m)	**bokser**	[boksər]
luta (f)	**stoei**	[stui]
lutador (m)	**stoeier**	[stujer]
karaté (m)	**karate**	[karatə]
karateca (m)	**karatevegter**	[karatə·feχtər]
judo (m)	**judo**	[judo]
judoca (m)	**judoka**	[judoka]
ténis (m)	**tennis**	[tɛnnis]
tenista (m)	**tennisspeler**	[tɛnnis·spelər]
natação (f)	**swem**	[swem]
nadador (m)	**swemmer**	[swemmər]
esgrima (f)	**skerm**	[skerm]
esgrimista (m)	**skermer**	[skermər]
xadrez (m)	**skaak**	[skāk]
xadrezista (m)	**skaakspeler**	[skāk·spelər]
alpinismo (m)	**alpinisme**	[alpinismə]
alpinista (m)	**alpinis**	[alpinis]
corrida (f)	**hardloop**	[hardloəp]

corredor (m)	hardloper	[hardlopər]
atletismo (m)	atletiek	[atletik]
atleta (m)	atleet	[atleət]

| hipismo (m) | perdry | [perdraj] |
| cavaleiro (m) | ruiter | [rœitər] |

patinagem (f) artística	kunsskaats	[kuns·skãts]
patinador (m)	kunsskaatser	[kuns·skãtsər]
patinadora (f)	kunsskaatser	[kuns·skãtsər]

| halterofilismo (m) | gewigoptel | [χeviχ·optəl] |
| halterofilista (m) | gewigopteller | [χeviχ·optɛllər] |

| corrida (f) de carros | motorwedren | [motor·wedrən] |
| piloto (m) | renjaer | [renjaər] |

| ciclismo (m) | fiets | [fits] |
| ciclista (m) | fietser | [fitsər] |

salto (m) em comprimento	verspring	[fer·spriŋ]
salto (m) à vara	polsstokspring	[polsstok·spriŋ]
atleta (m) de saltos	springer	[spriŋər]

133. Tipos de desportos. Diversos

futebol (m) americano	sokker	[sokkər]
badminton (m)	pluimbal	[plœimbal]
biatlo (m)	tweekamp	[tweəkamp]
bilhar (m)	biljart	[biljart]

bobsleigh (m)	bobslee	[bobsleə]
musculação (f)	liggaamsbou	[liχχãmsbæʊ]
polo (m) aquático	waterpolo	[vatər·polo]
handebol (m)	handbal	[handbal]
golfe (m)	gholf	[golf]

remo (m)	roei	[rui]
mergulho (m)	duik	[dœik]
corrida (f) de esqui	veldski	[fɛlt·ski]
ténis (m) de mesa	tafeltennis	[tafel·tɛnnis]

vela (f)	seil	[sæjl]
rali (m)	tydren jaag	[tajdren jãχ]
râguebi (m)	rugby	[ragbi]
snowboard (m)	sneeuplankry	[sniʊ·plankraj]
tiro (m) com arco	boogskiet	[boəχ·skit]

134. Ginásio

| barra (f) | staafgewig | [stãf·χevəχ] |
| halteres (m pl) | handgewigte | [hand·χeviχtə] |

aparelho (m) de musculaçao	oefenmasjien	[ufen·maʃin]
bicicleta (f) ergométrica	oefenfiets	[ufen·fits]
passadeira (f) de corrida	trapmeul	[trapmøəl]

barra (f) fixa	rekstok	[rekstok]
barras (f) paralelas	brug	[bruχ]
cavalo (m)	springperd	[spriŋ·pert]
tapete (m) de ginástica	oefenmat	[ufen·mat]

corda (f) de saltar	springtou	[spriŋ·tæʊ]
aeróbica (f)	aërobiese oefeninge	[aɛrobisə ufeniŋə]
ioga (f)	joga	[joga]

135. Hoquei

hóquei (m)	hokkie	[hokki]
jogador (m) de hóquei	hokkiespeler	[hokki·spelər]
jogar hóquei	hokkie speel	[hokki speəl]
gelo (m)	ys	[ajs]

disco (m)	skyf	[skajf]
taco (m) de hóquei	hokkiestok	[hokki·stok]
patins (m pl) de gelo	ysskaatse	[ajs·skãtsə]

muro (m)	bord	[bort]
tiro (m)	skoot	[skoət]

guarda-redes (m)	doelwagter	[dul·waχtər]
golo (m)	doelpunt	[dulpunt]

tempo (m)	periode	[periodə]
segundo tempo (m)	tweede periode	[tweədə periodə]
banco (m) de reservas	plaasvervangersbank	[plãs·ferfaŋərs·bank]

136. Futebol

futebol (m)	sokker	[sokkər]
futebolista (m)	sokkerspeler	[sokkər·spelər]
jogar futebol	sokker speel	[sokkər speəl]

Liga Principal (f)	seniorliga	[senior·liχa]
clube (m) de futebol	sokkerklub	[sokkər·klup]
treinador (m)	breier	[bræjer]
proprietário (m)	eienaar	[æjenãr]

equipa (f)	span	[span]
capitão (m) da equipa	spankaptein	[spanə·kaptæjn]
jogador (m)	speler	[spelər]
jogador (m) de reserva	plaasvervanger	[plãs·ferfaŋər]

atacante (m)	voorspeler	[foər·spelər]
avançado (m) centro	middelvoorspeler	[middəlfoər·spelər]

marcador (m)	doelpuntmaker	[dulpunt·makər]
defesa (m)	verdediger	[ferdediχər]
médio (m)	middelveldspeler	[middəlfɛld·spelər]

jogo (desafio)	wedstryd	[vedstrajt]
encontrar-se (vr)	ontmoet	[ontmut]
final (m)	finale	[finalə]
meia-final (f)	semi-finale	[semi-finalə]
campeonato (m)	kampioenskap	[kampiunskap]

tempo (m)	helfte	[hɛlftə]
primeiro tempo (m)	eerste helfte	[eərstə hɛlftə]
intervalo (m)	rustyd	[rustajt]

baliza (f)	doel	[dul]
guarda-redes (m)	doelwagter	[dul·waχtər]
trave (f)	doelpale	[dul·palə]
barra (f) transversal	dwarslat	[dwars·lat]
rede (f)	net	[net]

bola (f)	bal	[bal]
passe (m)	deurgee	[døərχeə]
chute (m)	skop	[skop]
chutar (vt)	skop	[skop]
tiro (m) livre	vryskop	[frajskop]
canto (m)	hoekskop	[hukskop]

ataque (m)	aanval	[ãnfal]
contra-ataque (m)	teenaanval	[teən·ãnfal]
combinação (f)	kombinasie	[kombinasi]

árbitro (m)	skeidsregter	[skæjds·reχtər]
apitar (vi)	die fluitjie blaas	[di flœiki blãs]
apito (m)	fluitsienjaal	[flœit·sinjãl]
falta (f)	oortreding	[oərtrediŋ]
expulsar (vt)	van die veld stuur	[fan di fɛlt stɪr]

cartão (m) amarelo	geel kaart	[χeəl kãrt]
cartão (m) vermelho	rooi kaart	[roj kãrt]
desqualificação (f)	diskwalifikasie	[diskvalifikasi]
desqualificar (vt)	diskwalifiseer	[diskvalifiseər]

penálti (m)	strafskop	[strafskop]
barreira (f)	muur	[mɪr]
marcar (vt)	doel aanteken	[dul ãntekən]
golo (m)	doelpunt	[dulpunt]

substituto (m)	plaasvervanging	[plãs·ferfaŋiŋ]
substituir (vt)	vervang	[ferfaŋ]
regras (f pl)	reëls	[reɛls]
tática (f)	taktiek	[taktik]

estádio (m)	stadion	[stadion]
bancadas (f pl)	tribune	[tribunə]
fã, adepto (m)	ondersteuner	[ondərstøənər]
gritar (vi)	skreeu	[skriʊ]

| marcador (m) | telbord | [tɛlbort] |
| resultado (m) | stand | [stant] |

derrota (f)	nederlaag	[nedərlãχ]
perder (vt)	verloor	[ferloər]
empate (m)	gelykspel	[χelajkspəl]
empatar (vi)	gelykop speel	[χelajkop speəl]

vitória (f)	oorwinning	[oərwinniŋ]
ganhar, vencer (vi, vt)	wen	[ven]
campeão (m)	kampioen	[kampiun]
melhor	beste	[bestə]
felicitar (vt)	gelukwens	[χelukwɛŋs]

comentador (m)	kommentator	[kommentator]
comentar (vt)	verslag lewer	[ferslaχ levər]
transmissão (f)	uitsending	[œitsendiŋ]

137. Ski Alpino

esquiar (vi)	ski	[ski]
estância (f) de esqui	berg ski-oord	[berχ ski-oərt]
teleférico (m)	skihysbak	[ski·hajsbak]

bastões (m pl) de esqui	skistokke	[ski·stokkə]
declive (m)	helling	[hɛlliŋ]
slalom (m)	slalom	[slalom]

138. Ténis. Golfe

golfe (m)	gholf	[golf]
clube (m) de golfe	gholfklub	[golf·klup]
jogador (m) de golfe	gholfspeler	[golf·spelər]

buraco (m)	putjie	[puki]
taco (m)	gholfstok	[golf·stok]
trolley (m)	gholfkarretjie	[golf·karrəki]

ténis (m)	tennis	[tɛnnis]
quadra (f) de ténis	tennisbaan	[tɛnnis·bãn]
saque (m)	afslaan	[afslãn]
sacar (vi)	afslaan	[afslãn]
raquete (f)	raket	[raket]
rede (f)	net	[net]
bola (f)	bal	[bal]

139. Xadrez

| xadrez (m) | skaak | [skãk] |
| peças (f pl) de xadrez | skaakstukke | [skãk·stukkə] |

xadrezista (m)	skaakspeler	[skāk·spelər]
tabuleiro (m) de xadrez	skaakbord	[skāk·bort]
peça (f) de xadrez	stuk	[stuk]

brancas (f pl)	wit	[vit]
pretas (f pl)	swart	[swart]

peão (m)	pion	[pion]
bispo (m)	loper	[lopər]
cavalo (m)	ruiter	[rœitər]
torre (f), roque (m)	toring	[toriŋ]
dama (f)	dame	[damə]
rei (m)	koning	[koniŋ]

vez (m)	skuif	[skœif]
mover (vt)	skuif	[skœif]
sacrificar (vt)	opoffer	[opoffər]
roque (m)	rokade	[rokadə]
xeque (m)	skaak	[skāk]
xeque-mate (m)	skaakmat	[skāk·mat]

torneio (m) de xadrez	skaakwedstryd	[skāk·wedstrajt]
grão-mestre (m)	Grootmeester	[ɣroət·meəstər]
combinação (f)	kombinasie	[kombinasi]
partida (f)	spel	[spel]
jogo (m) de damas	damspel	[dam·spəl]

140. Boxe

boxe (m)	boks	[boks]
combate (m)	geveg	[ɣefeχ]
duelo (m)	boksgeveg	[boks·χefeχ]
round, assalto (m)	rondte	[rondtə]

ringue (m)	kryt	[krajt]
gongo (m)	gong	[χoŋ]

murro, soco (m)	hou	[hæʊ]
knockdown (m)	uitklophou	[œitklophæʊ]
nocaute (m)	uitklophou	[œitklophæʊ]
nocautear (vt)	uitklophou plant	[œitklophæʊ plant]
luva (f) de boxe	bokshandskoen	[boks·handskun]
árbitro (m)	skeidsregter	[skæjds·reχtər]

peso-leve (m)	liggegewig	[liχχə·χevəχ]
peso-médio (m)	middelgewig	[middəl·χevəχ]
peso-pesado (m)	swaargewig	[swār·χevəχ]

141. Desportos. Diversos

Jogos (m pl) Olímpicos	Olimpiese Spele	[olimpisə spelə]
vencedor (m)	oorwinnaar	[oərwinnār]

| vencer (vi) | wen | [vɛn] |
| vencer, ganhar (vi) | wen | [vɛn] |

| líder (m) | leier | [læjer] |
| liderar (vt) | lei | [læj] |

primeiro lugar (m)	eerste plek	[eərste plek]
segundo lugar (m)	tweede plek	[tweədə plek]
terceiro lugar (m)	derde plek	[derdə plek]

medalha (f)	medalje	[medalje]
troféu (m)	trofee	[trofeə]
taça (f)	beker	[bekər]
prémio (m)	prys	[prajs]
prémio (m) principal	hoofprys	[hoəf·prajs]
recorde (m)	rekord	[rekort]

| final (m) | finale | [finalə] |
| final | finale | [finalə] |

| campeão (m) | kampioen | [kampiun] |
| campeonato (m) | kampioenskap | [kampiunskap] |

estádio (m)	stadion	[stadion]
bancadas (f pl)	tribune	[tribunə]
fã, adepto (m)	ondersteuner	[ondərstøənər]
adversário (m)	teëstander	[teɛstandər]

| partida (f) | wegspringplek | [veχspriŋ·plek] |
| chegada, meta (f) | eindstreep | [æjnd·streəp] |

| derrota (f) | nederlaag | [nedərlãχ] |
| perder (vt) | verloor | [ferloər] |

árbitro (m)	skeidsregter	[skæjds·reχtər]
júri (m)	beoordelaars	[be·oərdelãrs]
resultado (m)	stand	[stant]
empate (m)	gelykspel	[χelajkspəl]
empatar (vi)	gelykop speel	[χelajkop speəl]
ponto (m)	punt	[punt]
resultado (m) final	puntestand	[puntəstant]

| tempo, período (m) | periode | [periodə] |
| intervalo (m) | rustyd | [rustajt] |

doping (m)	opkikkers	[opkikkərs]
penalizar (vt)	straf	[straf]
desqualificar (vt)	diskwalifiseer	[diskwalifiseər]

aparelho (m)	apparaat	[apparãt]
dardo (m)	spies	[spis]
peso (m)	koeël	[kuɛl]
bola (f)	bal	[bal]

| alvo, objetivo (m) | doelwit | [dulwit] |
| alvo (~ de papel) | teiken | [tæjkən] |

atirar, disparar (vi)	**skiet**	[skit]
preciso (tiro ~)	**akkuraat**	[akkurãt]
treinador (m)	**breier**	[bræjer]
treinar (vt)	**afrig**	[afrəx]
treinar-se (vr)	**oefen**	[ufen]
treino (m)	**oefen**	[ufen]
ginásio (m)	**gimnastieksaal**	[χimnastik·sãl]
exercício (m)	**oefening**	[ufeniŋ]
aquecimento (m)	**opwarm**	[opwarm]

Educação

142. Escola

escola (f)	skool	[skoəl]
diretor (m) de escola	prinsipaal	[prinsipāl]
aluno (m)	leerder	[leərdər]
aluna (f)	leerder	[leərdər]
escolar (m)	skoolseun	[skoəl·søən]
escolar (f)	skooldogter	[skoəl·doχtər]
ensinar (vt)	leer	[leər]
aprender (vt)	leer	[leər]
aprender de cor	van buite leer	[fan bœitə leər]
estudar (vi)	leer	[leər]
andar na escola	op skool wees	[op skoəl veəs]
ir à escola	skooltoe gaan	[skoəltu χān]
alfabeto (m)	alfabet	[alfabet]
disciplina (f)	vak	[fak]
sala (f) de aula	klaskamer	[klas·kamər]
lição (f)	les	[les]
recreio (m)	pouse	[pæʊsə]
toque (m)	skoolbel	[skoəl·bəl]
carteira (f)	skoolbank	[skoəl·bank]
quadro (m) negro	bord	[bort]
nota (f)	simbool	[simboəl]
boa nota (f)	goeie punt	[χuje punt]
nota (f) baixa	slegte punt	[sleχtə punt]
erro (m)	fout	[fæʊt]
fazer erros	foute maak	[fæʊtə māk]
corrigir (vt)	korrigeer	[korriχeər]
cábula (f)	afskryfbriefie	[afskrajf·brifi]
dever (m) de casa	huiswerk	[hœis·werk]
exercício (m)	oefening	[ufeniŋ]
estar presente	aanwesig wees	[ānwesəχ veəs]
estar ausente	afwesig wees	[afwesəχ veəs]
faltar às aulas	stokkies draai	[stokkis drāj]
punir (vt)	straf	[straf]
punição (f)	straf	[straf]
comportamento (m)	gedrag	[χedraχ]
boletim (m) escolar	rapport	[rapport]

lápis (m)	potlood	[potloət]
borracha (f)	uitveër	[œitfeɛr]
giz (m)	kryt	[krajt]
estojo (m)	potloodsakkie	[potloət·sakki]

pasta (f) escolar	boekesak	[bukə·sak]
caneta (f)	pen	[pen]
caderno (m)	skryfboek	[skrajf·buk]
manual (m) escolar	handboek	[hand·buk]
compasso (m)	passer	[passər]

traçar (vt)	tegniese tekeninge maak	[teχnisə tekənikə māk]
desenho (m) técnico	tegniese tekening	[teχnisə tekəniŋ]

poesia (f)	gedig	[χedəχ]
de cor	van buite	[fan bœitə]
aprender de cor	van buite leer	[fan bœitə leər]

férias (f pl)	skoolvakansie	[skoəl·fakaŋsi]
estar de férias	met vakansie wees	[met fakaŋsi veəs]
passar as férias	jou vakansie deurbring	[jæʋ fakaŋsi døərbriŋ]

teste (m)	toets	[tuts]
composição, redação (f)	opstel	[opstəl]
ditado (m)	diktee	[dikteə]

exame (m)	eksamen	[ɛksamen]
experiência (~ química)	eksperiment	[ɛksperiment]

143. Colégio. Universidade

academia (f)	akademie	[akademi]
universidade (f)	universiteit	[unifersitæjt]
faculdade (f)	fakulteit	[fakultæjt]

estudante (m)	student	[student]
estudante (f)	student	[student]
professor (m)	lektor	[lektor]

sala (f) de palestras	lesingsaal	[lesiŋ·sāl]
graduado (m)	gegradueerde	[χeχradueərdə]

diploma (m)	sertifikaat	[sertifikāt]
tese (f)	proefskrif	[prufskrif]

estudo (obra)	navorsing	[naforsiŋ]
laboratório (m)	laboratorium	[laboratorium]

palestra (f)	lesing	[lesiŋ]
colega (m) de curso	medestudent	[medə·student]

bolsa (f) de estudos	beurs	[bøers]
grau (m) académico	akademiese graad	[akademisə χrāt]

144. Ciências. Disciplinas

matemática (f)	wiskunde	[vɪskundə]
álgebra (f)	algebra	[alχebra]
geometria (f)	meetkunde	[meetkundə]

astronomia (f)	astronomie	[astronomi]
biologia (f)	biologie	[bioloχi]
geografia (f)	geografie	[χeoχrafi]
geologia (f)	geologie	[χeoloχi]
história (f)	geskiedenis	[χeskidenis]

medicina (f)	geneeskunde	[χeneəs·kundə]
pedagogia (f)	pedagogie	[pedaχoχi]
direito (m)	regte	[reχtə]

física (f)	fisika	[fisika]
química (f)	chemie	[χemi]
filosofia (f)	filosofie	[filosofi]
psicologia (f)	sielkunde	[silkundə]

145. Sistema de escrita. Ortografia

gramática (f)	grammatika	[χrammatika]
vocabulário (m)	woordeskat	[voərdeskat]
fonética (f)	fonetika	[fonetika]

substantivo (m)	selfstandige naamwoord	[sɛlfstandiχə nãmwoərt]
adjetivo (m)	byvoeglike naamwoord	[bajfuχlikə nãmvoərt]
verbo (m)	werkwoord	[verk·woərt]
advérbio (m)	bijwoord	[bij·woərt]

pronome (m)	voornaamwoord	[foərnãm·voərt]
interjeição (f)	tussenwerpsel	[tussən·werpsəl]
preposição (f)	voorsetsel	[foərsetsəl]

raiz (f) da palavra	stam	[stam]
terminação (f)	agtervoegsel	[aχtər·fuχsəl]
prefixo (m)	voorvoegsel	[foər·fuχsəl]
sílaba (f)	lettergreep	[lɛttər·χreəp]
sufixo (m)	agtervoegsel, suffiks	[aχtər·fuχsəl], [suffiks]

| acento (m) | klemteken | [klem·tekən] |
| apóstrofo (m) | afkappingsteken | [afkappiŋs·tekən] |

ponto (m)	punt	[punt]
vírgula (f)	komma	[komma]
ponto e vírgula (m)	kommapunt	[komma·punt]
dois pontos (m pl)	dubbelpunt	[dubbəl·punt]
reticências (f pl)	beletselteken	[beletsəl·tekən]

| ponto (m) de interrogação | vraagteken | [frãχ·tekən] |
| ponto (m) de exclamação | uitroepteken | [œitrup·tekən] |

aspas (f pl)	aanhalingstekens	[ānhaliŋs·tekəŋs]
entre aspas	tussen aanhalingstekens	[tussən ānhaliŋs·tekəŋs]
parênteses (m pl)	hakies	[hakis]
entre parênteses	tussen hakies	[tussən hakis]

hífen (m)	koppelteken	[koppəl·tekən]
travessão (m)	strepie	[strepi]
espaço (m)	spasie	[spasi]

| letra (f) | letter | [lɛttər] |
| letra (f) maiúscula | hoofletter | [hoəf·lɛttər] |

| vogal (f) | klinker | [klinkər] |
| consoante (f) | konsonant | [kɔŋsonant] |

frase (f)	sin	[sin]
sujeito (m)	onderwerp	[ondərwerp]
predicado (m)	predikaat	[predikāt]

| linha (f) | reël | [reɛl] |
| parágrafo (m) | paragraaf | [paraχrāf] |

palavra (f)	woord	[voərt]
grupo (m) de palavras	woordgroep	[voərt·χrup]
expressão (f)	uitdrukking	[œitdrukkiŋ]
sinónimo (m)	sinoniem	[sinonim]
antónimo (m)	antoniem	[antonim]

regra (f)	reël	[reɛl]
exceção (f)	uitsondering	[œitsondəriŋ]
correto	korrek	[korrek]

conjugação (f)	vervoeging	[ferfuχiŋ]
declinação (f)	verbuiging	[ferbœəχiŋ]
caso (m)	naamval	[nāmfal]
pergunta (f)	vraag	[frāχ]
sublinhar (vt)	onderstreep	[ondərstreəp]
linha (f) pontilhada	stippellyn	[stippəl·lajn]

146. Línguas estrangeiras

língua (f)	taal	[tāl]
estrangeiro	vreemd	[freemt]
língua (f) estrangeira	vreemde taal	[freemdə tāl]
estudar (vt)	studeer	[studeər]
aprender (vt)	leer	[leər]

ler (vt)	lees	[leəs]
falar (vi)	praat	[prāt]
compreender (vt)	verstaan	[ferstān]
escrever (vt)	skryf	[skrajf]

| rapidamente | vinnig | [finnəχ] |
| devagar | stadig | [stadəχ] |

fluentemente	vlot	[flot]
regras (f pl)	reëls	[reɛls]
gramática (f)	grammatika	[χrammatika]
vocabulário (m)	woordeskat	[voərdeskat]
fonética (f)	fonetika	[fonetika]
manual (m) escolar	handboek	[hand·buk]
dicionário (m)	woordeboek	[voərdə·buk]
manual (m) de autoaprendizagem	selfstudie boek	[sɛlfstudi buk]
guia (m) de conversação	taalgids	[tāl·χids]
cassete (f)	kasset	[kasset]
vídeo cassete (m)	videoband	[video·bant]
CD (m)	CD	[se·de]
DVD (m)	DVD	[de·fe·de]
alfabeto (m)	alfabet	[alfabet]
soletrar (vt)	spel	[spel]
pronúncia (f)	uitspraak	[œitsprāk]
sotaque (m)	aksent	[aksent]
palavra (f)	woord	[voərt]
sentido (m)	betekenis	[betekənis]
cursos (m pl)	kursus	[kursus]
inscrever-se (vr)	inskryf	[inskrajf]
professor (m)	onderwyser	[ondərwajsər]
tradução (processo)	vertaling	[fertaliŋ]
tradução (texto)	vertaling	[fertaliŋ]
tradutor (m)	vertaler	[fertalər]
intérprete (m)	tolk	[tolk]
poliglota (m)	poliglot	[poliχlot]
memória (f)	geheue	[χəhøə]

147. Personagens de contos de fadas

Pai (m) Natal	Kersvader	[kers·fadər]
Cinderela (f)	Assepoester	[assepustər]
sereia (f)	meermin	[meərmin]
Neptuno (m)	Neptunus	[neptunus]
mago (m)	towenaar	[tovenār]
fada (f)	feetjie	[feəki]
mágico	magies	[maχis]
varinha (f) mágica	towerstaf	[tovər·staf]
conto (m) de fadas	sprokie	[sproki]
milagre (m)	wonderwerk	[vondərwerk]
anão (m)	dwerg	[dwerχ]
transformar-se em ...	verander in ...	[ferandər in ...]
fantasma (m)	spook	[spoək]

espetro (m)	gees	[χeəs]
monstro (m)	monster	[mɔŋstər]
dragão (m)	draak	[drāk]
gigante (m)	reus	[røəs]

148. Signos do Zodíaco

Carneiro	Ram	[ram]
Touro	Stier	[stir]
Gémeos	Tweelinge	[tweeliŋə]
Caranguejo	Kreef	[kreəf]
Leão	Leeu	[liʊ]
Virgem	Maagd	[māχt]

Balança	Weegskaal	[veəχskāl]
Escorpião	Skerpioen	[skerpiun]
Sagitário	Boogskutter	[boəχskuttər]
Capricórnio	Steenbok	[steənbok]
Aquário	Waterman	[vatərman]
Peixes	Visse	[fissə]

caráter (m)	karakter	[karaktər]
traços (m pl) do caráter	karaktertrekke	[karaktər·trɛkkə]
comportamento (m)	gedrag	[χedraχ]
predizer (vt)	waarsê	[vārsɛ:]
adivinha (f)	waarsêer	[vārsɛər]
horóscopo (m)	horoskoop	[horoskoəp]

Artes

149. Teatro

teatro (m)	teater	[teatər]
ópera (f)	opera	[opera]
opereta (f)	operette	[operɛttə]
balé (m)	ballet	[ballet]
cartaz (m)	plakkaat	[plakkāt]
companhia (f) teatral	teatergeselskap	[teatər·xesɛlskap]
turné (digressão)	toer	[tur]
estar em turné	op toer wees	[op tur veəs]
ensaiar (vt)	repeteer	[repeteər]
ensaio (m)	repetisie	[repetisi]
repertório (m)	repertoire	[repertuarə]
apresentação (f)	voorstelling	[foərstɛlliŋ]
espetáculo (m)	opvoering	[opfuriŋ]
peça (f)	toneelstuk	[toneəl·stuk]
bilhete (m)	kaartjie	[kārki]
bilheteira (f)	loket	[loket]
hall (m)	voorportaal	[foər·portāl]
guarda-roupa (m)	bewaarkamer	[bevār·kamər]
senha (f) numerada	bewaarkamerkaartjie	[bevār·kamər·kārki]
binóculo (m)	verkyker	[ferkajkər]
lanterninha (m)	plekaanwyser	[plek·ānwajsər]
plateia (f)	stalles	[stalles]
balcão (m)	balkon	[balkon]
primeiro balcão (m)	eerste balkon	[eərstə balkon]
camarote (m)	losie	[losi]
fila (f)	ry	[raj]
assento (m)	sitplek	[sitplek]
público (m)	gehoor	[xehoər]
espetador (m)	toehoorders	[tuhoərders]
aplaudir (vt)	klap	[klap]
aplausos (m pl)	applous	[applæʊs]
ovação (f)	toejuiging	[tujœəxiŋ]
palco (m)	verhoog	[ferhoəx]
pano (m) de boca	gordyn	[xordajn]
cenário (m)	dekor	[dekor]
bastidores (m pl)	agter die verhoog	[axtər di ferhoəx]
cena (f)	toneel	[toneəl]
ato (m)	bedryf	[bedrajf]
entreato (m)	pouse	[pæʊsə]

150. Cinema

| ator (m) | akteur | [aktøər] |
| atriz (f) | aktrise | [aktrisə] |

cinema (m)	filmbedryf	[film·bedrajf]
filme (m)	fliek	[flik]
episódio (m)	episode	[ɛpisodə]

filme (m) policial	speurfliek	[spøər·flik]
filme (m) de ação	aksiefliek	[aksi·flik]
filme (m) de aventuras	avontuurfliek	[afontɪr·flik]
filme (m) de ficção científica	wetenskapfiksiefilm	[vetɛŋskapfiksi·film]
filme (m) de terror	gruwelfliek	[χruvɛl·flik]

comédia (f)	komedie	[komedi]
melodrama (m)	melodrama	[melodrama]
drama (m)	drama	[drama]

filme (m) ficcional	rolprent	[rolprent]
documentário (m)	dokumentêre rolprent	[dokumentɛrə rolprent]
desenho (m) animado	tekenfilm	[tekən·film]
cinema (m) mudo	stilprent	[stil·prent]
papel (m)	rol	[rol]
papel (m) principal	hoofrol	[hoəf·rol]
representar (vt)	speel	[speəl]

estrela (f) de cinema	filmster	[film·stər]
conhecido	bekend	[bekent]
famoso	beroemd	[berumt]
popular	gewild	[χevilt]

argumento (m)	draaiboek	[drãjbuk]
argumentista (m)	draaiboekskrywer	[drãjbuk·skrajvər]
realizador (m)	filmregisseur	[film·reχissøər]
produtor (m)	produsent	[produsent]
assistente (m)	assistent	[assistent]
diretor (m) de fotografia	kameraman	[kameraman]
duplo (m)	waaghals	[vãχhals]
duplo (m) de corpo	dubbel	[dubbəl]

audição (f)	filmtoets	[film·tuts]
filmagem (f)	skiet	[skit]
equipe (f) de filmagem	filmspan	[film·span]
set (m) de filmagem	rolprentstel	[rolprent·stəl]
câmara (f)	kamera	[kamera]

| cinema (m) | bioskoop | [bioskoəp] |
| ecrã (m), tela (f) | skerm | [skerm] |

pista (f) sonora	klankbaan	[klank·bãn]
efeitos (m pl) especiais	spesiale effekte	[spesialə ɛffektə]
legendas (f pl)	onderskrif	[ondərskrif]
crédito (m)	erkenning	[ɛrkɛnniŋ]
tradução (f)	vertaling	[fertaliŋ]

151. Pintura

arte (f)	kuns	[kuns]
belas-artes (f pl)	skone kunste	[skonə kunstə]
galeria (f) de arte	kunsgalery	[kuns·χaləraj]
exposição (f) de arte	kunsuitstalling	[kuns·œitstalliŋ]
pintura (f)	skildery	[skilderaj]
arte (f) gráfica	grafiese kuns	[χrafisə kuns]
arte (f) abstrata	abstrakte kuns	[abstraktə kuns]
impressionismo (m)	impressionisme	[imprɛssionismə]
pintura (f), quadro (m)	skildery	[skilderaj]
desenho (m)	tekening	[tekəniŋ]
cartaz, póster (m)	plakkaat	[plakkāt]
ilustração (f)	illustrasie	[illustrasi]
miniatura (f)	miniatuur	[miniatɪr]
cópia (f)	kopie	[kopi]
reprodução (f)	reproduksie	[reproduksi]
mosaico (m)	mosaiek	[mosajek]
vitral (m)	gebrandskilderde venster	[χebrandskilderdə fɛŋstər]
fresco (m)	fresko	[fresko]
gravura (f)	gravure	[χrafurə]
busto (m)	borsbeeld	[borsbeəlt]
escultura (f)	beeldhouwerk	[beəldhæuverk]
estátua (f)	standbeeld	[standbeəlt]
gesso (m)	gips	[χips]
em gesso	gips-	[χips-]
retrato (m)	portret	[portret]
autorretrato (m)	selfportret	[sɛlf·portret]
paisagem (f)	landskap	[landskap]
natureza (f) morta	stillewe	[stilleʋə]
caricatura (f)	karikatuur	[karikatɪr]
esboço (m)	skets	[skets]
tinta (f)	verf	[ferf]
aguarela (f)	waterverf	[vatər·ferf]
óleo (m)	olieverf	[oli·ferf]
lápis (m)	potlood	[potloət]
tinta da China (f)	Indiese ink	[indisə ink]
carvão (m)	houtskool	[hæuts·koəl]
desenhar (vt)	teken	[tekən]
pintar (vt)	skilder	[skildər]
posar (vi)	poseer	[poseər]
modelo (m)	naakmodel	[nākmodəl]
modelo (f)	naakmodel	[nākmodəl]
pintor (m)	kunstenaar	[kunstenār]
obra (f)	kunswerk	[kuns·werk]

| obra-prima (f) | meesterstuk | [meestər·stuk] |
| estúdio (m) | studio | [studio] |

tela (f)	doek	[duk]
cavalete (m)	skildersesel	[skilders·esəl]
paleta (f)	palet	[palet]

moldura (f)	raam	[rām]
restauração (f)	restourasie	[restæurasi]
restaurar (vt)	restoureer	[restæureer]

152. Literatura & Poesia

literatura (f)	literatuur	[literatɪr]
autor (m)	skrywer	[skrajvər]
pseudónimo (m)	skuilnaam	[skœil·nām]

livro (m)	boek	[buk]
volume (m)	deel	[deəl]
índice (m)	inhoudsopgawe	[inhæʊds·opχavə]
página (f)	bladsy	[bladsaj]
protagonista (m)	hoofkarakter	[hoəf·karaktər]
autógrafo (m)	outograaf	[æʊtoχrāf]

conto (m)	kortverhaal	[kort·ferhāl]
novela (f)	novelle	[nofɛllə]
romance (m)	roman	[roman]
obra (f)	werk	[verk]
fábula (m)	fabel	[fabəl]
romance (m) policial	speurroman	[spøər·roman]

poesia (obra)	gedig	[χedəχ]
poesia (arte)	digkuns	[diχkuns]
poema (m)	epos	[ɛpos]
poeta (m)	digter	[diχtər]

ficção (f)	fiksie	[fiksi]
ficção (f) científica	wetenskapsfiksie	[vetɛŋskaps·fiksi]
aventuras (f pl)	avonture	[afonturə]
literatura (f) didática	opvoedkundige literatuur	[opfutkundiχə literatɪr]
literatura (f) infantil	kinderliteratuur	[kinder·literatɪr]

153. Circo

circo (m)	sirkus	[sirkus]
circo (m) ambulante	rondreisende sirkus	[rondræjsende sirkus]
programa (m)	program	[proχram]
apresentação (f)	voorstelling	[foərstɛlliŋ]

número (m)	nommer	[nommər]
arena (f)	sirkusring	[sirkus·riŋ]
pantomima (f)	pantomime	[pantomimə]

palhaço (m)	hanswors	[haŋswors]
acrobata (m)	akrobaat	[akrobãt]
acrobacia (f)	akrobatiek	[akrobatik]
ginasta (m)	gimnas	[χimnas]
ginástica (f)	gimnastiek	[χimnastik]
salto (m) mortal	salto	[salto]

homem forte (m)	atleet	[atleət]
domador (m)	temmer	[tɛmmər]
cavaleiro (m) equilibrista	ruiter	[rœitər]
assistente (m)	assistent	[assistent]

truque (m)	waaghalsige toertjie	[vāχhalsiχə turki]
truque (m) de mágica	goëltoertjie	[χoɛl·turki]
mágico (m)	goëlaar	[χoɛlãr]

malabarista (m)	jongleur	[jonχløər]
fazer malabarismos	jongleer	[jonχleər]
domador (m)	dresseerder	[drɛsseər·dər]
adestramento (m)	dressering	[drɛsseriŋ]
adestrar (vt)	afrig	[afrəχ]

154. Música. Música popular

música (f)	musiek	[musik]
músico (m)	musikant	[musikant]
instrumento (m) musical	musiekinstrument	[musik·instrument]
tocar ...	speel ...	[speəl ...]

guitarra (f)	kitaar	[kitãr]
violino (m)	viool	[fioəl]
violoncelo (m)	tjello	[tʃello]
contrabaixo (m)	kontrabas	[kontrabas]
harpa (f)	harp	[harp]

piano (m)	piano	[piano]
piano (m) de cauda	vleuelklavier	[fløɛl·klafir]
órgão (m)	orrel	[orrəl]

instrumentos (m pl) de sopro	blaasinstrumente	[blās·instrumentə]
oboé (m)	hobo	[hobo]
saxofone (m)	saksofoon	[saksofoən]
clarinete (m)	klarinet	[klarinet]
flauta (f)	dwarsfluit	[dwars·flœit]
trompete (m)	trompet	[trompet]

acordeão (m)	trekklavier	[trɛkklafir]
tambor (m)	trommel	[trommel]

duo, dueto (m)	duet	[duet]
trio (m)	trio	[trio]
quarteto (m)	kwartet	[kwartet]
coro (m)	koor	[koər]
orquestra (f)	orkes	[orkes]

música (f) pop	popmusiek	[pop·musik]
música (f) rock	rockmusiek	[rok·musik]
grupo (m) de rock	rockgroep	[rok·χrup]
jazz (m)	jazz	[jazz]
ídolo (m)	held	[hɛlt]
fã, admirador (m)	bewonderaar	[bevondərãr]
concerto (m)	konsert	[kɔŋsert]
sinfonia (f)	simfonie	[simfoni]
composição (f)	komposisie	[komposisi]
compor (vt)	komponeer	[komponeər]
canto (m)	sang	[saŋ]
canção (f)	lied	[lit]
melodia (f)	wysie	[vajsi]
ritmo (m)	ritme	[ritmə]
blues (m)	blues	[blues]
notas (f pl)	bladmusiek	[blad·musik]
batuta (f)	dirigeerstok	[diriχeər·stok]
arco (m)	strykstok	[strajk·stok]
corda (f)	snaar	[snãr]
estojo (m)	houer	[hæʋər]

Descanso. Entretenimento. Viagens

155. Viagens

turismo (m)	toerisme	[turismə]
turista (m)	toeris	[turis]
viagem (f)	reis	[ræjs]
aventura (f)	avontuur	[afontɪr]
viagem (f)	reis	[ræjs]
férias (f pl)	vakansie	[fakaŋsi]
estar de férias	met vakansie wees	[met fakaŋsi veəs]
descanso (m)	rus	[rus]
comboio (m)	trein	[træjn]
de comboio (chegar ~)	per trein	[pər træjn]
avião (m)	vliegtuig	[fliχtœiχ]
de avião	per vliegtuig	[pər fliχtœiχ]
de carro	per motor	[pər motor]
de navio	per skip	[pər skip]
bagagem (f)	bagasie	[baχasi]
mala (f)	tas	[tas]
carrinho (m)	bagasiekarretjie	[baχasi·karrəki]
passaporte (m)	paspoort	[paspoərt]
visto (m)	visum	[fisum]
bilhete (m)	kaartjie	[kãrki]
bilhete (m) de avião	lugkaartjie	[luχ·kãrki]
guia (m) de viagem	reisgids	[ræjsχids]
mapa (m)	kaart	[kãrt]
local (m), area (f)	gebied	[χebit]
lugar, sítio (m)	plek	[plek]
exotismo (m)	eksotiese dinge	[ɛksotisə diŋə]
exótico	eksoties	[ɛksotis]
surpreendente	verbasend	[ferbasent]
grupo (m)	groep	[χrup]
excursão (f)	uitstappie	[œitstappi]
guia (m)	gids	[χids]

156. Hotel

hotel (m)	hotel	[hotəl]
motel (m)	motel	[motəl]
três estrelas	drie-ster	[dri-stər]

cinco estrelas	vyf-ster	[fajf-stər]
ficar (~ num hotel)	oornag	[oərnaχ]

quarto (m)	kamer	[kamər]
quarto (m) individual	enkelkamer	[ɛnkəl·kamər]
quarto (m) duplo	dubbelkamer	[dubbəl·kamər]

meia pensão (f)	met aandete, bed en ontbyt	[met āndetə], [bet en ontbajt]
pensão (f) completa	volle losies	[follə losis]

com banheira	met bad	[met bat]
com duche	met stortbad	[met stort·bat]
televisão (m) satélite	satelliet-TV	[satɛllit-te·fe]
ar (m) condicionado	lugversorger	[luχfersorχər]
toalha (f)	handdoek	[handduk]
chave (f)	sleutel	[sløətəl]

administrador (m)	bestuurder	[bestɪrdər]
camareira (f)	kamermeisie	[kamər·mæejsi]
bagageiro (m)	hoteljoggie	[hotəl·joχi]
porteiro (m)	portier	[portir]

restaurante (m)	restaurant	[restɔurant]
bar (m)	kroeg	[kruχ]
pequeno-almoço (m)	ontbyt	[ontbajt]
jantar (m)	aandete	[āndetə]
buffet (m)	buffetete	[buffetetə]

hall (m) de entrada	voorportaal	[foər·portāl]
elevador (m)	hysbak	[hajsbak]

NÃO PERTURBE	MOENIE STEUR NIE	[muni støər ni]
PROIBIDO FUMAR!	ROOK VERBODE	[roək ferbodə]

157. Livros. Leitura

livro (m)	boek	[buk]
autor (m)	outeur	[æʊtøər]
escritor (m)	skrywer	[skrajvər]
escrever (vt)	skryf	[skrajf]

leitor (m)	leser	[lesər]
ler (vt)	lees	[leəs]
leitura (f)	lees	[leəs]

para si	stil	[stil]
em voz alta	hardop	[hardop]

publicar (vt)	uitgee	[œitχeə]
publicação (f)	uitgee	[œitχeə]
editor (m)	uitgewer	[œitχevər]
editora (f)	uitgewery	[œitχevəraj]
sair (vi)	verskyn	[ferskajn]
lançamento (m)	verskyn	[ferskajn]

tiragem (f)	oplaag	[oplãχ]
livraria (f)	boekhandel	[buk·handəl]
biblioteca (f)	biblioteek	[biblioteək]
novela (f)	novelle	[nofɛllə]
conto (m)	kortverhaal	[kort·ferhãl]
romance (m)	roman	[roman]
romance (m) policial	speurroman	[spøər·roman]
memórias (f pl)	memoires	[memuares]
lenda (f)	legende	[leχendə]
mito (m)	mite	[mitə]
poesia (f)	poësie	[poɛsi]
autobiografia (f)	outobiografie	[æʊtobioχrafi]
obras (f pl) escolhidas	bloemlesing	[blumlesiŋ]
ficção (f) científica	wetenskapsfiksie	[vetɛŋskaps·fiksi]
título (m)	titel	[titel]
introdução (f)	inleiding	[inlæjdiŋ]
folha (f) de rosto	titelblad	[titel·blat]
capítulo (m)	hoofstuk	[hoəfstuk]
excerto (m)	fragment	[fraχment]
episódio (m)	episode	[ɛpisodə]
tema (m)	plot	[plot]
conteúdo (m)	inhoud	[inhæʊt]
índice (m)	inhoudsopgawe	[inhæʊds·opχavə]
protagonista (m)	hoofkarakter	[hoəf·karaktər]
tomo, volume (m)	deel	[deəl]
capa (f)	omslag	[omslaχ]
encadernação (f)	band	[bant]
marcador (m) de livro	bladwyser	[blat·vajsər]
página (f)	bladsy	[bladsaj]
folhear (vt)	deurblaai	[døərblãi]
margem (f)	marges	[marχəs]
anotação (f)	annotasie	[annotasi]
nota (f) de rodapé	voetnota	[fut·nota]
texto (m)	teks	[teks]
fonte (f)	lettertipe	[lɛttər·tipə]
gralha (f)	drukfout	[druk·fæʊt]
tradução (f)	vertaling	[fertaliŋ]
traduzir (vt)	vertaal	[fertãl]
original (m)	oorspronklike	[oərspronklikə]
famoso	beroemd	[berumt]
desconhecido	onbekend	[onbekent]
interessante	interessante	[interessantə]
best-seller (m)	blitsverkoper	[blits·ferkopər]
dicionário (m)	woordeboek	[voərdə·buk]
manual (m) escolar	handboek	[hand·buk]
enciclopédia (f)	ensiklopedie	[ɛŋsiklopedi]

158. Caça. Pesca

caça (f)	jag	[jaχ]
caçar (vi)	jag	[jaχ]
caçador (m)	jagter	[jaχtər]

atirar (vi)	skiet	[skit]
caçadeira (f)	geweer	[χeveər]
cartucho (m)	patroon	[patroən]
chumbo (m) de caça	hael	[haəl]
armadilha (f)	slagyster	[slaχ·ajstər]
armadilha (com corda)	valstrik	[falstrik]
cair na armadilha	in die valstrik trap	[in di falstrik trap]
pôr a armadilha	n valstrik lê	[ə falstrik lɛ:]

caçador (m) furtivo	wildstroper	[vilt·stropər]
caça (f)	wild	[vilt]
cão (m) de caça	jaghond	[jaχ·hont]
safári (m)	safari	[safari]
animal (m) empalhado	opgestopte dier	[opχestoptə dir]

pescador (m)	visterman	[fisterman]
pesca (f)	vis vang	[fis faŋ]
pescar (vt)	vis vang	[fis faŋ]

cana (f) de pesca	visstok	[fis·stok]
linha (f) de pesca	vislyn	[fis·lajn]
anzol (m)	vishoek	[fis·huk]
boia (f)	vlotter	[flottər]
isca (f)	aas	[ās]

lançar a linha	lyngooi	[lajnχoj]
morder (vt)	byt	[bajt]
pesca (f)	vang	[faŋ]
buraco (m) no gelo	gat in die ys	[χat in di ajs]

rede (f)	visnet	[fis·net]
barco (m)	boot	[boət]
lançar a rede	die net gooi	[di net χoj]
puxar a rede	die net intrek	[di net intrek]
cair nas malhas	in die net val	[in di net fal]

baleeiro (m)	walvisvanger	[valfis·vaŋər]
baleeira (f)	walvisboot	[valfis·boət]
arpão (m)	harpoen	[harpun]

159. Jogos. Bilhar

bilhar (m)	biljart	[biljart]
sala (f) de bilhar	biljartkamer	[biljart·kamər]
bola (f) de bilhar	bal	[bal]
taco (m)	biljartstok	[biljart·stok]
bolsa (f)	sakkie	[sakki]

160. Jogos. Jogar cartas

ouros (m pl)	diamante	[diamantə]
espadas (f pl)	skoppens	[skoppɛns]
copas (f pl)	harte	[hartə]
paus (m pl)	klawers	[klavərs]
ás (m)	aas	[ãs]
rei (m)	koning	[koniŋ]
dama (f)	dame	[damə]
valete (m)	boer	[bur]
carta (f) de jogar	speelkaart	[speel·kãrt]
cartas (f pl)	kaarte	[kãrtə]
trunfo (m)	troefkaart	[truf·kãrt]
baralho (m)	pak kaarte	[pak kãrtə]
ponto (m)	punt	[punt]
dar, distribuir (vt)	uitdeel	[œitdeel]
embaralhar (vt)	skommel	[skomməl]
vez, jogada (f)	beurt	[bøørt]
batoteiro (m)	valsspeler	[fals·spelər]

161. Casino. Roleta

casino (m)	kasino	[kasino]
roleta (f)	roulette	[ræʊlɛt]
aposta (f)	inset	[inset]
apostar (vt)	wed	[vet]
vermelho (m)	rooi	[roj]
preto (m)	swart	[swart]
apostar no vermelho	wed op rooi	[vet op roj]
apostar no preto	wed op swart	[vet op swart]
crupiê (m, f)	kroepier	[krupir]
girar a roda	die wiel draai	[di vil drãi]
regras (f pl) do jogo	reëls	[reɛls]
ficha (f)	tjip	[ʧip]
ganhar (vi, vt)	wen	[ven]
ganho (m)	wins	[vins]
perder (dinheiro)	verloor	[ferloər]
perda (f)	verlies	[ferlis]
jogador (m)	speler	[spelər]
blackjack (m)	blackjack	[blɛk dʒɛk]
jogo (m) de dados	dobbelspel	[dobbəl·spəl]
dados (m pl)	dobbelsteen	[dobbəl·steen]
máquina (f) de jogo	muntoutomaat	[munt·æʊtomãt]

162. Descanso. Jogos. Diversos

passear (vi)	wandel	[vandəl]
passeio (m)	wandeling	[vandəliŋ]
viagem (f) de carro	motorrit	[motor·rit]
aventura (f)	avontuur	[afontɪr]
piquenique (m)	piekniek	[piknik]
jogo (m)	spel	[spel]
jogador (m)	speler	[spelər]
partida (f)	spel	[spel]
colecionador (m)	versamelaar	[fersamelãr]
colecionar (vt)	versamel	[fersaməl]
coleção (f)	versameling	[fersameliŋ]
palavras (f pl) cruzadas	blokkiesraaisel	[blokkis·rãisəl]
hipódromo (m)	perderesiesbaan	[perdə·resisbãn]
discoteca (f)	disko	[disko]
sauna (f)	sauna	[sɔuna]
lotaria (f)	lotery	[loteraj]
campismo (m)	kampeeruitstappie	[kampeər·ajtstappi]
acampamento (m)	kamp	[kamp]
tenda (f)	tent	[tɛnt]
bússola (f)	kompas	[kompas]
campista (m)	kampeerder	[kampeərdər]
ver (vt), assistir à …	kyk	[kajk]
telespectador (m)	kyker	[kajkər]
programa (m) de TV	TV-program	[te·fe-proχram]

163. Fotografia

máquina (f) fotográfica	kamera	[kamera]
foto, fotografia (f)	foto	[foto]
fotógrafo (m)	fotograaf	[fotoχrãf]
estúdio (m) fotográfico	fotostudio	[foto·studio]
álbum (m) de fotografias	fotoalbum	[foto·album]
objetiva (f)	kameralens	[kamera·lɛŋs]
teleobjetiva (f)	telefotolens	[telefoto·lɛŋs]
filtro (m)	filter	[filtər]
lente (f)	lens	[lɛŋs]
ótica (f)	optiek	[optik]
abertura (f)	diafragma	[diafraχma]
exposição (f)	beligtingstyd	[beliχtiŋs·tajt]
visor (m)	soeker	[sukər]
câmara (f) digital	digitale kamera	[diχitalə kamera]
tripé (m)	driepoot	[dripoət]

flash (m)	flits	[flits]
fotografar (vt)	fotografeer	[fotoχrafeər]
tirar fotos	fotografeer	[fotoχrafeər]
fotografar-se	jou portret laat maak	[jæʊ portret lāt māk]

foco (m)	fokus	[fokus]
focar (vt)	fokus	[fokus]
nítido	skerp	[skerp]
nitidez (f)	skerpheid	[skerphæjt]

contraste (m)	kontras	[kontras]
contrastante	kontrasryk	[kontrasrajk]

retrato (m)	kiekie	[kiki]
negativo (m)	negatief	[neχatif]
filme (m)	rolfilm	[rolfilm]
fotograma (m)	raampie	[rāmpi]
imprimir (vt)	druk	[druk]

164. Praia. Natação

praia (f)	strand	[strant]
areia (f)	sand	[sant]
deserto	verlate	[ferlatə]

bronzeado (m)	sonbruin kleur	[sonbrœin kløər]
bronzear-se (vr)	bruinbrand	[brœinbrant]
bronzeado	bruingebrand	[brœiŋəbrant]
protetor (m) solar	sonskermroom	[sɔŋ·skerm·roəm]

biquíni (m)	bikini	[bikini]
fato (m) de banho	baaikostuum	[bāj·kostɪm]
calção (m) de banho	baaibroek	[bāj·bruk]

piscina (f)	swembad	[swem·bat]
nadar (vi)	swem	[swem]
duche (m)	stort	[stort]
mudar de roupa	verklee	[ferkleə]
toalha (f)	handdoek	[handduk]

barco (m)	boot	[boət]
lancha (f)	motorboot	[motor·boət]

esqui (m) aquático	waterski	[vatər·ski]
barco (m) de pedais	waterfiets	[vatər·fits]
surf (m)	branderplankry	[brandərplank·raj]
surfista (m)	branderplankryer	[brandərplank·rajer]

scuba (m)	duiklong	[dœiklɔŋ]
barbatanas (f pl)	paddavoet	[padda·fut]
máscara (f)	duikmasker	[dœik·maskər]
mergulhador (m)	duiker	[dœikər]
mergulhar (vi)	duik	[dœik]
debaixo d'água	onder water	[ondər vatər]

guarda-sol (m)	strandsambreel	[strand·sambreel]
espreguiçadeira (f)	strandstoel	[strand·stul]
óculos (m pl) de sol	sonbril	[son·bril]
colchão (m) de ar	opblaasmatras	[opblās·matras]
brincar (vi)	speel	[speel]
ir nadar	gaan swem	[χān swem]
bola (f) de praia	strandbal	[strand·bal]
encher (vt)	opblaas	[opblās]
inflável, de ar	opblaas-	[opblās-]
onda (f)	golf	[χolf]
boia (f)	boei	[bui]
afogar-se (pessoa)	verdrink	[ferdrink]
salvar (vt)	red	[ret]
colete (m) salva-vidas	reddingsbaadjie	[rɛddiŋs·bādʒi]
observar (vt)	dophou	[dophæʊ]
nadador-salvador (m)	lewensredder	[levɛŋs·rɛddər]

EQUIPAMENTO TÉCNICO. TRANSPORTES

Equipamento técnico. Transportes

165. Computador

computador (m)	rekenaar	[rekənãr]
portátil (m)	skootrekenaar	[skoət·rekənãr]
ligar (vt)	aanskakel	[ãŋskakəl]
desligar (vt)	afskakel	[afskakəl]
teclado (m)	toetsbord	[tuts·bort]
tecla (f)	toets	[tuts]
rato (m)	muis	[mœis]
tapete (m) de rato	muismatjie	[mœis·maki]
botão (m)	knop	[knop]
cursor (m)	loper	[lopər]
monitor (m)	monitor	[monitor]
ecrã (m)	skerm	[skerm]
disco (m) rígido	harde skyf	[hardə skajf]
capacidade (f) do disco rígido	harde skyf se vermoë	[hardə skajf sə fermoɛ]
memória (f)	geheue	[χəhøə]
memória (f) operativa	RAM-geheue	[ram-χehøəə]
ficheiro (m)	lêer	[lɛər]
pasta (f)	gids	[χids]
abrir (vt)	oopmaak	[oəpmãk]
fechar (vt)	sluit	[slœit]
guardar (vt)	bewaar	[bevãr]
apagar, eliminar (vt)	uitvee	[œitfeə]
copiar (vt)	kopieer	[kopir]
ordenar (vt)	sorteer	[sorteər]
copiar (vt)	oorplaas	[oərplãs]
programa (m)	program	[proχram]
software (m)	sagteware	[saχtevarə]
programador (m)	programmeur	[proχrammøər]
programar (vt)	programmeer	[proχrammeər]
hacker (m)	kuberkraker	[kubər·krakər]
senha (f)	wagwoord	[vaχ·woərt]
vírus (m)	virus	[firus]
detetar (vt)	opspoor	[opspoər]
byte (m)	greep	[χreəp]

megabyte (m)	megagreep	[meχaχreəp]
dados (m pl)	data	[data]
base (f) de dados	databasis	[data·basis]

cabo (m)	kabel	[kabəl]
desconectar (vt)	ontkoppel	[ontkoppəl]
conetar (vt)	konnekteer	[konnekteer]

166. Internet. E-mail

internet (f)	internet	[internet]
browser (m)	webblaaier	[veb·blăjer]
motor (m) de busca	soekenjin	[suk·ɛndʒin]
provedor (m)	verskaffer	[ferskaffər]

webmaster (m)	webmeester	[veb·meestər]
website, sítio web (m)	webwerf	[veb·werf]
página (f) web	webblad	[veb·blat]

| endereço (m) | adres | [adres] |
| livro (m) de endereços | adresboek | [adres·buk] |

caixa (f) de correio	posbus	[pos·bus]
correio (m)	pos	[pos]
cheia (caixa de correio)	vol	[fol]

mensagem (f)	boodskap	[boədskap]
mensagens (f pl) recebidas	inkomende boodskappe	[inkomendə boədskappə]
mensagens (f pl) enviadas	uitgaande boodskappe	[œitχăndə boədskappə]

remetente (m)	sender	[sendər]
enviar (vt)	verstuur	[ferstɪr]
envio (m)	versending	[fersendiŋ]

| destinatário (m) | ontvanger | [ontfaŋer] |
| receber (vt) | ontvang | [ontfaŋ] |

| correspondência (f) | korrespondensie | [korrespondɛŋsi] |
| corresponder-se (vr) | korrespondeer | [korrespondeer] |

ficheiro (m)	lêer	[lɛər]
fazer download, baixar	aflaai	[aflăi]
criar (vt)	skep	[skep]
apagar, eliminar (vt)	uitvee	[œitfeə]
eliminado	uitgevee	[œitχefeə]

ligação (f)	konneksie	[konneksi]
velocidade (f)	spoed	[sput]
modem (m)	modem	[modem]
acesso (m)	toegang	[tuχaŋ]
porta (f)	portaal	[portăl]

| conexão (f) | aansluiting | [ăŋslœitiŋ] |
| conetar (vi) | aansluit by ... | [ăŋslœit baj ...] |

escolher (vt)	kies	[kis]
buscar (vt)	soek	[suk]

167. Eletricidade

eletricidade (f)	elektrisiteit	[ɛlektrisitæjt]
elétrico	elektries	[ɛlektris]
central (f) elétrica	kragstasie	[kraχ·stasi]
energia (f)	krag	[kraχ]
energia (f) elétrica	elektriese krag	[ɛlektrisə kraχ]

lâmpada (f)	gloeilamp	[χlui·lamp]
lanterna (f)	flits	[flits]
poste (m) de iluminação	straatlig	[strātləχ]

luz (f)	lig	[liχ]
ligar (vt)	aanskakel	[ānskakəl]
desligar (vt)	afskakel	[afskakəl]
apagar a luz	die lig afskakel	[di liχ afskakəl]

fundir (vi)	doodbrand	[doədbrant]
curto-circuito (m)	kortsluiting	[kort·slœitin]
rutura (f)	gebreekte kabel	[χebreəktə kabəl]
contacto (m)	kontak	[kontak]

interruptor (m)	ligskakelaar	[liχ·skakelār]
tomada (f)	muurprop	[mɪrprop]
ficha (f)	prop	[prop]
extensão (f)	verlengkabel	[ferleŋ·kabəl]

fusível (m)	sekering	[sekəriŋ]
fio, cabo (m)	kabel	[kabəl]
instalação (f) elétrica	bedrading	[bedradiŋ]

ampere (m)	ampère	[ampɛ:r]
amperagem (f)	stroomsterkte	[stroəm·sterktə]
volt (m)	volt	[folt]
voltagem (f)	spanning	[spanniŋ]

aparelho (m) elétrico	elektriese toestel	[ɛlektrisə tustəl]
indicador (m)	aanduier	[āndœiər]

eletricista (m)	elektrisiën	[ɛlektrisiɛn]
soldar (vt)	soldeer	[soldeər]
ferro (m) de soldar	soldeerbout	[soldeər·bæʊt]
corrente (f) elétrica	elektriese stroom	[ɛlektrisə stroəm]

168. Ferramentas

ferramenta (f)	werktuig	[verktœiχ]
ferramentas (f pl)	gereedskap	[χereədskap]
equipamento (m)	toerusting	[turustiŋ]

martelo (m)	hamer	[hamər]
chave (f) de fendas	skroewedraaier	[skruvə·drājer]
machado (m)	byl	[bajl]
serra (f)	saag	[sāχ]
serrar (vt)	saag	[sāχ]
plaina (f)	skaaf	[skāf]
aplainar (vt)	skaaf	[skāf]
ferro (m) de soldar	soldeerbout	[soldeər·bæʊt]
soldar (vt)	soldeer	[soldeər]
lima (f)	vyl	[fajl]
tenaz (f)	knyptang	[knajptaŋ]
alicate (m)	tang	[taŋ]
formão (m)	beitel	[bæjtəl]
broca (f)	boor	[boər]
berbequim (f)	elektriese boor	[ɛlektrisə boər]
furar (vt)	boor	[boər]
faca (f)	mes	[mes]
canivete (m)	sakmes	[sakmes]
lâmina (f)	lem	[lem]
afiado	skerp	[skerp]
cego	stomp	[stomp]
embotar-se (vr)	stomp raak	[stomp rāk]
afiar, amolar (vt)	slyp	[slajp]
parafuso (m)	bout	[bæʊt]
porca (f)	moer	[mur]
rosca (f)	draad	[drāt]
parafuso (m) para madeira	houtskroef	[hæʊt·skruf]
prego (m)	spyker	[spajkər]
cabeça (f) do prego	kop	[kop]
régua (f)	meetlat	[meətlat]
fita (f) métrica	meetband	[meət·bant]
nível (m)	waterpas	[vatərpas]
lupa (f)	vergrootglas	[ferχroət·χlas]
medidor (m)	meetinstrument	[meət·instrument]
medir (vt)	meet	[meət]
escala (f)	skaal	[skāl]
leitura (f)	lesings	[lesiŋs]
compressor (m)	kompressor	[komprɛssor]
microscópio (m)	mikroskoop	[mikroskoəp]
bomba (f)	pomp	[pomp]
robô (m)	robot	[robot]
laser (m)	laser	[lasər]
chave (f) de boca	moersleutel	[mur·sløətəl]
fita (f) adesiva	plakband	[plak·bant]

cola (f)	gom	[χom]
lixa (f)	skuurpapier	[skɪr·papir]
mola (f)	veer	[feər]
íman (m)	magneet	[maχneət]
luvas (f pl)	handskoene	[handskunə]

corda (f)	tou	[tæʊ]
cordel (m)	tou	[tæʊ]
fio (m)	draad	[drãt]
cabo (m)	kabel	[kabəl]

marreta (f)	voorhamer	[foər·hamər]
pé de cabra (f)	breekyster	[breəkajstər]
escada (f) de mão	leer	[leər]
escadote (m)	trapleer	[trapleər]

enroscar (vt)	vasskroef	[fasskruf]
desenroscar (vt)	losskroef	[losskruf]
apertar (vt)	saampars	[sãmpars]
colar (vt)	vasplak	[fasplak]
cortar (vt)	sny	[snaj]

falha (mau funcionamento)	fout	[fæʊt]
conserto (m)	herstelwerk	[herstəl·werk]
consertar, reparar (vt)	herstel	[herstəl]
regular, ajustar (vt)	stel	[stəl]

verificar (vt)	nagaan	[naχãn]
verificação (f)	kontrole	[kontrolə]
leitura (f)	lesings	[lesiŋs]

| seguro | betroubaar | [betræʊbãr] |
| complicado | ingewikkelde | [inχəwikkɛldə] |

enferrujar (vi)	roes	[rus]
enferrujado	verroes	[ferrus]
ferrugem (f)	roes	[rus]

Transportes

169. Avião

avião (m)	vliegtuig	[fliχtœiχ]
bilhete (m) de avião	lugkaartjie	[luχ·kārki]
companhia (f) aérea	lugredery	[luχrederaj]
aeroporto (m)	lughawe	[luχhavə]
supersónico	supersonies	[supersonis]
comandante (m) do avião	kaptein	[kaptæjn]
tripulação (f)	bemanning	[bemanniŋ]
piloto (m)	piloot	[piloət]
hospedeira (f) de bordo	lugwaardin	[luχ·wārdin]
copiloto (m)	navigator	[nafiχator]
asas (f pl)	vlerke	[flerkə]
cauda (f)	stert	[stert]
cabine (f) de pilotagem	stuurkajuit	[stɪr·kajœit]
motor (m)	enjin	[ɛndʒin]
trem (m) de aterragem	landingstel	[landiŋ·stəl]
turbina (f)	turbine	[turbinə]
hélice (f)	skroef	[skruf]
caixa-preta (f)	swart boks	[swart boks]
coluna (f) de controlo	stuurstang	[stɪr·staŋ]
combustível (m)	brandstof	[brantstof]
instruções (f pl) de segurança	veiligheidskaart	[fæjliχæjts·kārt]
máscara (f) de oxigénio	suurstofmasker	[sɪrstof·maskər]
uniforme (m)	uniform	[uniform]
colete (m) salva-vidas	reddingsbaadjie	[rɛddiŋs·bādʒi]
paraquedas (m)	valskerm	[fal·skerm]
descolagem (f)	opstyging	[opstajχiŋ]
descolar (vi)	opstyg	[opstajχ]
pista (f) de descolagem	landingsbaan	[landiŋs·bān]
visibilidade (f)	uitsig	[œitsəχ]
voo (m)	vlug	[fluχ]
altura (f)	hoogte	[hoəχtə]
poço (m) de ar	lugsak	[luχsak]
assento (m)	sitplek	[sitplek]
auscultadores (m pl)	koptelefoon	[kop·telefoən]
mesa (f) rebatível	voutafeltjie	[fæu·tafɛlki]
vigia (f)	vliegtuigvenster	[fliχtœiχ·fɛŋstər]
passagem (f)	paadjie	[pādʒi]

170. Comboio

comboio (m)	trein	[træjn]
comboio (m) suburbano	voorstedelike trein	[foərstedelikə træjn]
comboio (m) rápido	sneltrein	[snɛl·træjn]
locomotiva (f) diesel	diesellokomotief	[disel·lokomotif]
comboio (m) a vapor	stoomlokomotief	[stoəm·lokomotif]
carruagem (f)	passasierswa	[passasirs·wa]
carruagem restaurante (f)	eetwa	[eət·wa]
carris (m pl)	spoorstawe	[spoər·stavə]
caminho de ferro (m)	spoorweg	[spoər·weχ]
travessa (f)	dwarslêer	[dwarslɛər]
plataforma (f)	perron	[perron]
linha (f)	spoor	[spoər]
semáforo (m)	semafoor	[semafoər]
estação (f)	stasie	[stasi]
maquinista (m)	treindrywer	[træjn·drajvər]
bagageiro (m)	portier	[portir]
hospedeiro, -a	kondukteur	[konduktøər]
(da carruagem)		
passageiro (m)	passasier	[passasir]
revisor (m)	kondukteur	[konduktøər]
corredor (m)	gang	[χaŋ]
freio (m) de emergência	noodrem	[noədrem]
compartimento (m)	kompartiment	[kompartiment]
cama (f)	bed	[bet]
cama (f) de cima	boonste bed	[boəŋstə bet]
cama (f) de baixo	onderste bed	[ondərstə bet]
roupa (f) de cama	beddegoed	[beddə·χut]
bilhete (m)	kaartjie	[kãrki]
horário (m)	diensrooster	[diŋs·roəstər]
painel (m) de informação	informasiebord	[informasi·bort]
partir (vt)	vertrek	[fertrek]
partida (f)	vertrek	[fertrek]
chegar (vi)	aankom	[ãnkom]
chegada (f)	aankoms	[ãnkoms]
chegar de comboio	aankom per trein	[ãnkom pər træjn]
apanhar o comboio	in die trein klim	[in di træjn klim]
sair do comboio	uit die trein klim	[œit di træjn klim]
acidente (m) ferroviário	treinbotsing	[træjn·botsiŋ]
descarrilar (vi)	ontspoor	[ontspoər]
comboio (m) a vapor	stoomlokomotief	[stoəm·lokomotif]
fogueiro (m)	stoker	[stokər]
fornalha (f)	stookplek	[stoəkplek]
carvão (m)	steenkool	[steən·koəl]

171. Barco

| navio (m) | skip | [skip] |
| embarcação (f) | vaartuig | [fărtœix] |

vapor (m)	stoomboot	[stoəm·boət]
navio (m)	rivierboot	[rifir·boət]
transatlântico (m)	toerskip	[tur·skip]
cruzador (m)	kruiser	[krœisər]

iate (m)	jag	[jax]
rebocador (m)	sleepboot	[sleep·boət]
barcaça (f)	vragskuit	[frax·skœit]
ferry (m)	veerboot	[feər·boət]

| veleiro (m) | seilskip | [sæjl·skip] |
| bergantim (m) | skoenerbrik | [skunər·brik] |

| quebra-gelo (m) | ysbreker | [ajs·brekər] |
| submarino (m) | duikboot | [dœik·boət] |

bote, barco (m)	roeiboot	[ruiboət]
bote, dingue (m)	bootjie	[boəki]
bote (m) salva-vidas	reddingsboot	[rɛddiŋs·boət]
lancha (f)	motorboot	[motor·boət]

capitão (m)	kaptein	[kaptæjn]
marinheiro (m)	seeman	[seeman]
marujo (m)	matroos	[matroəs]
tripulação (f)	bemanning	[bemanniŋ]

contramestre (m)	bootsman	[boətsman]
grumete (m)	skeepsjonge	[skeeps·joŋə]
cozinheiro (m) de bordo	kok	[kok]
médico (m) de bordo	skeepsdokter	[skeeps·doktər]

convés (m)	dek	[dek]
mastro (m)	mas	[mas]
vela (f)	seil	[sæjl]

porão (m)	skeepsruim	[skeeps·rœim]
proa (f)	boeg	[bux]
popa (f)	agterstewe	[axtərstevə]
remo (m)	roeispaan	[ruis·pān]
hélice (f)	skroef	[skruf]

camarote (m)	kajuit	[kajœit]
sala (f) dos oficiais	offisierskajuit	[offisirs·kajœit]
sala (f) das máquinas	enjinkamer	[ɛndʒin·kamər]
ponte (m) de comando	brug	[brux]
sala (f) de comunicações	radiokamer	[radio·kamər]
onda (f) de rádio	golf	[xolf]
diário (m) de bordo	logboek	[loxbuk]
luneta (f)	verkyker	[ferkajkər]
sino (m)	bel	[bəl]

bandeira (f)	vlag	[flaχ]
cabo (m)	kabel	[kabəl]
nó (m)	knoop	[knoəp]

corrimão (m)	dekleuning	[dek·løənin]
prancha (f) de embarque	gangplank	[χan·plank]

âncora (f)	anker	[ankər]
recolher a âncora	anker lig	[ankər ləχ]
lançar a âncora	anker uitgooi	[ankər œitχoj]
amarra (f)	ankerketting	[ankər·kɛttin]

porto (m)	hawe	[havə]
cais, amarradouro (m)	kaai	[kāi]
atracar (vi)	vasmeer	[fasmeer]
desatracar (vi)	vertrek	[fertrek]

viagem (f)	reis	[ræjs]
cruzeiro (m)	cruise	[kru:s]
rumo (m), rota (f)	koers	[kurs]
itinerário (m)	roete	[rutə]

canal (m) navegável	vaarwater	[fār·vatər]
baixio (m)	sandbank	[sand·bank]
encalhar (vt)	strand	[strant]

tempestade (f)	storm	[storm]
sinal (m)	sienjaal	[sinjāl]
afundar-se (vr)	sink	[sink]
Homem ao mar!	Man oorboord!	[man oərboərd!]
SOS	SOS	[sos]
boia (f) salva-vidas	reddingsboei	[rɛddins·bui]

172. Aeroporto

aeroporto (m)	lughawe	[luχhavə]
avião (m)	vliegtuig	[fliχtœiχ]
companhia (f) aérea	lugredery	[luχrederaj]
controlador (m) de tráfego aéreo	lugverkeersleier	[luχ·ferkeərs·læjer]

partida (f)	vertrek	[fertrek]
chegada (f)	aankoms	[ānkoms]
chegar (~ de avião)	aankom	[ānkom]

hora (f) de partida	vertrektyd	[fertrək·tajt]
hora (f) de chegada	aankomstyd	[ānkoms·tajt]

estar atrasado	vertraag wees	[fertrāχ vees]
atraso (m) de voo	vlugvertraging	[fluχ·fertraχin]

painel (m) de informação	informasiebord	[informasi·bort]
informação (f)	informasie	[informasi]
anunciar (vt)	aankondig	[ānkondəχ]

voo (m)	vlug	[fluχ]
alfândega (f)	doeane	[duanə]
funcionário (m) da alfândega	doeanebeampte	[duanə·beamptə]

declaração (f) alfandegária	doeaneverklaring	[duanə·ferklariŋ]
preencher (vt)	invul	[inful]
controlo (m) de passaportes	paspoortkontrole	[paspoərt·kontrolə]

bagagem (f)	bagasie	[baχasi]
bagagem (f) de mão	handbagasie	[hand·baχasi]
carrinho (m)	bagasiekarretjie	[baχasi·karrəki]

aterragem (f)	landing	[landiŋ]
pista (f) de aterragem	landingsbaan	[landiŋs·bān]
aterrar (vi)	land	[lant]
escada (f) de avião	vliegtuigtrap	[fliχtœiχ·trap]

check-in (m)	na die vertrektoonbank	[na di fertrək·toənbank]
balcão (m) do check-in	vertrektoonbank	[fertrək·toənbank]
fazer o check-in	na die vertrektoonbank gaan	[na di fertrək·toənbank χān]
cartão (m) de embarque	instapkaart	[instap·kārt]
porta (f) de embarque	vertrekuitgang	[fertrek·œitχaŋ]

trânsito (m)	transito	[traŋsito]
esperar (vi, vt)	wag	[vaχ]
sala (f) de espera	vertreksaal	[fertrək·sāl]
despedir-se de ...	afsien	[afsin]
despedir-se (vr)	afskeid neem	[afskæjt neəm]

173. Bicicleta. Motocicleta

bicicleta (f)	fiets	[fits]
scotter, lambreta (f)	bromponie	[bromponi]
mota (f)	motorfiets	[motorfits]

ir de bicicleta	per fiets ry	[pər fits raj]
guiador (m)	stuurstang	[stɪr·staŋ]
pedal (m)	pedaal	[pedāl]
travões (m pl)	remme	[remmə]
selim (m)	fietssaal	[fits·sāl]

bomba (f) de ar	pomp	[pomp]
porta-bagagens (m)	bagasierak	[baχasi·rak]
lanterna (f)	fietslamp	[fits·lamp]
capacete (m)	helmet	[hɛlmet]

roda (f)	wiel	[vil]
guarda-lamas (m)	modderskerm	[moddər·skerm]
aro (m)	velling	[fɛlliŋ]
raio (m)	speek	[speək]

Carros

174. Tipos de carros

carro, automóvel (m)	motor	[motor]
carro (m) desportivo	sportmotor	[sport·motor]
limusine (f)	limousine	[limæʋsinə]
todo o terreno (m)	veldvoertuig	[fɛlt·furtœix̬]
descapotável (m)	met afslaandak	[met afslāndak]
minibus (m)	bussie	[bussi]
ambulância (f)	ambulans	[ambulaŋs]
limpa-neve (m)	sneeuploeg	[sniʋ·plux̬]
camião (m)	vragmotor	[frax̬·motor]
camião-cisterna (m)	tenkwa	[tɛnk·wa]
carrinha (f)	bestelwa	[bestəl·wa]
camião-trator (m)	padtrekker	[pad·trɛkkər]
atrelado (m)	aanhangwa	[ānhaŋ·wa]
confortável	gemaklik	[x̬emaklik]
usado	gebruik	[x̬ebrœik]

175. Carros. Carroçaria

capô (m)	enjinkap	[ɛndʒin·kap]
guarda-lamas (m)	modderskerm	[moddər·skerm]
tejadilho (m)	dak	[dak]
para-brisa (m)	voorruit	[foər·rœit]
espelho (m) retrovisor	truspieël	[tru·spiɛl]
lavador (m)	voorruitsproer	[foər·rœitsprur]
limpa-para-brisas (m)	ruitveërs	[rœit·feɛrs]
vidro (m) lateral	syvenster	[saj·fɛŋstər]
elevador (m) do vidro	vensterhyser	[fɛŋstər·hajsər]
antena (f)	lugdraad	[lux̬drāt]
teto solar (m)	sondak	[sondak]
para-choques (m pl)	buffer	[buffər]
bagageira (f)	bagasiebak	[bax̬asi·bak]
bagageira (f) de tejadilho	dakreling	[dak·reliŋ]
porta (f)	deur	[døər]
maçaneta (f)	handvatsel	[hand·fatsəl]
fechadura (f)	deurslot	[døər·slot]
matrícula (f)	nommerplaat	[nommər·plāt]
silenciador (m)	knaldemper	[knal·dempər]

| tanque (m) de gasolina | petroltenk | [petrol·tɛnk] |
| tubo (m) de escape | uitlaatpyp | [œitlāt·pajp] |

acelerador (m)	gaspedaal	[χas·pedāl]
pedal (m)	pedaal	[pedāl]
pedal (m) do acelerador	gaspedaal	[χas·pedāl]

travão (m)	rem	[rem]
pedal (m) do travão	rempedaal	[rem·pedāl]
travar (vt)	remtrap	[remtrap]
travão (m) de mão	parkeerrem	[parkeər·rem]

embraiagem (f)	koppelaar	[koppelār]
pedal (m) da embraiagem	koppelaarpedaal	[koppelār·pedāl]
disco (m) de embraiagem	koppelaarskyf	[koppelār·skajf]
amortecedor (m)	skokbreker	[skok·brekər]

roda (f)	wiel	[vil]
pneu (m) sobresselente	spaarwiel	[spār·wil]
pneu (m)	band	[bant]
tampão (m) de roda	wieldop	[wil·dop]

rodas (f pl) motrizes	dryfwiele	[drajf·wilə]
de tração dianteira	voorwielaandrywing	[foərwil·āndrajviŋ]
de tração traseira	agterwielaandrywing	[aχtərwil·āndrajviŋ]
de tração às 4 rodas	vierwielaandrywing	[firwil·āndrajviŋ]

caixa (f) de mudanças	ratkas	[ratkas]
automático	outomaties	[æʊtomatis]
mecânico	meganies	[meχanis]
alavanca (f) das mudanças	ratwisselaar	[ratwisselār]

| farol (m) | koplig | [kopləχ] |
| faróis, luzes | kopligte | [kopliχtə] |

médios (m pl)	dempstraal	[demp·strāl]
máximos (m pl)	hoofstraal	[hoəf·strāl]
luzes (f pl) de stop	remlig	[remləχ]

mínimos (m pl)	parkeerlig	[parkeər·ləχ]
luzes (f pl) de emergência	gevaarligte	[χefār·liχtə]
faróis (m pl) antinevoeiro	mislampe	[mis·lampə]
pisca-pisca (m)	draaiwyser	[drāj·vajsər]
luz (f) de marcha atrás	trulig	[truləχ]

176. Carros. Habitáculo

interior (m) do carro	interieur	[interiøər]
de couro, de pele	leer-	[leər-]
de veludo	fluweel-	[fluveəl-]
estofos (m pl)	bekleding	[beklediŋ]

| indicador (m) | instrument | [instrument] |
| painel (m) de instrumentos | voorpaneel | [foər·paneəl] |

| velocímetro (m) | spoedmeter | [spud·metər] |
| ponteiro (m) | wyster | [vajstər] |

conta-quilómetros (m)	afstandmeter	[afstant·metər]
sensor (m)	sensor	[sɛŋsor]
nível (m)	vlak	[flak]
luz (f) avisadora	waarskulig	[vārskuləχ]

volante (m)	stuurwiel	[stɪr·wil]
buzina (f)	toeter	[tutər]
botão (m)	knop	[knop]
interruptor (m)	skakelaar	[skakəlār]

assento (m)	sitplek	[sitplek]
costas (f pl) do assento	rugsteun	[ruχ·støən]
cabeceira (f)	kopstut	[kopstut]
cinto (m) de segurança	veiligheidsgordel	[fæjliχæjts·χordəl]
apertar o cinto	die gordel vasmaak	[di χordəl fasmāk]
regulação (f)	verstelling	[ferstɛlliŋ]

| airbag (m) | lugsak | [luχsak] |
| ar (m) condicionado | lugversorger | [luχfersorχər] |

rádio (m)	radio	[radio]
leitor (m) de CD	CD-speler	[se·de spelər]
ligar (vt)	aanskakel	[āŋskakəl]
antena (f)	lugdraad	[luχdrāt]
porta-luvas (m)	paneelkassie	[paneəl·kassi]
cinzeiro (m)	asbak	[asbak]

177. Carros. Motor

motor (m)	motor, enjin	[motor], [ɛndʒin]
diesel	diesel	[disəl]
a gasolina	petrol	[petrol]

cilindrada (f)	enjininhoud	[ɛndʒin·inhæʋt]
potência (f)	krag	[kraχ]
cavalo-vapor (m)	perdekrag	[perdə·kraχ]
pistão (m)	suier	[sœeier]
cilindro (m)	silinder	[silindər]
válvula (f)	klep	[klep]

injetor (m)	inspuiting	[inspœeitiŋ]
gerador (m)	generator	[χenerator]
carburador (m)	vergasser	[ferχassər]
óleo (m) para motor	motorolie	[motor·oli]

radiador (m)	verkoeler	[ferkulər]
refrigerante (m)	koelmiddel	[kul·middəl]
ventilador (m)	waaier	[vājer]

| bateria (f) | battery | [battəraj] |
| dispositivo (m) de arranque | aansitter | [āŋsittər] |

ignição (f)	ontsteking	[ontstekiŋ]
vela (f) de ignição	vonkprop	[fonk·prop]

borne (m)	pool	[poəl]
borne (m) positivo	positiewe pool	[positivə poəl]
borne (m) negativo	negatiewe pool	[neχativə poəl]
fusível (m)	sekering	[sekəriŋ]

filtro (m) de ar	lugfilter	[luχ·filtər]
filtro (m) de óleo	oliefilter	[oli·filtər]
filtro (m) de combustível	brandstoffilter	[brantstof·filtər]

178. Carros. Batidas. Reparação

acidente (m) de carro	motorbotsing	[motor·botsiŋ]
acidente (m) rodoviário	verkeersongeluk	[ferkeərs·onχəluk]
ir contra ...	bots	[bots]
sofrer um acidente	verongeluk	[feronχəluk]
danos (m pl)	skade	[skadə]
intato	onbeskadig	[onbeskadəχ]

avaria (no motor, etc.)	onklaar raak	[onklãr rãk]
avariar (vi)	onklaar raak	[onklãr rãk]
cabo (m) de reboque	sleeptou	[sleəp·tæʊ]

furo (m)	papwiel	[pap·wil]
estar furado	pap wees	[pap veəs]
encher (vt)	oppomp	[oppomp]
pressão (f)	druk	[druk]
verificar (vt)	nagaan	[naχãn]

reparação (f)	herstel	[herstəl]
oficina (f) de reparação de carros	garage	[χaraʒə]
peça (f) sobresselente	onderdeel	[ondərdeəl]
peça (f)	onderdeel	[ondərdeəl]

parafuso (m)	bout	[bæʊt]
parafuso (m)	skroef	[skruf]
porca (f)	moer	[mur]
anilha (f)	waster	[vastər]
rolamento (m)	koeëllaer	[kuɛllaər]

tubo (m)	pyp	[pajp]
junta (f)	pakstuk	[pakstuk]
fio, cabo (m)	kabel	[kabəl]

macaco (m)	domkrag	[domkraχ]
chave (f) de boca	moersleutel	[mur·sløətəl]
martelo (m)	hamer	[hamər]
bomba (f)	pomp	[pomp]
chave (f) de fendas	skroewedraaier	[skruvə·drãjer]
extintor (m)	brandblusser	[brant·blussər]
triângulo (m) de emergência	gevaardriehoek	[χefãr·drihuk]

parar (vi) (motor)	stol	[stol]
paragem (f)	stol	[stol]
estar quebrado	stukkend wees	[stukkent vees]

superaquecer-se (vr)	oorverhit	[oɐrferhit]
entupir-se (vr)	verstop raak	[ferstop rãk]
congelar (vi)	vries	[fris]
rebentar (vi)	bars	[bars]

pressão (f)	druk	[druk]
nível (m)	vlak	[flak]
frouxo	slap	[slap]

mossa (f)	duik	[dœik]
ruído (m)	klopgeluid	[klop·xəlœit]
fissura (f)	kraak	[krãk]
aranhão (m)	skraap	[skrãp]

179. Carros. Estrada

estrada (f)	pad	[pat]
autoestrada (f)	deurpad	[døɐrpat]
rodovia (f)	deurpad	[døɐrpat]
direção (f)	rigting	[riҳtiŋ]
distância (f)	afstand	[afstant]

ponte (f)	brug	[bruҳ]
parque (m) de estacionamento	parkeerterrein	[parkeɐr·terræjn]
praça (f)	plein	[plæjn]
nó (m) rodoviário	padknoop	[pad·knoəp]
túnel (m)	tonnel	[tonnəl]

posto (m) de gasolina	petrolstasie	[petrol·stasi]
parque (m) de estacionamento	parkeerterrein	[parkeɐr·terræjn]
bomba (f) de gasolina	petrolpomp	[petrol·pomp]
oficina (f) de reparação de carros	garage	[ҳaraʒə]
abastecer (vi)	volmaak	[folmãk]
combustível (m)	brandstof	[brantstof]
bidão (m) de gasolina	petrolblik	[petrol·blik]

asfalto (m)	teer	[teɐr]
marcação (f) de estradas	padmerktekens	[pad·merktekɛŋs]
lancil (m)	randsteen	[rand·steən]
proteção (f) guard-rail	skutreling	[skut·reliŋ]
valeta (f)	donga	[donҳa]
berma (f) da estrada	skouer	[skæʋər]
poste (m) de luz	lamppaal	[lamp·pãl]

conduzir, guiar (vt)	bestuur	[bestɪr]
virar (ex. ~ à direita)	draai	[drãi]
dar retorno	U-draai maak	[u-drãj mãk]
marcha-atrás (f)	tru-	[tru-]
buzinar (vi)	toeter	[tutər]

buzina (f)	toeter	[tutər]
atolar-se (vr)	vassteek	[fassteek]
patinar (na lama)	die wiele laat tol	[di vilə lãt tol]
desligar (vt)	afskakel	[afskakəl]

velocidade (f)	spoed	[sput]
exceder a velocidade	die spoedgrens oortree	[di sputχrɛŋs oərtreə]
semáforo (m)	robot	[robot]
carta (f) de condução	bestuurslisensie	[bestɯrs·lisɛŋsi]

passagem (f) de nível	treinoorgang	[træjn·oərχaŋ]
cruzamento (m)	kruispunt	[krœis·punt]
passadeira (f)	sebraoorgang	[sebra·oərχaŋ]
curva (f)	draai	[drãi]
zona (f) pedonal	voetgangerstraat	[futχaŋər·strãt]

180. Sinais de trânsito

código (m) da estrada	padreëls	[pad·reɛls]
sinal (m) de trânsito	padteken	[pad·tekən]
ultrapassagem (f)	verbysteek	[ferbajsteek]
curva (f)	draai	[drãi]
inversão (f) de marcha	U-draai	[u-drãi]
rotunda (f)	verkeerssirkel	[ferkeərs·sirkəl]

sentido proibido	Geen toegang	[χeən tuχaŋ]
trânsito proibido	Geen voertuie toegelaat nie	[χeən furtœiə tuχelãt ni]
proibição de ultrapassar	Verbysteek verbode	[ferbajsteek ferbodə]
estacionamento proibido	Parkeerverbod	[parkeər·ferbot]
paragem proibida	Nie stilhou nie	[ni stilhæʋ ni]

curva (f) perigosa	gevaarlike draai	[χefãrlikə drãi]
descida (f) perigosa	steil afdraande	[stæjl afdrãndə]
trânsito de sentido único	eenrigtingverkeer	[eənriχtiŋ·ferkeər]
passadeira (f)	Voetoorgang voor	[futoərχaŋ foər]
pavimento (m) escorregadio	Glibberige pad voor	[χlibbəriχə pat foər]
cedência de passagem	TOEGEE	[tuχeə]

PESSOAS. EVENTOS

Eventos

181. Férias. Evento

festa (f)	partytjie	[partajki]
festa (f) nacional	nasionale dag	[naʃionalə daχ]
feriado (m)	openbare vakansiedag	[openbarə fakaŋsi·daχ]
festejar (vt)	herdenk	[herdenk]
evento (festa, etc.)	gebeurtenis	[χebøørtenis]
evento (banquete, etc.)	gebeurtenis	[χebøørtenis]
banquete (m)	banket	[banket]
receção (f)	onthaal	[onthāl]
festim (m)	feesmaal	[fees·māl]
aniversário (m)	verjaardag	[ferjār·daχ]
jubileu (m)	jubileum	[jubiløøm]
celebrar (vt)	vier	[fir]
Ano (m) Novo	Nuwejaar	[nuvejār]
Feliz Ano Novo!	Voorspoedige Nuwejaar	[foərspudiχə nuvejār]
Pai (m) Natal	Kersvader	[kers·fadər]
Natal (m)	Kersfees	[kersfees]
Feliz Natal!	Geseënde Kersfees	[χeseɛndə kersfeɛs]
árvore (f) de Natal	Kersboom	[kers·boəm]
fogo (m) de artifício	vuurwerk	[fɪrwerk]
boda (f)	bruilof	[brœilof]
noivo (m)	bruidegom	[brœideχom]
noiva (f)	bruid	[brœit]
convidar (vt)	uitnooi	[œitnoj]
convite (m)	uitnodiging	[œitnodəχiŋ]
convidado (m)	gas	[χas]
visitar (vt)	besoek	[besuk]
receber os hóspedes	die gaste ontmoet	[di χastə ontmut]
presente (m)	present	[present]
oferecer (vt)	gee	[χeə]
receber presentes	presente ontvang	[presentə ontfaŋ]
ramo (m) de flores	boeket	[buket]
felicitações (f pl)	gelukwense	[χelukwɛŋsə]
felicitar (dar os parabéns)	gelukwens	[χelukwɛŋs]
cartão (m) de parabéns	geleentheidskaartjie	[χeleenthæjts·kārki]

brinde (m)	heildronk	[hæjldronk]
oferecer (vt)	aanbied	[ānbit]
champanhe (m)	sjampanje	[ʃampanje]

divertir-se (vr)	jouself geniet	[jæusɛlf χenit]
diversão (f)	pret	[pret]
alegria (f)	vreugde	[frøeχde]

| dança (f) | dans | [daŋs] |
| dançar (vi) | dans | [daŋs] |

| valsa (f) | wals | [vals] |
| tango (m) | tango | [tanχo] |

182. Funerais. Enterro

cemitério (m)	begraafplaas	[beχrāf·plās]
sepultura (f), túmulo (m)	graf	[χraf]
cruz (f)	kruis	[krœis]
lápide (f)	grafsteen	[χrafsteen]
cerca (f)	heining	[hæjniŋ]
capela (f)	kapel	[kapel]

morte (f)	dood	[doet]
morrer (vi)	doodgaan	[doedχān]
defunto (m)	oorledene	[oerledene]
luto (m)	rou	[ræu]

enterrar, sepultar (vt)	begrawe	[beχrave]
agência (f) funerária	begrafnisonderneming	[beχrafnis·ondɘrnemiŋ]
funeral (m)	begrafnis	[beχrafnis]

coroa (f) de flores	krans	[kraŋs]
caixão (m)	doodskis	[doedskis]
carro (m) funerário	lykswa	[lajks·wa]
mortalha (f)	lykkleed	[lajk·kleet]

procissão (f) funerária	begrafnisstoet	[beχrafnis·stut]
urna (f) funerária	urn	[urn]
crematório (m)	krematorium	[krematorium]

obituário (m), necrologia (f)	doodsberig	[doeds·bereχ]
chorar (vi)	huil	[hœil]
soluçar (vi)	snik	[snik]

183. Guerra. Soldados

pelotão (m)	peleton	[peleton]
companhia (f)	kompanie	[kompani]
regimento (m)	regiment	[reχiment]
exército (m)	leër	[leɛr]
divisão (f)	divisie	[difisi]

destacamento (m)	afdeling	[afdeliŋ]
hoste (f)	leërskare	[lɛɛrskarə]
soldado (m)	soldaat	[soldāt]
oficial (m)	offisier	[offisir]
soldado (m) raso	soldaat	[soldāt]
sargento (m)	sersant	[sersant]
tenente (m)	luitenant	[lœitənant]
capitão (m)	kaptein	[kaptæjn]
major (m)	majoor	[majoər]
coronel (m)	kolonel	[kolonəl]
general (m)	generaal	[χenerāl]
marujo (m)	matroos	[matroəs]
capitão (m)	kaptein	[kaptæjn]
contramestre (m)	bootsman	[boətsman]
artilheiro (m)	artilleris	[artilleris]
soldado (m) paraquedista	valskermsoldaat	[falskerm·soldāt]
piloto (m)	piloot	[piloət]
navegador (m)	navigator	[nafiχator]
mecânico (m)	werktuigkundige	[verktœiχ·kundiχə]
sapador (m)	sappeur	[sappøər]
paraquedista (m)	valskermspringer	[falskerm·spriŋər]
explorador (m)	verkenner	[ferkɛnnər]
franco-atirador (m)	skerpskut	[skerp·skut]
patrulha (f)	patrollie	[patrolli]
patrulhar (vt)	patrolleer	[patrolleər]
sentinela (f)	wag	[vaχ]
guerreiro (m)	vegter	[feχtər]
patriota (m)	patriot	[patriot]
herói (m)	held	[hɛlt]
heroína (f)	heldin	[hɛldin]
traidor (m)	verraaier	[ferrājer]
trair (vt)	verraai	[ferrāi]
desertor (m)	droster	[drostər]
desertar (vt)	dros	[dros]
mercenário (m)	huursoldaat	[hɪr·soldāt]
recruta (m)	rekruteer	[rekruteər]
voluntário (m)	vrywilliger	[frajvilliχər]
morto (m)	dooie	[doje]
ferido (m)	gewonde	[χevondə]
prisioneiro (m) de guerra	krygsgevangene	[krajχs·χefaŋənə]

184. Guerra. Ações militares. Parte 1

guerra (f)	oorlog	[oərloχ]
guerrear (vt)	oorlog voer	[oərloχ fur]

guerra (f) civil	burgeroorlog	[burgər·oərloχ]
perfidamente	valslik	[falslik]
declaração (f) de guerra	oorlogsverklaring	[oərloχs·ferklariŋ]
declarar (vt) guerra	oorlog verklaar	[oərloχ ferklãr]
agressão (f)	aggressie	[aχrɛssi]
atacar (vt)	aanval	[ãnfal]

invadir (vt)	binneval	[binnəfal]
invasor (m)	binnevaller	[binnəfallər]
conquistador (m)	veroweraar	[feroverãr]

defesa (f)	verdediging	[ferdedəχiŋ]
defender (vt)	verdedig	[ferdedəχ]
defender-se (vr)	jouself verdedig	[jæusɛlf ferdedəχ]

inimigo (m)	vyand	[fajant]
adversário (m)	teëstander	[teɛstander]
inimigo	vyandig	[fajandəχ]

| estratégia (f) | strategie | [strateχi] |
| tática (f) | taktiek | [taktik] |

ordem (f)	bevel	[befəl]
comando (m)	bevel	[befəl]
ordenar (vt)	beveel	[befeəl]
missão (f)	opdrag	[opdraχ]
secreto	geheim	[χəhæjm]

| batalha (f) | veldslag | [fɛltslaχ] |
| combate (m) | geveg | [χefeχ] |

ataque (m)	aanval	[ãnfal]
assalto (m)	bestorming	[bestormiŋ]
assaltar (vt)	bestorm	[bestorm]
assédio, sítio (m)	beleg	[belεχ]

| ofensiva (f) | aanval | [ãnfal] |
| passar à ofensiva | tot die offensief oorgaan | [tot di offɛŋsif oərχãn] |

| retirada (f) | terugtrekking | [teruχ·trɛkkiŋ] |
| retirar-se (vr) | terugtrek | [teruχtrek] |

| cerco (m) | omsingeling | [omsinχəliŋ] |
| cercar (vt) | omsingel | [omsiŋəl] |

bombardeio (m)	bombardement	[bombardement]
bombardear (vt)	bombardeer	[bombardeər]
explosão (f)	ontploffing	[ontploffiŋ]

| tiro (m) | skoot | [skoət] |
| tiroteio (m) | skiet | [skit] |

apontar para ...	mik op	[mik op]
apontar (vt)	rig	[riχ]
acertar (vt)	tref	[tref]
afundar (um navio)	sink	[sink]

brecha (f)	gat	[χat]
afundar (vi)	sink	[sink]

frente (m)	front	[front]
evacuação (f)	evakuasie	[ɛfakuasi]
evacuar (vt)	evakueer	[ɛfakueər]

trincheira (f)	loopgraaf	[loəpχrãf]
arame (m) farpado	doringdraad	[doriŋ·drãt]
obstáculo (m) anticarro	versperring	[fersperriŋ]
torre (f) de vigia	wagtoring	[vaχ·toriŋ]

hospital (m)	militêre hospitaal	[militærə hospitãl]
ferir (vt)	wond	[vont]
ferida (f)	wond	[vont]
ferido (m)	gewonde	[χevondə]
ficar ferido	gewond	[χevont]
grave (ferida ~)	ernstig	[ɛrnstəχ]

185. Guerra. Ações militares. Parte 2

cativeiro (m)	gevangenskap	[χefaŋənskap]
capturar (vt)	gevange neem	[χefaŋə neəm]
estar em cativeiro	in gevangenskap wees	[in χefaŋənskap veəs]
ser aprisionado	in gevangenskap geneem word	[in χefaŋənskap χeneəm vort]

campo (m) de concentração	konsentrasiekamp	[kɔŋsentrasi·kamp]
prisioneiro (m) de guerra	krygsgevangene	[krajχs·χefaŋənə]
escapar (vi)	ontsnap	[ontsnap]

trair (vt)	verraai	[ferrãi]
traidor (m)	verraaier	[ferrãjer]
traição (f)	verraad	[ferrãt]

fuzilar, executar (vt)	eksekuteer	[ɛksekuteər]
fuzilamento (m)	eksekusie	[ɛksekusi]

equipamento (m)	toerusting	[turustiŋ]
platina (f)	skouerstrook	[skæʊer·stroək]
máscara (f) antigás	gasmasker	[χas·maskər]

rádio (m)	veldradio	[fɛlt·radio]
cifra (f), código (m)	geheime kode	[χəhæjmə kodə]
conspiração (f)	geheimhouding	[χəhæjm·hæʊdiŋ]
senha (f)	wagwoord	[vaχ·woərt]

mina (f)	landmyn	[land·majn]
minar (vt)	bemyn	[bemajn]
campo (m) minado	mynveld	[majn·fɛlt]

alarme (m) aéreo	lugalarm	[luχ·alarm]
alarme (m)	alarm	[alarm]
sinal (m)	sienjaal	[sinjãl]

sinalizador (m)	fakkel	[fakkel]
estado-maior (m)	hoofkwartier	[hoəf·kwartir]
reconhecimento (m)	verkenningstog	[ferkɛnniŋs·toχ]
situação (f)	toestand	[tustant]
relatório (m)	verslag	[ferslaχ]
emboscada (f)	hinderlaag	[hindər·lāχ]
reforço (m)	versterking	[ferstərkiŋ]

alvo (m)	doel	[dul]
campo (m) de tiro	proefterrein	[pruf·terræjn]
manobras (f pl)	militêre oefening	[milit ærə ufeniŋ]

pânico (m)	paniek	[panik]
devastação (f)	verwoesting	[ferwustiŋ]
ruínas (f pl)	verwoesting	[ferwustiŋ]
destruir (vt)	verwoes	[ferwus]

sobreviver (vi)	oorleef	[oərleəf]
desarmar (vt)	ontwapen	[ontvapen]
manusear (vt)	hanteer	[hanteər]

| Firmes! | Aandag! | [āndaχ!] |
| Descansar! | Op die plek rus! | [op di plek rus!] |

façanha (f)	heldedaad	[hɛldə·dāt]
juramento (m)	eed	[eət]
jurar (vi)	sweer	[sweər]

condecoração (f)	dekorasie	[dekorasiə]
condecorar (vt)	toeken	[tuken]
medalha (f)	medalje	[medalje]
ordem (f)	orde	[ordə]

vitória (f)	oorwinning	[oərwinniŋ]
derrota (f)	nederlaag	[nedərlāχ]
armistício (m)	wapenstilstand	[vapɛn·stilstant]

bandeira (f)	vaandel	[fāndəl]
glória (f)	roem	[rum]
desfile (m) militar	parade	[paradə]
marchar (vi)	marseer	[marseər]

186. Armas

arma (f)	wapens	[vapɛns]
arma (f) de fogo	vuurwapens	[fɪr·vapɛns]
arma (f) branca	messe	[mɛssə]

arma (f) química	chemiese wapens	[χemisə vapɛns]
nuclear	kern-	[kern-]
arma (f) nuclear	kernwapens	[kern·vapɛns]

| bomba (f) | bom | [bom] |
| bomba (f) atómica | atoombom | [atoəm·bom] |

pistola (f)	pistool	[pistoəl]
caçadeira (f)	geweer	[χeveər]
pistola-metralhadora (f)	aanvalsgeweer	[ānvals·χeveər]
metralhadora (f)	masjiengeweer	[maʃin·χeveər]

boca (f)	loop	[loəp]
cano (m)	loop	[loəp]
calibre (m)	kaliber	[kalibər]

gatilho (m)	sneller	[snɛllər]
mira (f)	visier	[fisir]
carregador (m)	magasyn	[maχasajn]
coronha (f)	kolf	[kolf]

granada (f) de mão	handgranaat	[hand·χranāt]
explosivo (m)	springstof	[spriŋstof]

bala (f)	koeël	[kuɛl]
cartucho (m)	patroon	[patroən]
carga (f)	lading	[ladiŋ]
munições (f pl)	ammunisie	[ammunisi]

bombardeiro (m)	bomwerper	[bom·werpər]
avião (m) de caça	straalvegter	[strāl·feχtər]
helicóptero (m)	helikopter	[helikoptər]

canhão (m) antiaéreo	lugafweer	[luχafweər]
tanque (m)	tenk	[tɛnk]
canhão (de um tanque)	tenkkanon	[tɛnk·kanon]

artilharia (f)	artillerie	[artilleri]
canhão (m)	kanon	[kanon]
fazer a pontaria	aanlê	[ānlɛ:]

obus (m)	projektiel	[projektil]
granada (f) de morteiro	mortierbom	[mortir·bom]
morteiro (m)	mortier	[mortir]
estilhaço (m)	skrapnel	[skrapnəl]

submarino (m)	duikboot	[dœik·boət]
torpedo (m)	torpedo	[torpedo]
míssil (m)	vuurpyl	[fɪr·pajl]

carregar (uma arma)	laai	[lāi]
atirar, disparar (vi)	skiet	[skit]

apontar para ...	rig op	[riχ op]
baioneta (f)	bajonet	[bajonet]

espada (f)	rapier	[rapir]
sabre (m)	sabel	[sabəl]
lança (f)	spies	[spis]
arco (m)	boog	[boəχ]
flecha (f)	pyl	[pajl]
mosquete (m)	musket	[musket]
besta (f)	kruisboog	[krœis·boəχ]

187. Povos da antiguidade

primitivo	**primitief**	[primitif]
pré-histórico	**prehistories**	[prehistoris]
antigo	**antiek**	[antik]
Idade (f) da Pedra	**Steentydperk**	[steən·tajtperk]
Idade (f) do Bronze	**Bronstydperk**	[brɔŋs·tajtperk]
período (m) glacial	**Ystydperk**	[ajs·tajtperk]
tribo (f)	**stam**	[stam]
canibal (m)	**mensvreter**	[mɛŋs·fretər]
caçador (m)	**jagter**	[jaχtər]
caçar (vi)	**jag**	[jaχ]
mamute (m)	**mammoet**	[mammut]
caverna (f)	**grot**	[χrot]
fogo (m)	**vuur**	[fɪr]
fogueira (f)	**kampvuur**	[kampfɪr]
pintura (f) rupestre	**rotstekening**	[rots·tekəniŋ]
ferramenta (f)	**werktuig**	[verktœiχ]
lança (f)	**spies**	[spis]
machado (m) de pedra	**klipbyl**	[klip·bajl]
guerrear (vt)	**oorlog voer**	[oərloχ fur]
domesticar (vt)	**tem**	[tem]
ídolo (m)	**afgod**	[afχot]
adorar, venerar (vt)	**aanbid**	[ãnbit]
superstição (f)	**bygeloof**	[bajχəloəf]
ritual (m)	**ritueel**	[ritueəl]
evolução (f)	**evolusie**	[ɛfolusi]
desenvolvimento (m)	**ontwikkeling**	[ontwikkeliŋ]
desaparecimento (m)	**verdwyning**	[ferdwajniŋ]
adaptar-se (vr)	**jou aanpas**	[jæu ãnpas]
arqueologia (f)	**argeologie**	[arχeoloχi]
arqueólogo (m)	**argeoloog**	[arχeoloəχ]
arqueológico	**argeologies**	[arχeoloχis]
local (m) das escavações	**opgrawingsplek**	[opχraviŋs·plek]
escavações (f pl)	**opgrawingsplekke**	[opχraviŋs·plɛkkə]
achado (m)	**vonds**	[fonds]
fragmento (m)	**fragment**	[fraχment]

188. Idade média

povo (m)	**volk**	[folk]
povos (m pl)	**bevolking**	[befolkiŋ]
tribo (f)	**stam**	[stam]
tribos (f pl)	**stamme**	[stammə]
bárbaros (m pl)	**barbare**	[barbarə]

gauleses (m pl)	Galliërs	[χalliɛrs]
godos (m pl)	Gote	[χote]
eslavos (m pl)	Slawe	[slavə]
víquingues (m pl)	Vikings	[vikiŋs]
romanos (m pl)	Romeine	[romæjnə]
romano	Romeins	[romæjns]
bizantinos (m pl)	Bisantyne	[bisantajnə]
Bizâncio	Bisantium	[bisantium]
bizantino	Bisantyns	[bisantajns]
imperador (m)	keiser	[kæjsər]
líder (m)	leier	[læjer]
poderoso	magtig	[maχtəχ]
rei (m)	koning	[koniŋ]
governante (m)	heerser	[heərsər]
cavaleiro (m)	ridder	[riddər]
senhor feudal (m)	feodale heerser	[feodalə heərsər]
feudal	feodaal	[feodāl]
vassalo (m)	vasal	[fasal]
duque (m)	hertog	[hertoχ]
conde (m)	graaf	[χrāf]
barão (m)	baron	[baron]
bispo (m)	biskop	[biskop]
armadura (f)	harnas	[harnas]
escudo (m)	skild	[skilt]
espada (f)	swaard	[swārt]
viseira (f)	visier	[fisir]
cota (f) de malha	maliehemp	[mali·hemp]
cruzada (f)	Kruistog	[krœis·toχ]
cruzado (m)	kruisvaarder	[krœis·fārdər]
território (m)	gebied	[χebit]
atacar (vt)	aanval	[ānfal]
conquistar (vt)	verower	[ferovər]
ocupar, invadir (vt)	beset	[beset]
assédio, sítio (m)	beleg	[beleχ]
sitiado	beleërde	[beleɛrdə]
assediar, sitiar (vt)	beleër	[beleɛr]
inquisição (f)	inkwisisie	[inkvisisi]
inquisidor (m)	inkwisiteur	[inkvisitøər]
tortura (f)	marteling	[martəliŋ]
cruel	wreed	[vreət]
herege (m)	ketter	[kɛttər]
heresia (f)	kettery	[kɛtteraj]
navegação (f) marítima	seevaart	[see·fārt]
pirata (m)	piraat, seerower	[pirāt], [see·rovər]
pirataria (f)	piratery, seerowery	[pirateraj], [see·roveraj]

abordagem (f)	enter	[ɛntər]
saque (m), pulhagem (f)	buit	[bœit]
tesouros (m pl)	skatte	[skattə]

descobrimento (m)	ontdekking	[ontdɛkkiŋ]
descobrir (novas terras)	ontdek	[ontdek]
expedição (f)	ekspedisie	[ɛkspedisi]

mosqueteiro (m)	musketier	[musketir]
cardeal (m)	kardinaal	[kardinãl]
heráldica (f)	heraldiek	[heraldik]
heráldico	heraldies	[heraldis]

189. Líder. Chefe. Autoridades

rei (m)	koning	[koniŋ]
rainha (f)	koningin	[koniŋin]
real	koninklik	[koninklik]
reino (m)	koninkryk	[koninkrajk]

príncipe (m)	prins	[prins]
princesa (f)	prinses	[prinsəs]

presidente (m)	president	[president]
vice-presidente (m)	vise-president	[fise-president]
senador (m)	senator	[senator]

monarca (m)	monarg	[monarχ]
governante (m)	heerser	[heersər]
ditador (m)	diktator	[diktator]
tirano (m)	tiran	[tiran]
magnata (m)	magnaat	[maχnãt]

diretor (m)	direkteur	[direktøər]
chefe (m)	baas	[bãs]
dirigente (m)	bestuurder	[bestɪrdər]
patrão (m)	baas	[bãs]
dono (m)	eienaar	[æjenãr]

líder, chefe (m)	leier	[læjer]
chefe (~ de delegação)	hoof	[hoəf]
autoridades (f pl)	outoriteite	[æʊtoritæjtə]
superiores (m pl)	hoofde	[hoəfdə]

governador (m)	goewerneur	[χuvernøər]
cônsul (m)	konsul	[kɔŋsul]
diplomata (m)	diplomaat	[diplomãt]
prefeito (m)	burgermeester	[burgər·meəstər]
xerife (m)	sheriff	[sheriff]

imperador (m)	keiser	[kæjsər]
czar (m)	tsaar	[tsãr]
faraó (m)	farao	[farao]
cã (m)	kan	[kan]

190. Estrada. Caminho. Direções

estrada (f)	pad	[pat]
caminho (m)	pad	[pat]
rodovia (f)	deurpad	[døərpat]
autoestrada (f)	deurpad	[døərpat]
estrada (f) nacional	nasionale pad	[naʃionalə pat]
estrada (f) principal	hoofweg	[hoəf·weχ]
caminho (m) de terra batida	grondpad	[χront·pat]
trilha (f)	paadjie	[pādʒi]
vereda (f)	paadjie	[pādʒi]
Onde?	Waar?	[vār?]
Para onde?	Waarheen?	[vārheən?]
De onde?	Waarvandaan?	[vārfandān?]
direção (f)	rigting	[riχtiŋ]
indicar (orientar)	wys	[vajs]
para esquerda	na links	[na links]
para direita	na regs	[na reχs]
em frente	reguit	[reχœit]
para trás	terug	[teruχ]
curva (f)	draai	[drāi]
virar (ex. ~ à direita)	draai	[drāi]
dar retorno	U-draai maak	[u-drāj māk]
estar visível	sigbaar wees	[siχbār veəs]
aparecer (vi)	verskyn	[ferskajn]
paragem (pausa)	stop	[stop]
descansar (vi)	pouseer	[pæuseər]
descanso (m)	ruspouse	[ruspæusə]
perder-se (vr)	verdwaal	[ferdwāl]
conduzir (caminho)	lei na …	[læj na …]
chegar a …	uitkom by	[œitkom baj]
trecho (m)	stuk pad	[stuk pat]
asfalto (m)	teer	[teər]
lancil (m)	randsteen	[rand·steən]
valeta (f)	donga	[donχa]
tampa (f) de esgoto	mangat	[manχat]
berma (f) da estrada	skouer	[skæuər]
buraco (m)	slaggat	[slaχχat]
ir (a pé)	gaan	[χān]
ultrapassar (vt)	verbysteek	[ferbajsteək]
passo (m)	tree	[treə]
a pé	te voet	[tə fut]

bloquear (vt)	blokkeer	[blokkeər]
cancela (f)	hefboom	[hefboəm]
beco (m) sem saída	doodloopstraat	[doədloəp·strãt]

191. Viloação da lei. Criminosos. Parte 1

bandido (m)	bandiet	[bandit]
crime (m)	misdaad	[misdãt]
criminoso (m)	misdadiger	[misdadiχər]

ladrão (m)	dief	[dif]
roubar (vt)	steel	[steəl]
roubo (atividade)	steel	[steəl]
furto (m)	diefstal	[difstal]

raptar (ex. ~ uma criança)	ontvoer	[ontfur]
rapto (m)	ontvoering	[ontfuriŋ]
raptor (m)	ontvoerder	[ontfurdər]

resgate (m)	losgeld	[losχɛlt]
pedir resgate	losgeld eis	[losχɛlt æjs]

roubar (vt)	besteel	[besteəl]
assalto, roubo (m)	oorval	[oərfal]
assaltante (m)	boef	[buf]

extorquir (vt)	afpers	[afpers]
extorsionário (m)	afperser	[afpersər]
extorsão (f)	afpersing	[afpersiŋ]

matar, assassinar (vt)	vermoor	[fermoər]
homicídio (m)	moord	[moərt]
homicida, assassino (m)	moordenaar	[moərdenãr]

tiro (m)	skoot	[skoət]
matar a tiro	doodskiet	[doədskit]
atirar, disparar (vi)	skiet	[skit]
tiroteio (m)	skietery	[skiteraj]

acontecimento (m)	insident	[insident]
porrada (f)	geveg	[χefeχ]
Socorro!	Help!	[hɛlp!]
vítima (f)	slagoffer	[slaχoffər]

danificar (vt)	beskadig	[beskadəχ]
dano (m)	skade	[skadə]
cadáver (m)	lyk	[lajk]
grave	ernstig	[ɛrnstəχ]

atacar (vt)	aanval	[ãnfal]
bater (espancar)	slaan	[slãn]
espancar (vt)	platslaan	[platslãn]
tirar, roubar (dinheiro)	vat	[fat]
esfaquear (vt)	doodsteek	[doədsteək]

| mutilar (vt) | vermink | [fermink] |
| ferir (vt) | wond | [vont] |

chantagem (f)	afpersing	[afpersiŋ]
chantagear (vt)	afpers	[afpers]
chantagista (m)	afperser	[afpersər]

extorsão (em troca de proteção)	beskermingswendelary	[beskermiŋ·swendəlaraj]
extorsionário (m)	afperser	[afpersər]
gângster (m)	boef	[buf]
máfia (f)	mafia	[mafia]

carteirista (m)	sakkeroller	[sakkerollər]
assaltante, ladrão (m)	inbreker	[inbrekər]
contrabando (m)	smokkel	[smokkəl]
contrabandista (m)	smokkelaar	[smokkəlār]

falsificação (f)	vervalsing	[ferfalsiŋ]
falsificar (vt)	verval	[ferfal]
falsificado	vals	[fals]

192. Viloação da lei. Criminosos. Parte 2

violação (f)	verkragting	[ferkraχtiŋ]
violar (vt)	verkrag	[ferkraχ]
violador (m)	verkragter	[ferkraχtər]
maníaco (m)	maniak	[maniak]

prostituta (f)	prostituut	[prostitɪt]
prostituição (f)	prostitusie	[prostitusi]
chulo (m)	pooier	[pojer]

| toxicodependente (m) | dwelmslaaf | [dwɛlm·slāf] |
| traficante (m) | dwelmhandelaar | [dwɛlm·handəlār] |

explodir (vt)	opblaas	[opblās]
explosão (f)	ontploffing	[ontploffiŋ]
incendiar (vt)	aan die brand steek	[ān di brant steək]
incendiário (m)	brandstigter	[brant·stiχtər]

terrorismo (m)	terrorisme	[terrorismə]
terrorista (m)	terroris	[terroris]
refém (m)	gyselaar	[χajsəlār]

enganar (vt)	bedrieg	[bedrəχ]
engano (m)	bedrog	[bedroχ]
vigarista (m)	bedrieër	[bedriɛr]

subornar (vt)	omkoop	[omkoəp]
suborno (atividade)	omkopery	[omkoperaj]
suborno (dinheiro)	omkoopgeld	[omkoəp·χɛlt]
veneno (m)	gif	[χif]
envenenar (vt)	vergiftig	[ferχiftəχ]

envenenar-se (vr)	jouself vergiftig	[jæusɛlf ferχiftəχ]
suicídio (m)	selfmoord	[sɛlfmoərt]
suicida (m)	selfmoordenaar	[sɛlfmoərdenãr]

ameaçar (vt)	dreig	[dræjχ]
ameaça (f)	dreigement	[dræjχement]
atentado (m)	aanslag	[ãŋslaχ]

| roubar (o carro) | steel | [steəl] |
| desviar (o avião) | kaap | [kãp] |

| vingança (f) | wraak | [vrãk] |
| vingar (vt) | wreek | [vreək] |

torturar (vt)	martel	[martəl]
tortura (f)	marteling	[martəliŋ]
atormentar (vt)	folter	[foltər]

pirata (m)	piraat, seerower	[pirãt], [seə·rovər]
desordeiro (m)	skollie	[skolli]
armado	gewapen	[χevapen]
violência (f)	geweld	[χevɛlt]
ilegal	onwettig	[onwɛttəχ]

| espionagem (f) | spioenasie | [spiunasi] |
| espionar (vi) | spioeneer | [spiuneər] |

193. Polícia. Lei. Parte 1

| justiça (f) | justisie | [jəstisi] |
| tribunal (m) | geregshof | [χereχshof] |

juiz (m)	regter	[reχtər]
jurados (m pl)	jurielede	[juriledə]
tribunal (m) do júri	jurieregspraak	[juri·reχsprãk]
julgar (vt)	bereg	[bereχ]

advogado (m)	advokaat	[adfokãt]
réu (m)	beklaagde	[beklãχdə]
banco (m) dos réus	beklaagdebank	[beklãχdə·bank]

| acusação (f) | aanklag | [ãnklaχ] |
| acusado (m) | beskuldigde | [beskuldiχdə] |

| sentença (f) | vonnis | [fonnis] |
| sentenciar (vt) | veroordeel | [feroərdeəl] |

culpado (m)	skuldig	[skuldəχ]
punir (vt)	straf	[straf]
punição (f)	straf	[straf]

| multa (f) | boete | [butə] |
| prisão (f) perpétua | lewenslange gevangenisstraf | [levɛŋslaŋə χefaŋənis·straf] |

pena (f) de morte	doodstraf	[doədstraf]
cadeira (f) elétrica	elektriese stoel	[ɛlektrisə stul]
forca (f)	galg	[xalx]

executar (vt)	eksekuteer	[ɛksekuteər]
execução (f)	eksekusie	[ɛksekusi]

prisão (f)	tronk	[tronk]
cela (f) de prisão	sel	[səl]

escolta (f)	eskort	[ɛskort]
guarda (m) prisional	tronkbewaarder	[tronk·bevārdər]
preso (m)	gevangene	[xefaŋənə]

algemas (f pl)	handboeie	[hant·buje]
algemar (vt)	in die boeie slaan	[in di buje slān]

fuga, evasão (f)	ontsnapping	[ontsnappiŋ]
fugir (vi)	ontsnap	[ontsnap]
desaparecer (vi)	verdwyn	[ferdwajn]
soltar, libertar (vt)	vrylaat	[frajlāt]
amnistia (f)	amnestie	[amnesti]

polícia (instituição)	polisie	[polisi]
polícia (m)	polisieman	[polisi·man]
esquadra (f) de polícia	polisiestasie	[polisi·stasi]
cassetete (m)	knuppel	[knuppəl]
megafone (m)	megafoon	[meχafoən]

carro (m) de patrulha	patrolliemotor	[patrolli·motor]
sirene (f)	sirene	[sirenə]
ligar a sirene	die sirene aanskakel	[di sirenə āŋskakəl]
toque (m) da sirene	sirenegeloei	[sirenə·χelui]

cena (f) do crime	misdaadtoneel	[misdād·toneəl]
testemunha (f)	getuie	[χetœiə]
liberdade (f)	vryheid	[frajhæjt]
cúmplice (m)	medepligtige	[medə·pliχtiχə]
escapar (vi)	ontvlug	[ontfluχ]
traço (não deixar ~s)	spoor	[spoər]

194. Polícia. Lei. Parte 2

procura (f)	soektog	[suktoχ]
procurar (vt)	soek ...	[suk ...]
suspeita (f)	verdenking	[ferdɛnkiŋ]
suspeito	verdag	[ferdaχ]
parar (vt)	teëhou	[teɛhæʊ]
deter (vt)	aanhou	[ānhæʊ]

caso (criminal)	hofsaak	[hofsāk]
investigação (f)	ondersoek	[ondərsuk]
detetive (m)	speurder	[spøərdər]
investigador (m)	speurder	[spøərdər]

versão (f)	hipotese	[hipotesə]
motivo (m)	motief	[motif]
interrogatório (m)	ondervraging	[ondərfraχiŋ]
interrogar (vt)	ondervra	[ondərfra]
questionar (vt)	verhoor	[ferhoər]
verificação (f)	kontroleer	[kontroleər]

rusga (f)	klopjag	[klopjaχ]
busca (f)	huissoeking	[hœis·sukiŋ]
perseguição (f)	agtervolging	[aχtərfolχiŋ]
perseguir (vt)	agtervolg	[aχtərfolχ]
seguir (vt)	opspoor	[opspoər]

prisão (f)	inhegtenisneming	[inheχtenis·nemiŋ]
prender (vt)	arresteer	[arresteər]
pegar, capturar (vt)	vang	[faŋ]
captura (f)	opsporing	[opsporiŋ]

documento (m)	dokument	[dokument]
prova (f)	bewys	[bevajs]
provar (vt)	bewys	[bevajs]
pegada (f)	voetspoor	[futspoər]
impressões (f pl) digitais	vingerafdrukke	[fiŋər·afdrukkə]
prova (f)	bewysstuk	[bevajs·stuk]

álibi (m)	alibi	[alibi]
inocente	onskuldig	[ɔŋskuldəχ]
injustiça (f)	onreg	[onreχ]
injusto	onregverdig	[onreχferdəχ]

criminal	krimineel	[krimineəl]
confiscar (vt)	in beslag neem	[in beslaχ neəm]
droga (f)	dwelm	[dwɛlm]
arma (f)	wapen	[vapen]
desarmar (vt)	ontwapen	[ontvapen]
ordenar (vt)	beveel	[befeəl]
desaparecer (vi)	verdwyn	[ferdwajn]

lei (f)	wet	[vet]
legal	wettig	[vɛttəχ]
ilegal	onwettig	[onwɛttəχ]

responsabilidade (f)	verantwoordelikheid	[ferant·voərdelikhæjt]
responsável	verantwoordelik	[ferant·voərdelik]

NATUREZA

A Terra. Parte 1

195. Espaço sideral

cosmos (m)	kosmos	[kosmos]
cósmico	kosmies	[kosmis]
espaço (m) cósmico	buitenste ruimte	[bœitɛŋstə rajmtə]
mundo (m)	wêreld	[værɛlt]
universo (m)	heelal	[heəlal]
galáxia (f)	sterrestelsel	[sterrə·stɛlsəl]
estrela (f)	ster	[ster]
constelação (f)	sterrebeeld	[sterrə·beəlt]
planeta (m)	planeet	[planeət]
satélite (m)	satelliet	[satɛlit]
meteorito (m)	meteoriet	[meteorit]
cometa (m)	komeet	[komeət]
asteroide (m)	asteroïed	[asteroïet]
órbita (f)	baan	[bān]
girar (vi)	draai	[drāi]
atmosfera (f)	atmosfeer	[atmosfeər]
Sol (m)	die Son	[di son]
Sistema (m) Solar	sonnestelsel	[sonnə·stɛlsəl]
eclipse (m) solar	sonsverduistering	[soŋs·ferdœisteriŋ]
Terra (f)	die Aarde	[di ārdə]
Lua (f)	die Maan	[di mān]
Marte (m)	Mars	[mars]
Vénus (m)	Venus	[fenus]
Júpiter (m)	Jupiter	[jupitər]
Saturno (m)	Saturnus	[saturnus]
Mercúrio (m)	Mercurius	[merkurius]
Urano (m)	Uranus	[uranus]
Neptuno (m)	Neptunus	[neptunus]
Plutão (m)	Pluto	[pluto]
Via Láctea (f)	Melkweg	[melk·weχ]
Ursa Maior (f)	Groot Beer	[χroət beər]
Estrela Polar (f)	Poolster	[poəl·stər]
marciano (m)	marsbewoner	[mars·bevonər]
extraterrestre (m)	buiteaardse wese	[bœitə·ārdsə vesə]

alienígena (m)	ruimtewese	[rœimtə·vesə]
disco (m) voador	vlieënde skottel	[fliɛndə skottəl]
nave (f) espacial	ruimteskip	[rœimtə·skip]
estação (f) orbital	ruimtestasie	[rœimtə·stasi]
lançamento (m)	vertrek	[fertrek]
motor (m)	enjin	[ɛndʒin]
bocal (m)	uitlaatpyp	[œitlãt·pajp]
combustível (m)	brandstof	[brantstof]
cabine (f)	stuurkajuit	[stɪr·kajœit]
antena (f)	lugdraad	[luχdrãt]
vigia (f)	patryspoort	[patrajs·poərt]
bateria (f) solar	sonpaneel	[son·paneəl]
traje (m) espacial	ruimtepak	[rœimtə·pak]
imponderabilidade (f)	gewigloosheid	[χeviχloəshæjt]
oxigénio (m)	suurstof	[sɪrstof]
acoplagem (f)	koppeling	[koppeliŋ]
fazer uma acoplagem	koppel	[koppəl]
observatório (m)	observatorium	[observatorium]
telescópio (m)	teleskoop	[teleskoəp]
observar (vt)	waarneem	[vãrneəm]
explorar (vt)	eksploreer	[ɛksploreər]

196. A Terra

Terra (f)	die Aarde	[di ãrdə]
globo terrestre (Terra)	die aardbol	[di ãrdbol]
planeta (m)	planeet	[planeət]
atmosfera (f)	atmosfeer	[atmosfeər]
geografia (f)	geografie	[χeoχrafi]
natureza (f)	natuur	[natɪr]
globo (mapa esférico)	aardbol	[ãrd·bol]
mapa (m)	kaart	[kãrt]
atlas (m)	atlas	[atlas]
Europa (f)	Europa	[øəropa]
Ásia (f)	Asië	[asiɛ]
África (f)	Afrika	[afrika]
Austrália (f)	Australië	[ɔustraliɛ]
América (f)	Amerika	[amerika]
América (f) do Norte	Noord-Amerika	[noərd-amerika]
América (f) do Sul	Suid-Amerika	[sœid-amerika]
Antártida (f)	Suidpool	[sœid·poəl]
Ártico (m)	Noordpool	[noərd·poəl]

197. Pontos cardeais

norte (m)	noorde	[noərdə]
para norte	na die noorde	[na di noərdə]
no norte	in die noorde	[in di noərdə]
do norte	noordelik	[noərdəlik]
sul (m)	suide	[sœidə]
para sul	na die suide	[na di sœidə]
no sul	in die suide	[in di sœidə]
do sul	suidelik	[sœidəlik]
oeste, ocidente (m)	weste	[vestə]
para oeste	na die weste	[na di vestə]
no oeste	in die weste	[in di vestə]
ocidental	westelik	[vestelik]
leste, oriente (m)	ooste	[oəstə]
para leste	na die ooste	[na di oəstə]
no leste	in die ooste	[in di oəstə]
oriental	oostelik	[oəstəlik]

198. Mar. Oceano

mar (m)	see	[seə]
oceano (m)	oseaan	[oseãn]
golfo (m)	golf	[χolf]
estreito (m)	straat	[strãt]
terra (f) firme	land	[lant]
continente (m)	kontinent	[kontinent]
ilha (f)	eiland	[æjlant]
península (f)	skiereiland	[skir·æjlant]
arquipélago (m)	argipel	[arχipəl]
baía (f)	baai	[bãi]
porto (m)	hawe	[havə]
lagoa (f)	strandmeer	[strand·meər]
cabo (m)	kaap	[kãp]
atol (m)	atol	[atol]
recife (m)	rif	[rif]
coral (m)	koraal	[korãl]
recife (m) de coral	koraalrif	[korãl·rif]
profundo	diep	[dip]
profundidade (f)	diepte	[diptə]
abismo (m)	afgrond	[afχront]
fossa (f) oceânica	trog	[troχ]
corrente (f)	stroming	[stromiŋ]
banhar (vt)	omring	[omriŋ]

litoral (m)	oewer	[uvər]
costa (f)	kus	[kus]

maré (f) alta	hoogwater	[hoəχ·vatər]
maré (f) baixa	laagwater	[lāχ·vatər]
restinga (f)	sandbank	[sand·bank]
fundo (m)	bodem	[bodem]

onda (f)	golf	[χolf]
crista (f) da onda	kruin	[krœin]
espuma (f)	skuim	[skœim]

tempestade (f)	storm	[storm]
furacão (m)	orkaan	[orkān]
tsunami (m)	tsunami	[tsunami]
calmaria (f)	windstilte	[vindstiltə]
calmo	kalm	[kalm]

polo (m)	pool	[poəl]
polar	polêr	[polær]

latitude (f)	breedtegraad	[breədtə·χrāt]
longitude (f)	lengtegraad	[leŋtə·χrāt]
paralela (f)	parallel	[paralləl]
equador (m)	ewenaar	[ɛvenār]

céu (m)	hemel	[heməl]
horizonte (m)	horison	[horison]
ar (m)	lug	[luχ]

farol (m)	vuurtoring	[fɪrtoriŋ]
mergulhar (vi)	duik	[dœik]
afundar-se (vr)	sink	[sink]
tesouros (m pl)	skatte	[skattə]

199. Nomes de Mares e Oceanos

Oceano (m) Atlântico	Atlantiese oseaan	[atlantisə oseān]
Oceano (m) Índico	Indiese Oseaan	[indisə oseān]
Oceano (m) Pacífico	Stille Oseaan	[stillə oseān]
Oceano (m) Ártico	Noordelike Yssee	[noərdelikə ajs·see]

Mar (m) Negro	Swart See	[swart see]
Mar (m) Vermelho	Rooi See	[roj see]
Mar (m) Amarelo	Geel See	[χeəl see]
Mar (m) Branco	Witsee	[vit·see]

Mar (m) Cáspio	Kaspiese See	[kaspisə see]
Mar (m) Morto	Dooie See	[doje see]
Mar (m) Mediterrâneo	Middellandse See	[middəllandsə see]

Mar (m) Egeu	Egeïese See	[ɛχejesə see]
Mar (m) Adriático	Adriatiese See	[adriatisə see]
Mar (m) Arábico	Arabiese See	[arabisə see]

Mar (m) do Japão	Japanse See	[japaŋsə seə]
Mar (m) de Bering	Beringsee	[beriŋ·seə]
Mar (m) da China Meridional	Suid-Sjinese See	[sœid-ʃinesə seə]

Mar (m) de Coral	Koraalsee	[korāl·seə]
Mar (m) de Tasman	Tasmansee	[tasmaŋ·seə]
Mar (m) do Caribe	Karibiese See	[karibisə seə]

Mar (m) de Barents	Barentssee	[barents·seə]
Mar (m) de Kara	Karasee	[kara·seə]

Mar (m) do Norte	Noordsee	[noərd·seə]
Mar (m) Báltico	Baltiese See	[baltisə seə]
Mar (m) da Noruega	Noorse See	[noərsə seə]

200. Montanhas

montanha (f)	berg	[berχ]
cordilheira (f)	bergreeks	[berχ·reəks]
serra (f)	bergrug	[berχ·ruχ]

cume (m)	top	[top]
pico (m)	piek	[pik]
sopé (m)	voet	[fut]
declive (m)	helling	[hɛlliŋ]

vulcão (m)	vulkaan	[fulkān]
vulcão (m) ativo	aktiewe vulkaan	[aktivə fulkān]
vulcão (m) extinto	rustende vulkaan	[rustendə fulkān]

erupção (f)	uitbarsting	[œitbarstiŋ]
cratera (f)	krater	[kratər]
magma (m)	magma	[maχma]
lava (f)	lawa	[lava]
fundido (lava ~a)	gloeiende	[χlujendə]

desfiladeiro (m)	diepkloof	[dip·kloəf]
garganta (f)	kloof	[kloəf]
fenda (f)	skeur	[skøər]
precipício (m)	afgrond	[afχront]

passo, colo (m)	bergpas	[berχ·pas]
planalto (m)	plato	[plato]
falésia (f)	krans	[kraŋs]
colina (f)	kop	[kop]

glaciar (m)	gletser	[χletsər]
queda (f) d'água	waterval	[vatər·fal]
géiser (m)	geiser	[χæjsər]
lago (m)	meer	[meər]

planície (f)	vlakte	[flaktə]
paisagem (f)	landskap	[landskap]
eco (m)	eggo	[ɛχχo]

alpinista (m)	alpinis	[alpinis]
escalador (m)	bergklimmer	[berχ·klimmər]
conquistar (vt)	baasraak	[bãsrãk]
subida, escalada (f)	beklimming	[beklimmiŋ]

201. Nomes de montanhas

Alpes (m pl)	die Alpe	[di alpə]
monte Branco (m)	Mont Blanc	[mon blan]
Pirineus (m pl)	die Pireneë	[di pireneɛ]

Cárpatos (m pl)	die Karpate	[di karpatə]
montes (m pl) Urais	die Oeralgebergte	[di ural·χəberχtə]
Cáucaso (m)	die Koukasus Gebergte	[di kæʊkasus χəberχtə]
Elbrus (m)	Elbroes	[ɛlbrus]

Altai (m)	die Altai-gebergte	[di altaj-χəberχtə]
Tian Shan (m)	die Tian Shan	[di tian ʃan]
Pamir (m)	die Pamir	[di pamir]
Himalaias (m pl)	die Himalajas	[di himalajas]
monte (m) Everest	Everest	[ɛverest]

| Cordilheira (f) dos Andes | die Andes | [di andes] |
| Kilimanjaro (m) | Kilimanjaro | [kilimandʒaro] |

202. Rios

rio (m)	rivier	[rifir]
fonte, nascente (f)	bron	[bron]
leito (m) do rio	rivierbed	[rifir·bet]
bacia (f)	stroomgebied	[stroəm·χebit]
desaguar no ...	uitmond in ...	[œitmont in ...]

| afluente (m) | syrivier | [saj·rifir] |
| margem (do rio) | oewer | [uvər] |

corrente (f)	stroming	[stromiŋ]
rio abaixo	stroomafwaarts	[stroəm·afvãrts]
rio acima	stroomopwaarts	[stroəm·opvãrts]

inundação (f)	oorstroming	[oərstromiŋ]
cheia (f)	oorstroming	[oərstromiŋ]
transbordar (vi)	oor sy walle loop	[oər saj vallə loəp]
inundar (vt)	oorstroom	[oərstroəm]

| baixio (m) | sandbank | [sand·bank] |
| rápidos (m pl) | stroomversnellings | [stroəm·fersnɛlliŋs] |

barragem (f)	damwal	[dam·wal]
canal (m)	kanaal	[kanãl]
reservatório (m) de água	opgaardam	[opχãr·dam]
eclusa (f)	sluis	[slœis]

corpo (m) de água	dam	[dam]
pântano (m)	moeras	[muras]
tremedal (m)	vlei	[flæj]
remoinho (m)	draaikolk	[drāj·kolk]
arroio, regato (m)	spruit	[sprœit]
potável	drink-	[drink-]
doce (água)	vars	[fars]
gelo (m)	ys	[ajs]
congelar-se (vr)	bevries	[befris]

203. Nomes de rios

rio Sena (m)	Seine	[sæjn]
rio Loire (m)	Loire	[lua:r]
rio Tamisa (m)	Teems	[tems]
rio Reno (m)	Ryn	[rajn]
rio Danúbio (m)	Donau	[donɔu]
rio Volga (m)	Wolga	[volga]
rio Don (m)	Don	[don]
rio Lena (m)	Lena	[lena]
rio Amarelo (m)	Geel Rivier	[χeəl rifir]
rio Yangtzé (m)	Blou Rivier	[blæʊ rifir]
rio Mekong (m)	Mekong	[mekoŋ]
rio Ganges (m)	Ganges	[χaŋes]
rio Nilo (m)	Nyl	[najl]
rio Congo (m)	Kongorivier	[kongo·rifir]
rio Cubango (m)	Okavango	[okavango]
rio Zambeze (m)	Zambezi	[sambesi]
rio Limpopo (m)	Limpopo	[limpopo]
rio Mississípi (m)	Mississippi	[mississippi]

204. Floresta

floresta (f), bosque (m)	bos	[bos]
florestal	bos-	[bos-]
mata (f) cerrada	woud	[væʊt]
arvoredo (m)	boord	[boərt]
clareira (f)	oopte	[oəptə]
matagal (f)	struikgewas	[strœik·χevas]
mato (m)	struikveld	[strœik·fɛlt]
vereda (f)	paadjie	[pādʒi]
ravina (f)	donga	[donχa]
árvore (f)	boom	[boəm]

folha (f)	blaar	[blār]
folhagem (f)	blare	[blarə]

queda (f) das folha	val van die blare	[fal fan di blarə]
cair (vi)	val	[fal]
topo (m)	boomtop	[boəm·top]

ramo (m)	tak	[tak]
galho (m)	tak	[tak]
botão, rebento (m)	knop	[knop]
agulha (f)	naald	[nālt]
pinha (f)	dennebol	[dɛnnə·bol]

buraco (m) de árvore	holte	[holtə]
ninho (m)	nes	[nes]
toca (f)	gat	[χat]

tronco (m)	stam	[stam]
raiz (f)	wortel	[vortəl]
casca (f) de árvore	bas	[bas]
musgo (m)	mos	[mos]

arrancar pela raiz	ontwortel	[ontwortəl]
cortar (vt)	omkap	[omkap]
desflorestar (vt)	ontbos	[ontbos]
toco, cepo (m)	boomstomp	[boəm·stomp]

fogueira (f)	kampvuur	[kampfɪr]
incêndio (m) florestal	bosbrand	[bos·brant]
apagar (vt)	blus	[blus]

guarda-florestal (m)	boswagter	[bos·waχtər]
proteção (f)	beskerming	[beskermiɲ]
proteger (a natureza)	beskerm	[beskerm]
caçador (m) furtivo	wildstroper	[vilt·stropər]
armadilha (f)	slagyster	[slaχ·ajstər]

colher (cogumelos, bagas)	pluk	[pluk]
perder-se (vr)	verdwaal	[ferdwāl]

205. Recursos naturais

recursos (m pl) naturais	natuurlike bronne	[natɪrlikə bronnə]
minerais (m pl)	minerale	[mineralə]
depósitos (m pl)	lae	[laə]
jazida (f)	veld	[fɛlt]

extrair (vt)	myn	[majn]
extração (f)	myn	[majn]
minério (m)	erts	[ɛrts]
mina (f)	myn	[majn]
poço (m) de mina	mynskag	[majn·skaχ]
mineiro (m)	mynwerker	[majn·werkər]
gás (m)	gas	[χas]

gasoduto (m)	gaspyp	[χas·pajp]
petróleo (m)	olie	[oli]
oleoduto (m)	olipypleiding	[oli·pajp·læjdiŋ]
poço (m) de petróleo	oliebron	[oli·bron]
torre (f) petrolífera	boortoring	[boər·toriŋ]
petroleiro (m)	tenkskip	[tɛnk·skip]

areia (f)	sand	[sant]
calcário (m)	kalksteen	[kalksteən]
cascalho (m)	gruis	[χrœis]
turfa (f)	veengrond	[feənχront]
argila (f)	klei	[klæj]
carvão (m)	steenkool	[steən·koəl]

ferro (m)	yster	[ajstər]
ouro (m)	goud	[χæʊt]
prata (f)	silwer	[silwər]
níquel (m)	nikkel	[nikkəl]
cobre (m)	koper	[kopər]

zinco (m)	sink	[sink]
manganês (m)	mangaan	[manχān]
mercúrio (m)	kwik	[kwik]
chumbo (m)	lood	[loət]

mineral (m)	mineraal	[minerāl]
cristal (m)	kristal	[kristal]
mármore (m)	marmer	[marmər]
urânio (m)	uraan	[urān]

A Terra. Parte 2

206. Tempo

Português	Afrikaans	Pronúncia
tempo (m)	weer	[veər]
previsão (f) do tempo	weersvoorspelling	[veərs·foərspɛliŋ]
temperatura (f)	temperatuur	[temperatɪr]
termómetro (m)	termometer	[termometər]
barómetro (m)	barometer	[barometər]
húmido	klam	[klam]
humidade (f)	vogtigheid	[foχtiχæjt]
calor (m)	hitte	[hittə]
cálido	heet	[heət]
está muito calor	dis vrekwarm	[dis frekvarm]
está calor	dit is warm	[dit is varm]
quente	louwarm	[læʊvarm]
está frio	dis koud	[dis kæʊt]
frio	koud	[kæʊt]
sol (m)	son	[son]
brilhar (vi)	skyn	[skajn]
de sol, ensolarado	sonnig	[sonnəχ]
nascer (vi)	opkom	[opkom]
pôr-se (vr)	ondergaan	[ondərχãn]
nuvem (f)	wolk	[volk]
nublado	bewolk	[bevolk]
nuvem (f) preta	reënwolk	[reɛn·wolk]
escuro, cinzento	somber	[sombər]
chuva (f)	reën	[reɛn]
está a chover	dit reën	[dit reɛn]
chuvoso	reënerig	[reɛnerəχ]
chuviscar (vi)	motreën	[motreɛn]
chuva (f) torrencial	stortbui	[stortbœi]
chuvada (f)	reënvlaag	[reɛn·flãχ]
forte (chuva)	swaar	[swãr]
poça (f)	poeletjie	[puləki]
molhar-se (vr)	nat word	[nat vort]
nevoeiro (m)	mis	[mis]
de nevoeiro	mistig	[mistəχ]
neve (f)	sneeu	[sniʊ]
está a nevar	dit sneeu	[dit sniʊ]

207. Tempo extremo. Catástrofes naturais

trovoada (f)	donderstorm	[dondər·storm]
relâmpago (m)	weerlig	[veərləχ]
relampejar (vi)	flits	[flits]
trovão (m)	donder	[dondər]
trovejar (vi)	donder	[dondər]
está a trovejar	dit donder	[dit dondər]
granizo (m)	hael	[haəl]
está a cair granizo	dit hael	[dit haəl]
inundar (vt)	oorstroom	[oərstroəm]
inundação (f)	oorstroming	[oərstromiŋ]
terremoto (m)	aardbewing	[ārd·beviŋ]
abalo, tremor (m)	aardskok	[ārd·skok]
epicentro (m)	episentrum	[ɛpisentrum]
erupção (f)	uitbarsting	[œitbarstiŋ]
lava (f)	lawa	[lava]
turbilhão, tornado (m)	tornado	[tornado]
tufão (m)	tifoon	[tifoən]
furacão (m)	orkaan	[orkān]
tempestade (f)	storm	[storm]
tsunami (m)	tsunami	[tsunami]
ciclone (m)	sikloon	[sikloən]
mau tempo (m)	slegte weer	[sleχtə veər]
incêndio (m)	brand	[brant]
catástrofe (f)	ramp	[ramp]
meteorito (m)	meteoriet	[meteorit]
avalanche (f)	lawine	[lavinə]
deslizamento (f) de neve	sneeulawine	[sniʊ·lavinə]
nevasca (f)	sneeustorm	[sniʊ·storm]
tempestade (f) de neve	sneeustorm	[sniʊ·storm]

208. Ruídos. Sons

silêncio (m)	stilte	[stiltə]
som (m)	geluid	[χelœit]
ruído, barulho (m)	geraas	[χerās]
fazer barulho	geraas maak	[χerās māk]
ruidoso, barulhento	lawaaierig	[lavajerəχ]
alto (adv)	hard	[hart]
alto (adj)	hard	[hart]
constante (ruído, etc.)	aanhoudend	[ānhæʊdent]
grito (m)	skreeu	[skriʊ]

gritar (vi)	skreeu	[skriʊ]
sussurro (m)	gefluister	[χeflœistər]
sussurrar (vt)	fluister	[flœistər]

| latido (m) | geblaf | [χeblaf] |
| latir (vi) | blaf | [blaf] |

gemido (m)	gekreun	[χekrøən]
gemer (vi)	kreun	[krøən]
tosse (f)	hoes	[hus]
tossir (vi)	hoes	[hus]

assobio (m)	gefluit	[χeflœit]
assobiar (vi)	fluit	[flœit]
batida (f)	klop	[klop]
bater (vi)	klop	[klop]

| estalar (vi) | kraak | [krãk] |
| estalido (m) | gekraak | [χekrãk] |

sirene (f)	sirene	[sirenə]
apito (m)	fluit	[flœit]
apitar (vi)	fluit	[flœit]
buzina (f)	toeter	[tutər]
buzinar (vi)	toeter	[tutər]

209. Inverno

inverno (m)	winter	[vintər]
de inverno	winter-	[vintər-]
no inverno	in die winter	[in di vintər]

neve (f)	sneeu	[sniʊ]
está a nevar	dit sneeu	[dit sniʊ]
queda (f) de neve	sneeuval	[sniʊ·fal]
amontoado (m) de neve	sneeuhoop	[sniʊ·hoəp]

floco (m) de neve	sneeuvlokkie	[sniʊ·flokki]
bola (f) de neve	sneeubal	[sniʊ·bal]
boneco (m) de neve	sneeuman	[sniʊ·man]
sincelo (m)	yskeël	[ajskeɛl]

dezembro (m)	Desember	[desembər]
janeiro (m)	Januarie	[januari]
fevereiro (m)	Februarie	[februari]

| gelo (m) | ryp | [rajp] |
| gelado, glacial | vries- | [fris-] |

abaixo de zero	onder nul	[ondər nul]
geada (f)	eerste ryp	[eerstə rajp]
geada (f) branca	ruigryp	[rœiχ·rajp]
frio (m)	koue	[kæʊə]
está frio	dis koud	[dis kæʊt]

| casaco (m) de peles | pelsjas | [pelʃas] |
| mitenes (f pl) | duimhandskoene | [dœim·handskunə] |

| adoecer (vi) | siek word | [sik vort] |
| constipação (f) | verkoue | [ferkæʊə] |

gelo (m)	ys	[ajs]
gelo (m) na estrada	gevriesde reën	[χefrisdə rɛɛn]
congelar-se (vr)	bevries	[befris]
bloco (m) de gelo	ysskotse	[ajs·skotsə]

esquiador (m)	skiër	[skiɛr]
esquiar (vi)	ski	[ski]
patinar (vi)	ysskaats	[ajs·skãts]

Fauna

210. Mamíferos. Predadores

predador (m)	roofdier	[roef·dir]
tigre (m)	tier	[tir]
leão (m)	leeu	[liʊ]
lobo (m)	wolf	[volf]
raposa (f)	vos	[fos]
jaguar (m)	jaguar	[jaχuar]
leopardo (m)	luiperd	[lœipert]
chita (f)	jagluiperd	[jaχ·lœipert]
pantera (f)	swart luiperd	[swart lœipert]
puma (m)	poema	[puma]
leopardo-das-neves (m)	sneeuluiperd	[sniʊ·lœipert]
lince (m)	los	[los]
coiote (m)	prêriewolf	[præri·volf]
chacal (m)	jakkals	[jakkals]
hiena (f)	hiëna	[hiɛna]

211. Animais selvagens

animal (m)	dier	[dir]
besta (f)	beest	[beəst]
esquilo (m)	eekhoring	[eəkhoriŋ]
ouriço (m)	krimpvarkie	[krimpfarki]
lebre (f)	hasie	[hasi]
coelho (m)	konyn	[konajn]
texugo (m)	das	[das]
guaxinim (m)	wasbeer	[vasbeər]
hamster (m)	hamster	[hamstər]
marmota (f)	marmot	[marmot]
toupeira (f)	mol	[mol]
rato (m)	muis	[mœis]
ratazana (f)	rot	[rot]
morcego (m)	vlermuis	[fler·mœis]
arminho (m)	hermelyn	[hermələjn]
zibelina (f)	sabel, sabeldier	[sabəl], [sabəl·dir]
marta (f)	marter	[martər]
doninha (f)	wesel	[vesəl]
vison (m)	nerts	[nerts]

castor (m)	bewer	[bevər]
lontra (f)	otter	[ottər]

cavalo (m)	perd	[pert]
alce (m) americano	eland	[ɛlant]
veado (m)	hert	[hert]
camelo (m)	kameel	[kameəl]

bisão (m)	bison	[bison]
auroque (m)	wisent	[visent]
búfalo (m)	buffel	[buffəl]

zebra (f)	sebra, kwagga	[sebra], [kwaχχa]
antílope (m)	wildsbok	[vilds·bok]
corça (f)	reebok	[reəbok]
gamo (m)	damhert	[damhert]
camurça (f)	gems	[χems]
javali (m)	wildevark	[vildə·fark]

baleia (f)	walvis	[valfis]
foca (f)	seehond	[see·hont]
morsa (f)	walrus	[valrus]
urso-marinho (m)	seebeer	[see·beər]
golfinho (m)	dolfyn	[dolfajn]

urso (m)	beer	[beər]
urso (m) branco	ysbeer	[ajs·beər]
panda (m)	panda	[panda]

macaco (em geral)	aap	[ãp]
chimpanzé (m)	sjimpansee	[ʃimpaŋsee]
orangotango (m)	orangoetang	[oranχutaŋ]
gorila (m)	gorilla	[χorilla]
macaco (m)	makaak	[makãk]
gibão (m)	gibbon	[χibbon]

elefante (m)	olifant	[olifant]
rinoceronte (m)	renoster	[renostər]
girafa (f)	kameelperd	[kameəl·pert]
hipopótamo (m)	seekoei	[see·kui]

canguru (m)	kangaroe	[kanχaru]
coala (m)	koala	[koala]

mangusto (m)	muishond	[mœis·hont]
chinchila (f)	chinchilla, tjintjilla	[tʃin·tʃila]
doninha-fedorenta (f)	stinkmuishond	[stinkmœis·hont]
porco-espinho (m)	ystervark	[ajstər·fark]

212. Animais domésticos

gata (f)	kat	[kat]
gato (m) macho	kater	[katər]
cão (m)	hond	[hont]

cavalo (m)	perd	[pert]
garanhão (m)	hings	[hiŋs]
égua (f)	merrie	[merri]
vaca (f)	koei	[kui]
touro (m)	bul	[bul]
boi (m)	os	[os]
ovelha (f)	skaap	[skăp]
carneiro (m)	ram	[ram]
cabra (f)	bok	[bok]
bode (m)	bokram	[bok·ram]
burro (m)	donkie, esel	[donki], [eisəl]
mula (f)	muil	[mœil]
porco (m)	vark	[fark]
porquinho (m)	varkie	[farki]
coelho (m)	konyn	[konajn]
galinha (f)	hoender, hen	[hundər], [hen]
galo (m)	haan	[hăn]
pato (m), pata (f)	eend	[eent]
pato (macho)	mannetjieseend	[mannəkis·eent]
ganso (m)	gans	[χaŋs]
peru (m)	kalkoenmannetjie	[kalkun·mannəki]
perua (f)	kalkoen	[kalkun]
animais (m pl) domésticos	huisdiere	[hœis·dirə]
domesticado	mak	[mak]
domesticar (vt)	mak maak	[mak măk]
criar (vt)	teel	[teəl]
quinta (f)	plaas	[plăs]
aves (f pl) domésticas	pluimvee	[plœimfeə]
gado (m)	beeste	[beəstə]
rebanho (m), manada (f)	kudde	[kuddə]
estábulo (m)	stal	[stal]
pocilga (f)	varkstal	[fark·stal]
estábulo (m)	koeistal	[kui·stal]
coelheira (f)	konynehok	[konajnə·hok]
galinheiro (m)	hoenderhok	[hundər·hok]

213. Cães. Raças de cães

cão (m)	hond	[hont]
cão pastor (m)	herdershond	[herdərs·hont]
pastor-alemão (m)	Duitse herdershond	[dœitsə herdərs·hont]
caniche (m)	poedel	[pudəl]
teckel (m)	worshond	[vors·hont]
buldogue (m)	bulhond	[bul·hont]

boxer (m)	bokser	[boksər]
mastim (m)	mastiff	[mastif]
rottweiler (m)	Rottweiler	[rottwæjlər]
dobermann (m)	Dobermann	[dobermann]

basset (m)	basset	[basset]
pastor inglês (m)	bobtail	[bobtajl]
dálmata (m)	Dalmatiese hond	[dalmatisə hont]
cocker spaniel (m)	sniphond	[snip·hont]

| terra-nova (m) | Newfoundlander | [njufæʊntlandər] |
| são-bernardo (m) | Sint Bernard | [sint bernart] |

husky (m)	poolhond, husky	[pulhont], [huski]
Chow-chow (m)	chowchow	[tʃau·tʃau]
spitz alemão (m)	spitshond	[spits·hont]
carlindogue (m)	mopshond	[mops·hont]

214. Sons produzidos pelos animais

latido (m)	geblaf	[xeblaf]
latir (vi)	blaf	[blaf]
miar (vi)	miaau	[miãu]
ronronar (vi)	spin	[spin]

mugir (vaca)	loei	[lui]
bramir (touro)	bulk	[bulk]
rosnar (vi)	grom	[xrom]

uivo (m)	gehuil	[xehœil]
uivar (vi)	huil	[hœil]
ganir (vi)	tjank	[tʃank]

balir (vi)	blêr	[blær]
grunhir (porco)	snork	[snork]
guinchar (vi)	gil	[xil]

coaxar (sapo)	kwaak	[kwãk]
zumbir (inseto)	zoem	[zum]
estridular, ziziar (vi)	kriek	[krik]

215. Animais jovens

cria (f), filhote (m)	kleintjie	[klæjnki]
gatinho (m)	katjie	[kaki]
ratinho (m)	muisie	[mœisi]
cãozinho (m)	hondjie	[hondʒi]

filhote (m) de lebre	hasie	[hasi]
coelhinho (m)	konyntjie	[konajnki]
lobinho (m)	wolfie	[volfi]
raposinho (m)	vossie	[fossi]

ursinho (m)	beertjie	[beərki]
leãozinho (m)	leeutjie	[liʋki]
filhote (m) de tigre	tiertjie	[tirki]
filhote (m) de elefante	olifantjie	[olifanki]

porquinho (m)	varkie	[farki]
bezerro (m)	kalfie	[kalfi]
cabrito (m)	bokkie	[bokki]
cordeiro (m)	lam	[lam]
cria (f) de veado	bokkie	[bokki]
cria (f) de camelo	kameeltjie	[kameəlki]

| filhote (m) de serpente | slangetjie | [slaŋəki] |
| cria (f) de rã | paddatjie | [pad·daki] |

cria (f) de ave	voëltjie	[foɛlki]
pinto (m)	kuiken	[kœiken]
patinho (m)	eendjie	[eəndʒi]

216. Pássaros

pássaro, ave (m)	voël	[foɛl]
pombo (m)	duif	[dœif]
pardal (m)	mossie	[mossi]
chapim-real (m)	mees	[meəs]
pega-rabuda (f)	ekster	[ɛkstər]

corvo (m)	raaf	[rãf]
gralha (f) cinzenta	kraai	[krãi]
gralha-de-nuca-cinzenta (f)	kerkkraai	[kerk·krãi]
gralha-calva (f)	roek	[ruk]

pato (m)	eend	[eent]
ganso (m)	gans	[χaŋs]
faisão (m)	fisant	[fisant]

águia (f)	arend	[arɛnt]
açor (m)	sperwer	[sperwər]
falcão (m)	valk	[falk]
abutre (m)	aasvoël	[ãsfoɛl]
condor (m)	kondor	[kondor]

cisne (m)	swaan	[swãn]
grou (m)	kraanvoël	[krãn·foɛl]
cegonha (f)	ooievaar	[ojefãr]

papagaio (m)	.papegaai	[papəχãi]
beija-flor (m)	kolibrie	[kolibri]
pavão (m)	pou	[pæʋ]

avestruz (f)	volstruis	[folstrœis]
garça (f)	reier	[ræjer]
flamingo (m)	flamink	[flamink]
pelicano (m)	pelikaan	[pelikãn]

rouxinol (m)	nagtegaal	[naχteχãl]
andorinha (f)	swael	[swaǝl]

tordo-zornal (m)	lyster	[lajstǝr]
tordo-músico (m)	sanglyster	[saŋlajstǝr]
melro-preto (m)	merel	[merǝl]

andorinhão (m)	windswael	[vindswaǝl]
cotovia (f)	lewerik	[leverik]
codorna (f)	kwartel	[kwartǝl]

pica-pau (m)	speg	[speχ]
cuco (m)	koekoek	[kukuk]
coruja (f)	uil	[œil]
corujão, bufo (m)	ooruil	[oǝrœil]
tetraz-grande (m)	auerhoen	[ɔuer·hun]
tetraz-lira (m)	korhoen	[korhun]
perdiz-cinzenta (f)	patrys	[patrajs]

estorninho (m)	spreeu	[spriʋ]
canário (m)	kanarie	[kanari]
galinha-do-mato (f)	bonasa hoen	[bonasa hun]
tentilhão (m)	gryskoppie	[χrajskoppi]
dom-fafe (m)	bloedvink	[bludfink]

gaivota (f)	seemeeu	[seǝmiʋ]
albatroz (m)	albatros	[albatros]
pinguim (m)	pikkewyn	[pikkǝvajn]

217. Pássaros. Canto e sons

cantar (vi)	fluit	[flœit]
gritar (vi)	roep	[rup]
cantar (o galo)	kraai	[krãi]
cocorocó (m)	koekelekoe	[kukeleku]

cacarejar (vi)	kekkel	[kɛkkǝl]
crocitar (vi)	kras	[kras]
grasnar (vi)	kwaak	[kwãk]
piar (vi)	piep	[pip]
chilrear, gorjear (vi)	tjilp	[ʧilp]

218. Peixes. Animais marinhos

brema (f)	brasem	[brasem]
carpa (f)	karp	[karp]
perca (f)	baars	[bãrs]
siluro (m)	katvis, seebaber	[katfis], [seǝ·babǝr]
lúcio (m)	snoek	[snuk]

salmão (m)	salm	[salm]
esturjão (m)	steur	[støǝr]

arenque (m)	haring	[hariŋ]
salmão (m)	atlantiese salm	[atlantisə salm]
cavala, sarda (f)	makriel	[makril]
solha (f)	platvis	[platfis]

lúcio perca (m)	varswatersnoek	[farswatər·snuk]
bacalhau (m)	kabeljou	[kabeljæʊ]
atum (m)	tuna	[tuna]
truta (f)	forel	[forəl]

enguia (f)	paling	[paliŋ]
raia elétrica (f)	drilvis	[drilfis]
moreia (f)	bontpaling	[bontpaliŋ]
piranha (f)	piranha	[piranha]

tubarão (m)	haai	[hãi]
golfinho (m)	dolfyn	[dolfajn]
baleia (f)	walvis	[valfis]

caranguejo (m)	krap	[krap]
medusa, alforreca (f)	jellievis	[jelli·fis]
polvo (m)	seekat	[see·kat]

estrela-do-mar (f)	seester	[see·stər]
ouriço-do-mar (m)	see-egel, seekastaiing	[see-eχel], [see·kastajiŋ]
cavalo-marinho (m)	seeperdjie	[see·perdʒi]

ostra (f)	oester	[ustər]
camarão (m)	garnaal	[χarnãl]
lavagante (m)	kreef	[kreəf]
lagosta (f)	seekreef	[see·kreəf]

219. Amfíbios. Répteis

| serpente, cobra (f) | slang | [slaŋ] |
| venenoso | giftig | [χiftəχ] |

víbora (f)	adder	[addər]
cobra-capelo, naja (f)	kobra	[kobra]
pitão (m)	luislang	[lœislaŋ]
jiboia (f)	boa, konstriktorslang	[boa], [kɔŋstriktor·slaŋ]

cobra-de-água (f)	ringslang	[riŋ·slaŋ]
cascavel (f)	ratelslang	[ratəl·slaŋ]
anaconda (f)	anakonda	[anakonda]

lagarto (m)	akkedis	[akkedis]
iguana (f)	leguaan	[leχuãn]
varano (m)	likkewaan	[likkevãn]
salamandra (f)	salamander	[salamandər]
camaleão (m)	verkleurmannetjie	[ferkløər·manneki]
escorpião (m)	skerpioen	[skerpiun]
tartaruga (f)	skilpad	[skilpat]
rã (f)	padda	[padda]

| sapo (m) | brulpadda | [brul·padda] |
| crocodilo (m) | krokodil | [krokodil] |

220. Insetos

inseto (m)	insek	[insek]
borboleta (f)	skoenlapper	[skunlapper]
formiga (f)	mier	[mir]
mosca (f)	vlieg	[fliχ]
mosquito (m)	muskiet	[muskit]
escaravelho (m)	kewer	[kevər]

vespa (f)	perdeby	[perdə·baj]
abelha (f)	by	[baj]
zangão (m)	hommelby	[homməl·baj]
moscardo (m)	perdevlieg	[perdə·fliχ]

| aranha (f) | spinnekop | [spinne·kop] |
| teia (f) de aranha | spinnerak | [spinne·rak] |

libélula (f)	naaldekoker	[nāldə·kokər]
gafanhoto-do-campo (m)	sprinkaan	[sprinkān]
traça (f)	mot	[mot]

barata (f)	kakkerlak	[kakkerlak]
carraça (f)	bosluis	[boslœis]
pulga (f)	vlooi	[floj]
borrachudo (m)	muggie	[muχχi]

gafanhoto (m)	treksprinkhaan	[trek·sprinkhān]
caracol (m)	slak	[slak]
grilo (m)	kriek	[krik]
pirilampo (m)	vuurvliegie	[fɪrfliχi]
joaninha (f)	lieweheersbesie	[liveheers·besi]
besouro (m)	lentekewer	[lentekevər]

sanguessuga (f)	bloedsuier	[blud·sœier]
lagarta (f)	ruspe	[ruspə]
minhoca (f)	erdwurm	[ɛrd·vurm]
larva (f)	larwe	[larvə]

221. Animais. Partes do corpo

bico (m)	snawel	[snavəl]
asas (f pl)	vlerke	[flerkə]
pata (f)	poot	[poət]
plumagem (f)	vere	[ferə]
pena, pluma (f)	veer	[feər]
crista (f)	kuif	[kœif]

| brânquias, guelras (f pl) | kiewe | [kivə] |
| ovas (f pl) | viseiers | [fisæejers] |

larva (f)	larwe	[larvə]
barbatana (f)	vin	[fin]
escama (f)	skubbe	[skubbə]

canino (m)	slagtand	[slaχtant]
pata (f)	poot	[poət]
focinho (m)	muil	[mœil]

boca (f)	bek	[bek]
cauda (f), rabo (m)	stert	[stert]
bigodes (m pl)	snor	[snor]

casco (m)	hoef	[huf]
corno (m)	horing	[horiŋ]

carapaça (f)	rugdop	[ruχdop]
concha (f)	skulp	[skulp]
casca (f) de ovo	eierdop	[æjer·dop]

pelo (m)	pels	[pɛls]
pele (f), couro (m)	vel	[fəl]

222. Ações dos animais

voar (vi)	vlieg	[fliχ]
dar voltas	sirkel	[sirkəl]

voar (para longe)	wegvlieg	[veχfliχ]
bater as asas	klapwiek	[klapwik]

bicar (vi)	pik	[pik]
incubar (vt)	broei	[brui]
sair do ovo	uitbroei	[œjtbræj]

rastejar (vi)	seil	[sæjl]
picar (vt)	steek	[steək]
morder (vt)	byt	[bajt]

cheirar (vt)	snuffel	[snuffəl]
latir (vi)	blaf	[blaf]
silvar (vi)	sis	[sis]

assustar (vt)	bang maak	[baŋ mãk]
atacar (vt)	aanval	[ãnfal]

roer (vt)	knaag	[knãχ]
arranhar (vt)	krap	[krap]
esconder-se (vr)	wegkruip	[veχkrœip]

brincar (vi)	speel	[speəl]
caçar (vi)	jag	[jaχ]

hibernar (vi)	oorwinter	[oərwintər]
extinguir-se (vr)	uitsterf	[œitsterf]

223. Animais. Habitats

| habitat (m) | habitat | [habitat] |
| migração (f) | migrasie | [miχrasi] |

montanha (f)	berg	[berχ]
recife (m)	rif	[rif]
falésia (f)	rots	[rots]

floresta (f)	woud	[væʊt]
selva (f)	oerwoud	[urwæʊt]
savana (f)	veld	[fɛlt]
tundra (f)	toendra	[tundra]

estepe (f)	steppe	[stɛppə]
deserto (m)	woestyn	[vustajn]
oásis (m)	oase	[oasə]

mar (m)	see	[seə]
lago (m)	meer	[meər]
oceano (m)	oseaan	[oseãn]

pântano (m)	moeras	[muras]
de água doce	varswater	[fars·vatər]
lagoa (f)	dam	[dam]
rio (m)	rivier	[rifir]

toca (f) do urso	hol	[hol]
ninho (m)	nes	[nes]
buraco (m) de árvore	holte	[holtə]
toca (f)	gat	[χat]
formigueiro (m)	miershoop	[mirs·hoəp]

224. Cuidados com os animais

| jardim (m) zoológico | dieretuin | [dirə·tœin] |
| reserva (f) natural | natuurreservaat | [natɪr·reserfãt] |

viveiro (m)	teelplaas	[teəlplãs]
jaula (f) de ar livre	opelughok	[opeluχ·hok]
jaula, gaiola (f)	kooi	[koj]
casinha (f) de cão	hondehok	[hondə·hok]

pombal (m)	duiwehok	[dœivə·hok]
aquário (m)	vistenk	[fis·tɛnk]
delfinário (m)	dolfynpark	[dolfajn·park]

criar (vt)	teel	[teəl]
ninhada (f)	werpsel	[verpsəl]
domesticar (vt)	mak maak	[mak mãk]
adestrar (vt)	afrig	[afrəχ]
ração (f)	voer	[fur]
alimentar (vt)	voer	[fur]

loja (f) de animais	troeteldierwinkel	[truteldir·vinkəl]
açaime (m)	muilkorf	[mœil·korf]
coleira (f)	halsband	[hals·bant]
nome (do animal)	naam	[nãm]
pedigree (m)	stamboom	[stam·boəm]

225. Animais. Diversos

alcateia (f)	trop	[trop]
bando (pássaros)	swerm	[swerm]
cardume (peixes)	skool	[skoəl]
manada (cavalos)	trop	[trop]

| macho (m) | mannetjie | [mannəki] |
| fêmea (f) | wyfie | [vajfi] |

faminto	honger	[hoŋər]
selvagem	wild	[vilt]
perigoso	gevaarlik	[χefãrlik]

226. Cavalos

| cavalo (m) | perd | [pert] |
| raça (f) | ras | [ras] |

| potro (m) | vulling | [fulliŋ] |
| égua (f) | merrie | [merri] |

mustangue (m)	mustang	[mustaŋ]
pónei (m)	ponie	[poni]
cavalo (m) de tiro	trekperd	[trek·pert]

| crina (f) | maanhaar | [mãnhãr] |
| cauda (f) | stert | [stert] |

casco (m)	hoef	[huf]
ferradura (f)	hoefyster	[huf·ajstər]
ferrar (vt)	beslaan	[beslãn]
ferreiro (m)	grofsmid	[χrofsmit]

sela (f)	saal	[sãl]
estribo (m)	stiebeuel	[stibøəəl]
brida (f)	toom	[toəm]
rédeas (f pl)	leisels	[læjsɛls]
chicote (m)	peits	[pæjts]

cavaleiro (m)	ruiter	[rœitər]
colocar sela	opsaal	[opsãl]
montar no cavalo	bestyg	[bestajχ]

| galope (m) | galop | [χalop] |
| galopar (vi) | galoppeer | [χaloppeər] |

| trote (m) | draf | [draf] |
| ir a trote | draf | [draf] |

| cavalo (m) de corrida | resiesperd | [resispert] |
| corridas (f pl) | perdewedren | [perdə·vedrən] |

estábulo (m)	stal	[stal]
alimentar (vt)	voer	[fur]
feno (m)	hooi	[hoj]
dar água	water gee	[vatər χeə]
limpar (vt)	was	[vas]

carroça (f)	perdekar	[perdə·kar]
pastar (vi)	wei	[væj]
relinchar (vi)	runnik	[runnik]
dar um coice	skop	[skop]

Flora

227. Árvores

árvore (f)	boom	[boəm]
decídua	bladwisselend	[bladwisselent]
conífera	kegeldraend	[keχɛldraent]
perene	immergroen	[immərχrun]
macieira (f)	appelboom	[appɛl·boəm]
pereira (f)	peerboom	[peər·boəm]
cerejeira (f)	soetkersieboom	[sutkersi·boəm]
ginjeira (f)	suurkersieboom	[sɪrkersi·boəm]
ameixeira (f)	pruimeboom	[prœimə·boəm]
bétula (f)	berk	[berk]
carvalho (m)	eik	[æjk]
tília (f)	lindeboom	[lində·boəm]
choupo-tremedor (m)	trilpopulier	[trilpopulir]
bordo (m)	esdoring	[ɛsdoriŋ]
espruce-europeu (m)	spar	[spar]
pinheiro (m)	denneboom	[dɛnnə·boəm]
alerce, lariço (m)	lorkeboom	[lorkə·boəm]
abeto (m)	den	[den]
cedro (m)	seder	[sedər]
choupo, álamo (m)	populier	[populir]
tramazeira (f)	lysterbessie	[lajstərbɛssi]
salgueiro (m)	wilger	[vilχər]
amieiro (m)	els	[ɛls]
faia (f)	beuk	[bøək]
ulmeiro (m)	olm	[olm]
freixo (m)	esboom	[ɛs·boəm]
castanheiro (m)	kastaiing	[kastajiŋ]
magnólia (f)	magnolia	[maχnolia]
palmeira (f)	palm	[palm]
cipreste (m)	sipres	[sipres]
mangue (m)	wortelboom	[vortəl·boəm]
embondeiro, baobá (m)	kremetart	[kremetart]
eucalipto (m)	bloekom	[blukom]
sequoia (f)	mammoetboom	[mammut·boəm]

228. Arbustos

arbusto (m)	struik	[strœik]
arbusto (m), moita (f)	bossie	[bossi]

| videira (f) | wingerdstok | [viŋərd·stok] |
| vinhedo (m) | wingerd | [viŋərt] |

framboeseira (f)	framboosstruik	[framboəs·strœik]
groselheira-preta (f)	swartbessiestruik	[swartbɛssi·strœik]
groselheira-vermelha (f)	rooi aalbessiestruik	[roj ālbɛssi·strœik]
groselheira (f) espinhosa	appelliefiestruik	[appɛllifi·strœik]

acácia (f)	akasia	[akasia]
bérberis (f)	suurbessie	[sɪr·bɛssi]
jasmim (m)	jasmyn	[jasmajn]

junípero (m)	jenewer	[jenevər]
roseira (f)	roosstruik	[roəs·strœik]
roseira (f) brava	hondsroos	[honds·roəs]

229. Cogumelos

cogumelo (m)	paddastoel	[paddastul]
cogumelo (m) comestível	eetbare paddastoel	[eetbarə paddastul]
cogumelo (m) venenoso	giftige paddastoel	[χiftiχə paddastul]
chapéu (m)	hoed	[hut]
pé, caule (m)	steel	[steəl]

cepe-de-bordéus (m)	Eetbare boleet	[eetbarə boleət]
boleto (m) áspero	rooihoed	[rojhut]
boleto (m) castanho	berkboleet	[berk·boleət]
cantarelo (m)	dooierswam	[dojer·swam]
rússula (f)	russula	[russula]

morchela (f)	morielje	[morilje]
agário-das-moscas (m)	vlieëswam	[fliɛ·swam]
cicuta (f) verde	duiwelsbrood	[dœivɛls·broət]

230. Frutos. Bagas

| fruta (f) | vrug | [fruχ] |
| frutas (f pl) | vrugte | [fruχtə] |

maçã (f)	appel	[appəl]
pera (f)	peer	[peər]
ameixa (f)	pruim	[prœim]

morango (m)	aarbei	[ārbæj]
ginja (f)	suurkersie	[sɪr·kersi]
cereja (f)	soetkersie	[sut·kersi]
uva (f)	druif	[drœif]

framboesa (f)	framboos	[framboəs]
groselha (f) preta	swartbessie	[swartbɛssi]
groselha (f) vermelha	rooi aalbessie	[roj ālbɛssi]
groselha (f) espinhosa	appelliefie	[appɛllifi]

oxicoco (m)	bosbessie	[bosbɛssi]
laranja (f)	lemoen	[lemun]
tangerina (f)	nartjie	[narki]
ananás (m)	pynappel	[pajnappəl]
banana (f)	piesang	[pisaŋ]
tâmara (f)	dadel	[dadəl]

limão (m)	suurlemoen	[sɪr·lemun]
damasco (m)	appelkoos	[appɛlkoəs]
pêssego (m)	perske	[perskə]
kiwi (m)	kiwi, kiwivrug	[kivi], [kivi·fruχ]
toranja (f)	pomelo	[pomelo]

baga (f)	bessie	[bɛssi]
bagas (f pl)	bessies	[bɛssis]
arando (m) vermelho	pryselbessie	[prajsɛlbɛssi]
morango-silvestre (m)	wilde aarbei	[vildə ārbæj]
mirtilo (m)	bloubessie	[blæʊbɛssi]

231. Flores. Plantas

flor (f)	blom	[blom]
ramo (m) de flores	boeket	[buket]

rosa (f)	roos	[roəs]
tulipa (f)	tulp	[tulp]
cravo (m)	angelier	[anχəlir]
gladíolo (m)	swaardlelie	[swārd·leli]

centáurea (f)	koringblom	[koriŋblom]
campânula (f)	grasklokkie	[χras·klokki]
dente-de-leão (m)	perdeblom	[perdə·blom]
camomila (f)	kamille	[kamillə]

aloé (m)	aalwyn	[ālwajn]
cato (m)	kaktus	[kaktus]
fícus (m)	rubberplant	[rubbər·plant]

lírio (m)	lelie	[leli]
gerânio (m)	malva	[malfa]
jacinto (m)	hiasint	[hiasint]

mimosa (f)	mimosa	[mimosa]
narciso (m)	narsing	[narsiŋ]
capuchinha (f)	kappertjie	[kapperki]

orquídea (f)	orgidee	[orχideə]
peónia (f)	pinksterroos	[pinkstər·roəs]
violeta (f)	viooltjie	[fioəlki]

amor-perfeito (m)	gesiggie	[χesiχi]
não-me-esqueças (m)	vergeet-my-nietjie	[ferχeət-maj-niki]
margarida (f)	madeliefie	[madelifi]
papoula (f)	papawer	[papavər]

| cânhamo (m) | hennep | [hɛnnəp] |
| hortelã (f) | kruisement | [krœisəment] |

| lírio-do-vale (m) | dallelie | [dalleli] |
| campânula-branca (f) | sneeuklokkie | [sniʊ·klokki] |

urtiga (f)	brandnetel	[brant·netəl]
azeda (f)	veldsuring	[fɛltsuriŋ]
nenúfar (m)	waterlelie	[vatər·leli]
feto (m), samambaia (f)	varing	[fariŋ]
líquen (m)	korsmos	[korsmos]

estufa (f)	broeikas	[bruikas]
relvado (m)	grasperk	[χras·perk]
canteiro (m) de flores	blombed	[blom·bet]

planta (f)	plant	[plant]
erva (f)	gras	[χras]
folha (f) de erva	grasspriet	[χras·sprit]

folha (f)	blaar	[blãr]
pétala (f)	kroonblaar	[kroən·blãr]
talo (m)	stingel	[stiŋəl]
tubérculo (m)	knol	[knol]

| broto, rebento (m) | saailing | [sãjliŋ] |
| espinho (m) | doring | [doriŋ] |

florescer (vi)	bloei	[blui]
murchar (vi)	verlep	[ferlep]
cheiro (m)	reuk	[røək]
cortar (flores)	sny	[snaj]
colher (uma flor)	pluk	[pluk]

232. Cereais, grãos

grão (m)	graan	[χrãn]
cereais (plantas)	graangewasse	[χrãn·χəwassə]
espiga (f)	aar	[ãr]

trigo (m)	koring	[koriŋ]
centeio (m)	rog	[roχ]
aveia (f)	hawer	[havər]
milho-miúdo (m)	gierst	[χirst]
cevada (f)	gars	[χars]
milho (m)	mielie	[mili]
arroz (m)	rys	[rajs]
trigo-sarraceno (m)	bokwiet	[bokwit]

ervilha (f)	ertjie	[ɛrki]
feijão (m)	nierboon	[nir·boən]
soja (f)	soja	[soja]
lentilha (f)	lensie	[lɛŋsi]
fava (f)	boontjies	[boənkis]

233. Vegetais. Verduras

legumes (m pl)	groente	[χruntə]
verduras (f pl)	groente	[χruntə]

tomate (m)	tamatie	[tamati]
pepino (m)	komkommer	[komkommər]
cenoura (f)	wortel	[vortəl]
batata (f)	aartappel	[ārtappəl]
cebola (f)	ui	[œi]
alho (m)	knoffel	[knoffəl]

couve (f)	kool	[koəl]
couve-flor (f)	blomkool	[blom·koəl]
couve-de-bruxelas (f)	Brusselspruite	[brussɛl·sprœitə]
brócolos (m pl)	broccoli	[brokoli]

beterraba (f)	beet	[beət]
beringela (f)	eiervrug	[æjerfruχ]
curgete (f)	vingerskorsie	[fiŋər·skorsi]
abóbora (f)	pampoen	[pampun]
nabo (m)	raap	[rãp]

salsa (f)	pietersielie	[pitərsili]
funcho, endro (m)	dille	[dillə]
alface (f)	blaarslaai	[blārslāi]
aipo (m)	seldery	[selderaj]
espargo (m)	aspersie	[aspersi]
espinafre (m)	spinasie	[spinasi]

ervilha (f)	ertjie	[ɛrki]
fava (f)	boontjies	[boənkis]
milho (m)	mielie	[mili]
feijão (m)	nierboon	[nir·boən]

pimentão (m)	peper	[pepər]
rabanete (m)	radys	[radajs]
alcachofra (f)	artisjok	[artiʃok]

GEOGRAFIA REGIONAL

Países. Nacionalidades

234. Europa Ocidental

Europa (f)	Europa	[øøropa]
União (f) Europeia	Europese Unie	[øøropese uni]
europeu (m)	Europeaan	[øøropeān]
europeu	Europees	[øøropees]
Áustria (f)	Oostenryk	[oostenrajk]
austríaco (m)	Oostenryker	[oostenrajkør]
austríaca (f)	Oostenryker	[oostenrajkør]
austríaco	Oostenryks	[oostenrajks]
Grã-Bretanha (f)	Groot-Brittanje	[xroot-brittanje]
Inglaterra (f)	Engeland	[ɛŋølant]
inglês (m)	Engelsman	[ɛŋølsman]
inglesa (f)	Engelse dame	[ɛŋølse dame]
inglês	Engels	[ɛŋøls]
Bélgica (f)	België	[belχiɛ]
belga (m)	Belg	[belχ]
belga (f)	Belg	[belχ]
belga	Belgies	[belχis]
Alemanha (f)	Duitsland	[dœitslant]
alemão (m)	Duitser	[dœitsør]
alemã (f)	Duitser	[dœitsør]
alemão	Duits	[dœits]
Países (m pl) Baixos	Nederland	[nedørlant]
Holanda (f)	Holland	[hollant]
holandês (m)	Nederlander	[nedørlandør]
holandesa (f)	Nederlander	[nedørlandør]
holandês	Nederlands	[nedørlands]
Grécia (f)	Griekeland	[xrikølant]
grego (m)	Griek	[xrik]
grega (f)	Griek	[xrik]
grego	Grieks	[xriks]
Dinamarca (f)	Denemarke	[denemarke]
dinamarquês (m)	Deen	[deøn]
dinamarquesa (f)	Deen	[deøn]
dinamarquês	Deens	[deɛŋs]
Irlanda (f)	Ierland	[irlant]
irlandês (m)	Ier	[ir]

| irlandesa (f) | Ier | [ir] |
| irlandês | Iers | [irs] |

Islândia (f)	Ysland	[ajslant]
islandês (m)	Yslander	[ajslandər]
islandesa (f)	Yslander	[ajslandər]
islandês	Yslandse	[ajslandsə]

Espanha (f)	Spanje	[spanje]
espanhol (m)	Spanjaard	[spanjãrt]
espanhola (f)	Spaanjaard	[spãnjãrt]
espanhol	Spaans	[spãŋs]

Itália (f)	Italië	[italiɛ]
italiano (m)	Italianer	[italianər]
italiana (f)	Italianer	[italianər]
italiano	Italiaans	[italiãŋs]

Chipre (m)	Ciprus	[siprus]
cipriota (m)	Ciprioot	[siprioət]
cipriota (f)	Ciprioot	[siprioət]
cipriota	Cipries	[sipris]

Malta (f)	Malta	[malta]
maltês (m)	Maltees	[malteəs]
maltesa (f)	Maltees	[malteəs]
maltês	Maltees	[malteəs]

Noruega (f)	Noorweë	[noərweɛ]
norueguês (m)	Noor	[noər]
norueguesa (f)	Noor	[noər]
norueguês	Noors	[noərs]

Portugal (m)	Portugal	[portuχal]
português (m)	Portugees	[portuχeəs]
portuguesa (f)	Portugees	[portuχeəs]
português	Portugees	[portuχeəs]

Finlândia (f)	Finland	[finlant]
finlandês (m)	Fin	[fin]
finlandesa (f)	Fin	[fin]
finlandês	Fins	[fins]

França (f)	Frankryk	[frankrajk]
francês (m)	Fransman	[fraŋsman]
francesa (f)	Franse dame	[fraŋsə damə]
francês	Frans	[fraŋs]

Suécia (f)	Swede	[swedə]
sueco (m)	Sweed	[sweət]
sueca (f)	Sweed	[sweət]
sueco	Sweeds	[sweəds]

Suíça (f)	Switserland	[switsərlant]
suíço (m)	Switser	[switsər]
suíça (f)	Switser	[switsər]

suíço	Switser	[switsər]
Escócia (f)	Skotland	[skotlant]
escocês (m)	Skot	[skot]
escocesa (f)	Skot	[skot]
escocês	Skots	[skots]

Vaticano (m)	Vatikaan	[fatikãn]
Liechtenstein (m)	Lichtenstein	[liχtɛŋstejn]
Luxemburgo (m)	Luksemburg	[luksemburχ]
Mónaco (m)	Monako	[monako]

235. Europa Central e de Leste

Albânia (f)	Albanië	[albaniɛ]
albanês (m)	Albaniër	[albaniɛr]
albanesa (f)	Albaniër	[albaniɛr]
albanês	Albanies	[albanis]

Bulgária (f)	Bulgarye	[bulχaraje]
búlgaro (m)	Bulgaar	[bulχãr]
búlgara (f)	Bulgaar	[bulχãr]
búlgaro	Bulgaars	[bulχãrs]

Hungria (f)	Hongarye	[honχaraje]
húngaro (m)	Hongaar	[honχãr]
húngara (f)	Hongaar	[honχãr]
húngaro	Hongaars	[honχãrs]

Letónia (f)	Letland	[letlant]
letão (m)	Let	[let]
letã (f)	Let	[let]
letão	Lets	[lets]

Lituânia (f)	Litoue	[litæʊə]
lituano (m)	Litouer	[litæʊər]
lituana (f)	Litouer	[litæʊər]
lituano	Litous	[litæʊs]

Polónia (f)	Pole	[polə]
polaco (m)	Pool	[poəl]
polaca (f)	Pool	[poəl]
polaco	Pools	[poəls]

Roménia (f)	Roemenië	[rumeniɛ]
romeno (m)	Roemeen	[rumeən]
romena (f)	Roemeen	[rumeən]
romeno	Roemeens	[rumeəŋs]

Sérvia (f)	Serwië	[serwiɛ]
sérvio (m)	Serwiër	[serwiɛr]
sérvia (f)	Serwiër	[serwiɛr]
sérvio	Servies	[serfis]
Eslováquia (f)	Slowakye	[slovakaje]
eslovaco (m)	Slowaak	[slovãk]

eslovaca (f)	Slowaak	[slovāk]
eslovaco	Slowaaks	[slovāks]

Croácia (f)	Kroasië	[kroasiɛ]
croata (m)	Kroaat	[kroãt]
croata (f)	Kroaat	[kroãt]
croata	Kroaties	[kroatis]

República (f) Checa	Tjeggië	[tʃeχiɛ]
checo (m)	Tjeg	[tʃeχ]
checa (f)	Tjeg	[tʃeχ]
checo	Tjegies	[tʃeχis]

Estónia (f)	Estland	[ɛstlant]
estónio (m)	Estlander	[ɛstlandər]
estónia (f)	Estlander	[ɛstlandər]
estónio	Estlands	[ɛstlands]

Bósnia e Herzegovina (f)	Bosnië & Herzegowina	[bosniɛ en hersegovina]
Macedónia (f)	Masedonië	[masedoniɛ]
Eslovénia (f)	Slovenië	[slofeniɛ]
Montenegro (m)	Montenegro	[montənegro]

236. Países da ex-URSS

Azerbaijão (m)	Azerbeidjan	[azerbæjdjan]
azeri (m)	Azerbeidjanner	[azerbæjdjannər]
azeri (f)	Azerbeidjanner	[azerbæjdjannər]
azeri, azerbaijano	Azerbeidjans	[azerbæjdjaŋs]

Arménia (f)	Armenië	[armeniɛ]
arménio (m)	Armeniër	[armeniɛr]
arménia (f)	Armeniër	[armeniɛr]
arménio	Armeens	[armeɛŋs]

Bielorrússia (f)	Belarus	[belarus]
bielorrusso (m)	Belarus	[belarus]
bielorrussa (f)	Belarus	[belarus]
bielorrusso	Belarussies	[belarussis]

Geórgia (f)	Georgië	[χeorχiɛ]
georgiano (m)	Georgiër	[χeorχiɛr]
georgiana (f)	Georgiër	[χeorχiɛr]
georgiano	Georgies	[χeorχis]

Cazaquistão (m)	Kazakstan	[kasakstan]
cazaque (m)	Kasak	[kasak]
cazaque (f)	Kasak	[kasak]
cazaque	Kasaks	[kasaks]

Quirguistão (m)	Kirgisië	[kirχisiɛ]
quirguiz (m)	Kirgisiër	[kirχisiɛr]
quirguiz (f)	Kirgisiër	[kirχisiɛr]
quirguiz	Kirgisies	[kirχisis]

Moldávia (f)	Moldawië	[moldaviɛ]
moldavo (m)	Moldawiër	[moldaviɛr]
moldava (f)	Moldawiër	[moldaviɛr]
moldavo	Moldawies	[moldavis]
Rússia (f)	Rusland	[ruslant]
russo (m)	Rus	[rus]
russa (f)	Rus	[rus]
russo	Russies	[russis]
Tajiquistão (m)	Tadjikistan	[tadʒikistan]
tajique (m)	Tadjik	[tadʒik]
tajique (f)	Tadjik	[tadʒik]
tajique	Tadjiks	[tadʒiks]
Turquemenistão (m)	Turkmenistan	[turkmenistan]
turcomeno (m)	Turkmeen	[turkmeən]
turcomena (f)	Turkmeen	[turkmeən]
turcomeno	Turkmeens	[turkmeəŋs]
Uzbequistão (f)	Oezbekistan	[uzbekistan]
uzbeque (m)	Oezbeek	[uzbeək]
uzbeque (f)	Oezbeek	[uzbeək]
uzbeque	Oezbekies	[uzbekis]
Ucrânia (f)	Oekraïne	[ukraïnə]
ucraniano (m)	Oekraïner	[ukraïnər]
ucraniana (f)	Oekraïner	[ukraïnər]
ucraniano	Oekraïns	[ukraïns]

237. Asia

Ásia (f)	Asië	[asiɛ]
asiático	Asiaties	[asiatis]
Vietname (m)	Viëtnam	[viɛtnam]
vietnamita (m)	Viëtnamees	[viɛtnameəs]
vietnamita (f)	Viëtnamees	[viɛtnameəs]
vietnamita	Viëtnamees	[viɛtnameəs]
Índia (f)	Indië	[indiɛ]
indiano (m)	Indiër	[indiɛr]
indiana (f)	Indiër	[indiɛr]
indiano, hindu	Indies	[indis]
Israel (m)	Israel	[israəl]
israelita (m)	Israeli	[israeli]
israelita (f)	Israeli	[israeli]
israelita	Israelies	[israelis]
judeu (m)	Jood	[joət]
judia (f)	Jodin	[jodin]
judeu	Joods	[joəds]
China (f)	Sjina	[ʃina]

chinês (m)	Sjinees	[ʃinees]
chinesa (f)	Sjinees	[ʃinees]
chinês	Sjinees	[ʃinees]
coreano (m)	Koreaan	[koreãn]
coreana (f)	Koreaan	[koreãn]
coreano	Koreaans	[koreãŋs]
Líbano (m)	Libanon	[libanon]
libanês (m)	Libanees	[libanees]
libanesa (f)	Libanees	[libanees]
libanês	Libanees	[libanees]
Mongólia (f)	Mongolië	[monχoliɛ]
mongol (m)	Mongool	[monχoəl]
mongol (f)	Mongool	[monχoəl]
mongol	Mongools	[monχoəls]
Malásia (f)	Maleisië	[malæjsiɛ]
malaio (m)	Maleisiër	[malæjsiɛr]
malaia (f)	Maleisiër	[malæjsiɛr]
malaio	Maleisies	[malæjsis]
Paquistão (m)	Pakistan	[pakistan]
paquistanês (m)	Pakistani	[pakistani]
paquistanesa (f)	Pakistani	[pakistani]
paquistanês	Pakistans	[pakistaŋs]
Arábia (f) Saudita	Saoedi-Arabië	[saudi-arabiɛ]
árabe (m)	Arabier	[arabir]
árabe (f)	Arabier	[arabir]
árabe	Arabiese	[arabisə]
Tailândia (f)	Thailand	[tajlant]
tailandês (m)	Thailander	[tajlandər]
tailandesa (f)	Thailander	[tajlandər]
tailandês	Thais	[tajs]
Taiwan (m)	Taiwan	[tajvan]
taiwanês (m)	Taiwannees	[tajvannees]
taiwanesa (f)	Taiwannees	[tajvannees]
taiwanês	Taiwannees	[tajvannees]
Turquia (f)	Turkye	[turkaje]
turco (m)	Turk	[turk]
turca (f)	Turk	[turk]
turco	Turks	[turks]
Japão (m)	Japan	[japan]
japonês (m)	Japannees, Japanner	[japannees], [japannər]
japonesa (f)	Japannees, Japanner	[japannees], [japannər]
japonês	Japannees, Japans	[japannees], [japaŋs]
Afeganistão (m)	Afghanistan	[afχanistan]
Bangladesh (m)	Bangladesj	[bangladeʃ]
Indonésia (f)	Indonesië	[indonesiɛ]

Jordânia (f)	Jordanië	[jordaniɛ]
Iraque (m)	Irak	[irak]
Irão (m)	Iran	[iran]
Camboja (f)	Kambodja	[kambodja]
Kuwait (m)	Kuwait	[kuvajt]

Laos (m)	Laos	[laos]
Myanmar (m), Birmânia (f)	Myanmar	[mjanmar]
Nepal (m)	Nepal	[nepal]
Emirados Árabes Unidos	Verenigde Arabiese Emirate	[fereniχdə arabisə emiratə]

Síria (f)	Sirië	[siriɛ]
Palestina (f)	Palestina	[palestina]
Coreia do Sul (f)	Suid-Korea	[sœid-korea]
Coreia do Norte (f)	Noord-Korea	[noərd-korea]

238. America do Norte

Estados Unidos da América	Verenigde State van Amerika	[fereniχdə statə fan amerika]
americano (m)	Amerikaan	[amerikãn]
americana (f)	Amerikaan	[amerikãn]
americano	Amerikaans	[amerikãŋs]

Canadá (m)	Kanada	[kanada]
canadiano (m)	Kanadees	[kanadees]
canadiana (f)	Kanadees	[kanadees]
canadiano	Kanadees	[kanadees]

México (m)	Meksiko	[meksiko]
mexicano (m)	Meksikaan	[meksikãn]
mexicana (f)	Meksikaan	[meksikãn]
mexicano	Meksikaans	[meksikãŋs]

239. America Centrale do Sul

Argentina (f)	Argentinië	[arχentiniɛ]
argentino (m)	Argentyn	[arχentajn]
argentina (f)	Argentyn	[arχentajn]
argentino	Argentyns	[arχentajns]

Brasil (m)	Brasilië	[brasiliɛ]
brasileiro (m)	Brasiliaan	[brasiliãn]
brasileira (f)	Brasiliaan	[brasiliãn]
brasileiro	Brasiliaans	[brasiliãŋs]

Colômbia (f)	Colombia, Kolombië	[kolombia], [kolombiɛ]
colombiano (m)	Colombiaan	[kolombiãn]
colombiana (f)	Colombiaan	[kolombiãn]
colombiano	Colombiaans	[kolombiãŋs]
Cuba (f)	Kuba	[kuba]

cubano (m)	**Kubaan**	[kubān]
cubana (f)	**Kubaan**	[kubān]
cubano	**Kubaans**	[kubāŋs]

Chile (m)	**Chili**	[tʃili]
chileno (m)	**Chileen**	[tʃileən]
chilena (f)	**Chileen**	[tʃileən]
chileno	**Chileens**	[tʃileɛŋs]

Bolívia (f)	**Bolivië**	[boliviɛ]
Venezuela (f)	**Venezuela**	[fenesuela]
Paraguai (m)	**Paraguay**	[paragwaj]
Peru (m)	**Peru**	[peru]
Suriname (m)	**Suriname**	[surinamə]
Uruguai (m)	**Uruguay**	[urugwaj]
Equador (m)	**Ecuador**	[ɛkuador]

Bahamas (f pl)	**die Bahamas**	[di bahamas]
Haiti (m)	**Haïti**	[haïti]
República (f) Dominicana	**Dominikaanse Republiek**	[dominikāŋsə republik]
Panamá (m)	**Panama**	[panama]
Jamaica (f)	**Jamaika**	[jamajka]

240. Africa

Egito (m)	**Egipte**	[ɛχiptə]
egípcio (m)	**Egiptenaar**	[ɛχiptenār]
egípcia (f)	**Egiptenaar**	[ɛχiptenār]
egípcio	**Egipties**	[ɛχiptis]

Marrocos	**Marokko**	[marokko]
marroquino (m)	**Marokkaan**	[marokkān]
marroquina (f)	**Marokkaan**	[marokkān]
marroquino	**Marokkaans**	[marokkāŋs]

Tunísia (f)	**Tunisië**	[tunisiɛ]
tunisino (m)	**Tunisiër**	[tunisiɛr]
tunisina (f)	**Tunisiër**	[tunisiɛr]
tunisino	**Tunisies**	[tunisis]

Gana (f)	**Ghana**	[χana]
Zanzibar (m)	**Zanzibar**	[zanzibar]
Quénia (f)	**Kenia**	[kenia]
Líbia (f)	**Libië**	[libiɛ]
Madagáscar (m)	**Madagaskar**	[madaχaskar]

Namíbia (f)	**Namibië**	[namibiɛ]
Senegal (m)	**Senegal**	[seneχal]
Tanzânia (f)	**Tanzanië**	[tansaniɛ]
África do Sul (f)	**Suid-Afrika**	[sœid-afrika]

africano (m)	**Afrikaan**	[afrikān]
africana (f)	**Afrikaan**	[afrikān]
africano	**Afrika-**	[afrika-]

241. Australia. Oceania

Austrália (f)	Australië	[ɔustraliɛ]
australiano (m)	Australiër	[ɔustraliɛr]
australiana (f)	Australiër	[ɔustraliɛr]
australiano	Australies	[ɔustralis]

Nova Zelândia (f)	Nieu-Seeland	[niu-seəlant]
neozelandês (m)	Nieu-Seelander	[niu-seəlandər]
neozelandesa (f)	Nieu-Seelander	[niu-seəlandər]
neozelandês	Nieu-Seelands	[niu-seəlants]

| Tasmânia (f) | Tasmanië | [tasmaniɛ] |
| Polinésia Francesa (f) | Frans-Polinesië | [fraŋs-polinesiɛ] |

242. Cidades

Amesterdão	Amsterdam	[amsterdam]
Ancara	Ankara	[ankara]
Atenas	Athene	[atenə]

Bagdade	Bagdad	[baχdat]
Banguecoque	Bangkok	[baŋkok]
Barcelona	Barcelona	[barselona]
Beirute	Beiroet	[bæjrut]
Berlim	Berlyn	[berlæjn]

Bombaim	Moembai	[mumbaj]
Bona	Bonn	[bonn]
Bordéus	Bordeaux	[bordo:]
Bratislava	Bratislava	[bratislava]
Bruxelas	Brussel	[brussəl]
Bucareste	Boekarest	[bukarest]
Budapeste	Boedapest	[budapest]

Cairo	Cairo	[kajro]
Calcutá	Kalkutta	[kalkutta]
Chicago	Chicago	[ʃikago]
Cidade do México	Meksiko Stad	[meksiko stat]
Copenhaga	Kopenhagen	[kopənχagen]

Dar es Salaam	Dar-es-Salaam	[dar-es-salãm]
Deli	Delhi	[deli]
Dubai	Dubai	[dubaj]
Dublin, Dublim	Dublin	[dablin]
Düsseldorf	Dusseldorf	[dussɛldorf]
Estocolmo	Stockholm	[stokχolm]

Florença	Florence	[florɛŋs]
Frankfurt	Frankfurt	[frankfurt]
Genebra	Genève	[dʒənɛ:v]
Haia	Den Haag	[den hãχ]
Hamburgo	Hamburg	[hamburχ]

| Hanói | Hanoi | [hanoj] |
| Havana | Havana | [havana] |

Helsínquia	Helsinki	[hɛlsinki]
Hiroshima	Hiroshima	[hiroʃima]
Hong Kong	Hongkong	[hoŋkoŋ]
Istambul	Istanbul	[istanbul]
Jerusalém	Jerusalem	[jerusalem]
Kiev	Kiëf	[kiɛf]
Kuala Lumpur	Kuala Lumpur	[kuala lumpur]
Lisboa	Lissabon	[lissabon]
Londres	Londen	[londen]
Los Angeles	Los Angeles	[los andʒeles]
Lyon	Lyon	[lioŋ]

Madrid	Madrid	[madrit]
Marselha	Marseille	[marsæj]
Miami	Miami	[majami]
Montreal	Montreal	[montreal]
Moscovo	Moskou	[moskæʊ]
Munique	München	[mønchen]

Nairóbi	Nairobi	[najrobi]
Nápoles	Napels	[napɛls]
Nisa	Nice	[nis]
Nova York	New York	[nju jork]

Oslo	Oslo	[oslo]
Ottawa	Ottawa	[ottava]
Paris	Parys	[parajs]
Pequim	Beijing	[bæjdʒiŋ]
Praga	Praag	[prãx]

Rio de Janeiro	Rio de Janeiro	[rio də janæjro]
Roma	Rome	[romə]
São Petersburgo	Sint-Petersburg	[sint-petersburg]
Seul	Seoel	[seul]
Singapura	Singapore	[singaporə]
Sydney	Sydney	[sidni]

Taipé	Taipei	[tæjpæj]
Tóquio	Tokio	[tokio]
Toronto	Toronto	[toronto]
Varsóvia	Warskou	[varskæʊ]
Veneza	Venesië	[fenesiɛ]
Viena	Wene	[venə]

| Washington | Washington | [vaʃington] |
| Xangai | Shanghai | [ʃangaj] |

243. Política. Governo. Parte 1

| política (f) | politiek | [politik] |
| político | politieke | [politikə] |

político (m)	politikus	[politikus]
estado (m)	staat	[stāt]
cidadão (m)	burger	[burgər]
cidadania (f)	burgerskap	[burgərskap]

brasão (m) de armas	nasionale wapen	[naʃionalə vapen]
hino (m) nacional	volkslied	[folkslit]

governo (m)	regering	[reχeriŋ]
Chefe (m) de Estado	staatshoof	[stāts·hoəf]
parlamento (m)	parlement	[parlement]
partido (m)	partij	[partij]

capitalismo (m)	kapitalisme	[kapitalismə]
capitalista	kapitalis	[kapitalis]

socialismo (m)	sosialisme	[soʃialisme]
socialista	sosialis	[soʃialis]

comunismo (m)	kommunisme	[kommunismə]
comunista	kommunis	[kommunis]
comunista (m)	kommunis	[kommunis]

democracia (f)	demokrasie	[demokrasi]
democrata (m)	demokraat	[demokrāt]
democrático	demokraties	[demokratis]
Partido (m) Democrático	Demokratiese party	[demokratisə partaj]

liberal (m)	liberaal	[liberāl]
liberal	liberaal	[liberāl]

conservador (m)	konservatief	[kɔŋserfatif]
conservador	konservatief	[kɔŋserfatif]

república (f)	republiek	[republik]
republicano (m)	republikein	[republikæjn]
Partido (m) Republicano	Republikeinse Party	[republikæjnsə partaj]

eleições (f pl)	verkiesings	[ferkisiŋs]
eleger (vt)	verkies	[ferkis]
eleitor (m)	kieser	[kisər]
campanha (f) eleitoral	verkiesingskampanje	[ferkisiŋs·kampanje]

votação (f)	stemming	[stɛmmiŋ]
votar (vi)	stem	[stem]
direito (m) de voto	stemreg	[stem·reχ]

candidato (m)	kandidaat	[kandidāt]
campanha (f)	kampanje	[kampanje]

da oposição	opposisie	[opposisi]
oposição (f)	opposisie	[opposisi]

visita (f)	besoek	[besuk]
visita (f) oficial	amptelike besoek	[amptelikə besuk]
internacional	internasionaal	[internaʃionāl]

| negociações (f pl) | onderhandelinge | [ondərhandeliŋə] |
| negociar (vi) | onderhandel | [ondərhandəl] |

244. Política. Governo. Parte 2

sociedade (f)	samelewing	[samelevin]
constituição (f)	grondwet	[xront·wet]
poder (ir para o ~)	mag	[maχ]
corrupção (f)	korrupsie	[korrupsi]

| lei (f) | wet | [vet] |
| legal | wetlik | [vetlik] |

| justiça (f) | geregtigheid | [χereχtiχæjt] |
| justo | regverdig | [reχferdəχ] |

comité (m)	komitee	[komiteə]
projeto-lei (m)	wetsontwerp	[vetsontwerp]
orçamento (m)	begroting	[beχrotiŋ]
política (f)	beleid	[belæjt]
reforma (f)	hervorming	[herformiŋ]
radical	radikaal	[radikāl]

força (f)	mag	[maχ]
poderoso	magtig	[maχtəχ]
partidário (m)	ondersteuner	[ondərstøenər]
influência (f)	invloed	[influt]

regime (m)	bewind	[bevint]
conflito (m)	konflik	[konflik]
conspiração (f)	sameswering	[sameswerin]
provocação (f)	uitdaging	[œitdaχiŋ]

derrubar (vt)	omvergooi	[omferχoj]
derrube (m), queda (f)	omvergooi	[omferχoj]
revolução (f)	revolusie	[refolusi]

| golpe (m) de Estado | staatsgreep | [stāts·χreəp] |
| golpe (m) militar | militêre staatsgreep | [militærə stātsχreəp] |

crise (f)	krisis	[krisis]
recessão (f) económica	ekonomiese agteruitgang	[εkonomisə aχter·œitχaŋ]
manifestante (m)	betoër	[betoɛr]
manifestação (f)	demonstrasie	[demɔŋstrasi]
lei (f) marcial	krygswet	[krajχs·wet]
base (f) militar	militêre basis	[militærə basis]

| estabilidade (f) | stabiliteit | [stabilitæjt] |
| estável | stabiel | [stabil] |

exploração (f)	uitbuiting	[œitbœitiŋ]
explorar (vt)	uitbuit	[œitbœit]
racismo (m)	rassisme	[rassismə]
racista (m)	rassis	[rassis]

| fascismo (m) | fascisme | [faʃismə] |
| fascista (m) | fascis | [faʃis] |

245. Países. Diversos

estrangeiro (m)	vreemdeling	[freəmdeliŋ]
estrangeiro	vreemd	[freəmt]
no estrangeiro	in die buiteland	[in di bœitəlant]

emigrante (m)	emigrant	[ɛmiχrant]
emigração (f)	emigrasie	[ɛmiχrasi]
emigrar (vi)	emigreer	[ɛmiχreər]

Ocidente (m)	die Weste	[di vestə]
Oriente (m)	die Ooste	[di oəstə]
Extremo Oriente (m)	die Verre Ooste	[di ferrə oəstə]

civilização (f)	beskawing	[beskaviŋ]
humanidade (f)	mensdom	[mɛŋsdom]
mundo (m)	die wêreld	[di værəlt]
paz (f)	vrede	[fredə]
mundial	wêreldwyd	[værəlt·wajt]

pátria (f)	vaderland	[fadər·lant]
povo (m)	volk	[folk]
população (f)	bevolking	[befolkiŋ]
gente (f)	mense	[mɛŋsə]
nação (f)	nasie	[nasi]
geração (f)	generasie	[χenerasi]
território (m)	gebied	[χebit]
região (f)	streek	[streək]
estado (m)	staat	[stāt]

tradição (f)	tradisie	[tradisi]
costume (m)	gebruik	[χebrœik]
ecologia (f)	ekologie	[ɛkoloχi]

índio (m)	Indiaan	[indiān]
cigano (m)	Sigeuner	[siχøənər]
cigana (f)	Sigeunerin	[siχøənərin]
cigano	sigeuner-	[siχøənər-]

império (m)	rijk	[rijk]
colónia (f)	kolonie	[koloni]
escravidão (f)	slawerny	[slavərnaj]
invasão (f)	invasie	[infasi]
fome (f)	hongersnood	[hoŋərsnoət]

246. Grupos religiosos mais importantes. Confissões

| religião (f) | godsdiens | [χodsdiŋs] |
| religioso | godsdienstig | [χodsdiŋstəχ] |

crença (f)	geloof	[χeloəf]
crer (vt)	glo	[χlo]
crente (m)	gelowige	[χeloviχə]
ateísmo (m)	ateïsme	[ateïsmə]
ateu (m)	ateïs	[ateïs]
cristianismo (m)	Christendom	[χristəndom]
cristão (m)	Christen	[χristən]
cristão	Christelik	[χristəlik]
catolicismo (m)	Katolisisme	[katolisismə]
católico (m)	Katoliek	[katolik]
católico	katoliek	[katolik]
protestantismo (m)	Protestantisme	[protestantismə]
Igreja (f) Protestante	Protestantse Kerk	[protestantsə kerk]
protestante (m)	Protestant	[protestant]
ortodoxia (f)	Ortodoksie	[ortodoksi]
Igreja (f) Ortodoxa	Ortodokse Kerk	[ortodoksə kerk]
ortodoxo (m)	Ortodoks	[ortodoks]
presbiterianismo (m)	Presbiterianisme	[presbiterianismə]
Igreja (f) Presbiteriana	Presbiteriaanse Kerk	[presbiteriäŋsə kerk]
presbiteriano (m)	Presbiteriaan	[presbitəriän]
Igreja (f) Luterana	Lutheranisme	[luteranismə]
luterano (m)	Lutheraan	[lutərän]
Igreja (f) Batista	Baptistiese Kerk	[baptistisə kerk]
batista (m)	Baptis	[baptis]
Igreja (f) Anglicana	Anglikaanse Kerk	[anχlikäŋsə kerk]
anglicano (m)	Anglikaan	[anχlikän]
mormonismo (m)	Mormonisme	[mormonismə]
mórmon (m)	Mormoon	[mormoən]
Judaísmo (m)	Jodendom	[jodɛndom]
judeu (m)	Jood	[joət]
budismo (m)	Boeddhisme	[buddismə]
budista (m)	Boeddhis	[buddis]
hinduísmo (m)	Hindoeïsme	[hinduïsmə]
hindu (m)	Hindoe	[hindu]
Islão (m)	Islam	[islam]
muçulmano (m)	Islamiet	[islamit]
muçulmano	Islamities	[islamitis]
Xiismo (m)	Sjia Islam	[ʃia islam]
xiita (m)	Sjiït	[ʃiït]
sunismo (m)	Sunni Islam	[sunni islam]
sunita (m)	Sunniet	[sunnit]

247. Religiões. Padres

padre (m)	priester	[pristər]
Papa (m)	die Pous	[di pæʊs]
monge (m)	monnik	[monnik]
freira (f)	non	[non]
pastor (m)	pastoor	[pastoər]
abade (m)	ab	[ap]
vigário (m)	priester	[pristər]
bispo (m)	biskop	[biskop]
cardeal (m)	kardinaal	[kardinãl]
pregador (m)	predikant	[predikant]
sermão (m)	preek	[preək]
paroquianos (pl)	kerkgangers	[kerk·χaŋərs]
crente (m)	gelowige	[χeloviχə]
ateu (m)	ateïs	[ateïs]

248. Fé. Cristianismo. Islão

Adão	Adam	[adam]
Eva	Eva	[efa]
Deus (m)	God	[χot]
Senhor (m)	die Here	[di herə]
Todo Poderoso (m)	die Almagtige	[di almaχtiχə]
pecado (m)	sonde	[sondə]
pecar (vi)	sondig	[sondəχ]
pecador (m)	sondaar	[sondãr]
pecadora (f)	sondares	[sondares]
inferno (m)	hel	[həl]
paraíso (m)	paradys	[paradajs]
Jesus	Jesus	[jesus]
Jesus Cristo	Jesus Christus	[jesus χristus]
Espírito (m) Santo	die Heilige Gees	[di hæjliχə χeəs]
Salvador (m)	die Verlosser	[di ferlossər]
Virgem Maria (f)	die Maagd Maria	[di mãχt maria]
Diabo (m)	die duiwel	[di dœivel]
diabólico	duiwels	[dœivɛls]
Satanás (m)	Satan	[satan]
satânico	satanies	[satanis]
anjo (m)	engel	[ɛŋəl]
anjo (m) da guarda	beskermengel	[beskerm·eŋəl]
angélico	engelagtig	[ɛŋəlaχtəχ]

apóstolo (m)	apostel	[apostəl]
arcanjo (m)	aartsengel	[ārtseŋəl]
anticristo (m)	die antichris	[di antiχris]

Igreja (f)	Kerk	[kerk]
Bíblia (f)	Bybel	[bajbəl]
bíblico	bybels	[bajbəls]

Velho Testamento (m)	Ou Testament	[æʊ testament]
Novo Testamento (m)	Nuwe Testament	[nuvə testament]
Evangelho (m)	evangelie	[ɛfanχəli]
Sagradas Escrituras (f pl)	Heilige Skrif	[hæjliχə skrif]
Céu (m)	hemel	[heməl]

mandamento (m)	gebod	[χebot]
profeta (m)	profeet	[profeət]
profecia (f)	profesie	[profesi]

Alá	Allah	[allah]
Maomé	Mohammed	[mohammet]
Corão, Alcorão (m)	die Koran	[di koran]

mesquita (f)	moskee	[moskeə]
mulá (m)	moella	[mulla]
oração (f)	gebed	[χebet]
rezar, orar (vi)	bid	[bit]

peregrinação (f)	pelgrimstog	[pɛlχrimstoχ]
peregrino (m)	pelgrim	[pɛlχrim]
Meca (f)	Mecca	[mɛkka]

igreja (f)	kerk	[kerk]
templo (m)	tempel	[tempəl]
catedral (f)	katedraal	[katedrāl]
gótico	Goties	[χotis]
sinagoga (f)	sinagoge	[sinaχoχə]
mesquita (f)	moskee	[moskeə]

capela (f)	kapel	[kapəl]
abadia (f)	abdy	[abdaj]
convento (m)	klooster	[kloəstər]
mosteiro (m)	klooster	[kloəstər]

sino (m)	klok	[klok]
campanário (m)	kloktoring	[klok·toriŋ]
repicar (vi)	lui	[lœi]

cruz (f)	kruis	[krœis]
cúpula (f)	koepel	[kupəl]
ícone (m)	ikoon	[ikoən]

alma (f)	siel	[sil]
destino (m)	noodlot	[noədlot]
mal (m)	die bose	[di bosə]
bem (m)	goed	[χut]
vampiro (m)	vampier	[fampir]

bruxa (f)	heks	[heks]
demónio (m)	demoon	[demoən]
espírito (m)	gees	[χees]

| redenção (f) | versoening | [fersuniŋ] |
| redimir (vt) | verlos | [ferlos] |

missa (f)	kerkdies	[kerkdis]
celebrar a missa	die mis opdra	[di mis opdra]
confissão (f)	bieg	[biχ]
confessar-se (vr)	bieg	[biχ]

santo (m)	heilige	[hæjliχə]
sagrado	heilig	[hæjləχ]
água (f) benta	wywater	[vaj·vatər]

ritual (m)	ritueel	[ritueəl]
ritual	ritueel	[ritueəl]
sacrifício (m)	offerande	[offerandə]

superstição (f)	bygeloof	[bajχəloəf]
supersticioso	bygelowig	[bajχəlovəχ]
vida (f) depois da morte	hiernamaals	[hirna·mãls]
vida (f) eterna	ewige lewe	[ɛviχə levə]

TEMAS DIVERSOS

249. Várias palavras úteis

ajuda (f)	hulp	[hulp]
barreira (f)	hindernis	[hindərnis]
base (f)	basis	[basis]
categoria (f)	kategorie	[kateχori]
causa (f)	rede	[redə]
coincidência (f)	toeval	[tufal]
coisa (f)	ding	[diŋ]
começo (m)	begin	[beχin]
cómodo (ex. poltrona ~a)	gemaklik	[χemaklik]
comparação (f)	vergelyking	[ferχelajkiŋ]
compensação (f)	kompensasie	[kompɛnsasi]
crescimento (m)	groei	[χrui]
desenvolvimento (m)	ontwikkeling	[ontwikkeliŋ]
diferença (f)	verskil	[ferskil]
efeito (m)	effek	[ɛffek]
elemento (m)	element	[ɛlement]
equilíbrio (m)	balans	[balaŋs]
erro (m)	fout	[fæʊt]
esforço (m)	inspanning	[inspanniŋ]
estilo (m)	styl	[stajl]
exemplo (m)	voorbeeld	[foərbeəlt]
facto (m)	feit	[fæjt]
fim (m)	einde	[æjndə]
forma (f)	vorm	[form]
frequente	gereeld	[χereəlt]
fundo (ex. ~ verde)	agtergrond	[aχtərχront]
género (tipo)	soort	[soərt]
grau (m)	graad	[χrāt]
ideal (m)	ideaal	[ideāl]
labirinto (m)	labirint	[labirint]
modo (m)	manier	[manir]
momento (m)	moment	[moment]
objeto (m)	objek	[objek]
obstáculo (m)	hinderpaal	[hindərpāl]
original (m)	origineel	[oriχineel]
padrão	standaard	[standārt]
padrão (m)	standaard	[standārt]
paragem (pausa)	pouse	[pæʊsə]
parte (f)	deel	[deəl]

partícula (f)	deeltjie	[deəlki]
pausa (f)	pouse	[pæusə]
posição (f)	posisie	[posisi]
princípio (m)	beginsel	[beχinsəl]

problema (m)	probleem	[probleəm]
processo (m)	proses	[proses]
progresso (m)	vooruitgang	[foərœitχaŋ]
propriedade (f)	eienskap	[æjeŋskap]

reação (f)	reaksie	[reaksi]
risco (m)	risiko	[risiko]
ritmo (m)	tempo	[tempo]
segredo (m)	geheim	[χəhæjm]
série (f)	reeks	[reəks]

sistema (m)	sisteem	[sisteəm]
situação (f)	toestand	[tustant]
solução (f)	oplossing	[oplossiŋ]
tabela (f)	tabel	[tabəl]
termo (ex. ~ técnico)	term	[term]

tipo (m)	tipe	[tipə]
urgente	dringend	[driŋəŋ]
urgentemente	dringend	[driŋəŋ]
utilidade (f)	nut	[nut]

variante (f)	variant	[fariant]
variedade (f)	keuse	[køəsə]
verdade (f)	waarheid	[vārhæjt]
vez (f)	beurt	[bøərt]
zona (f)	sone	[sonə]

250. Modificadores. Adjetivos. Parte 1

aberto	oop	[oəp]
afiado	skerp	[skerp]
agradável	mooi	[moj]
agradecido	dankbaar	[dankbār]
alegre	opgewek	[opχevek]

alto (ex. voz ~a)	hard	[hart]
amargo	bitter	[bittər]
amplo	ruim	[rœim]
antigo	antiek	[antik]

apertado (sapatos ~s)	strak	[strak]
arriscado	riskant	[riskant]
artificial	kunsmatig	[kunsmatəχ]
azedo	suur	[sɪr]
baixo (voz ~a)	sag	[saχ]

barato	goedkoop	[χudkoəp]
belo	pragtig	[praχtəχ]

bom	goed	[χut]
bondoso	vriendelik	[frindəlik]
bonito	pragtig	[praχtəχ]
bronzeado	bruingebrand	[brœiŋəbrant]
burro, estúpido	dom	[dom]
calmo	kalm	[kalm]
cansado	moeg	[muχ]
cansativo	vermoeiend	[fermujent]
carinhoso	sorgsaam	[sorχsãm]
caro	duur	[dɪr]
cego	blind	[blint]
central	sentraal	[sentrãl]
cerrado (ex. nevoeiro ~)	dig	[diχ]
cheio (ex. copo ~)	vol	[fol]
civil	burgerlik	[burgerlik]
clandestino	agterbaks	[aχtərbaks]
claro	lig-	[liχ-]
claro (explicação ~a)	duidelik	[dœidelik]
compatível	verenigbaar	[fereniχbãr]
comum, normal	gewoon	[χevoən]
congelado	gevries	[χefris]
conjunto	gesamentlik	[χesamentlik]
considerável	beduidend	[bedœident]
contente	tevrede	[tefredə]
contínuo	langdurig	[laŋdurəχ]
contrário (ex. o efeito ~)	teenoorgestel	[teənoərχestəl]
correto (resposta ~a)	reg	[reχ]
cru (não cozinhado)	rou	[ræʊ]
curto	kort	[kort]
de curta duração	kort	[kort]
de sol, ensolarado	sonnig	[sonnəχ]
de trás	agter-	[aχtər-]
denso (fumo, etc.)	dig	[diχ]
desanuviado	wolkloos	[volkloəs]
descuidado	nalatig	[nalatəχ]
diferente	verskillend	[ferskillent]
difícil	moeilik	[muilik]
difícil, complexo	moeilik	[muilik]
direito	regter	[reχtər]
distante	ver	[fer]
diverso	verskillend	[ferskillent]
doce (açucarado)	soet	[sut]
doce (água)	vars	[fars]
doente	siek	[sik]
duro (material ~)	hard	[hart]
educado	beleefd	[beleəft]

| encantador | vriendelik | [frindəlik] |
| enigmático | raaiselagtig | [rãjselaχtəχ] |

enorme	kolossaal	[kolossãl]
escuro (quarto ~)	donker	[donkər]
especial	spesiaal	[spesiãl]
esquerdo	linker-	[linkər-]
estrangeiro	buitelands	[bœitəlands]

estreito	smal	[smal]
exato	juis	[jœis]
excelente	uitstekend	[œitstekent]
excessivo	oormatig	[oərmatəχ]

externo	buite-	[bœite-]
fácil	maklik	[maklik]
faminto	honger	[hoŋər]
fechado	gesluit	[χeslœit]
feliz	gelukkig	[χelukkəχ]

fértil (terreno ~)	vrugbaar	[fruχbãr]
forte (pessoa ~)	sterk	[sterk]
fraco (luz ~a)	dof	[dof]
frágil	breekbaar	[breəkbãr]

fresco	koel	[kul]
fresco (pão ~)	vars	[fars]
frio	koud	[kæʊt]
gordo	vettig	[fɛttəχ]
gostoso	smaaklik	[smãklik]

grande	groot	[χroət]
gratuito, grátis	gratis	[χratis]
grosso (camada ~a)	dik	[dik]
hostil	vyandig	[fajandəχ]
húmido	bedompig	[bedompəχ]

251. Modificadores. Adjetivos. Parte 2

igual	dieselfde	[disɛlfdə]
imóvel	doodstil	[doədstil]
importante	belangrik	[belaŋrik]
impossível	onmoontlik	[onmoentlik]
incompreensível	onverstaanbaar	[onferstãnbãr]

indigente	brandarm	[brandarm]
indispensável	onontbeerlik	[onontbeərlik]
inexperiente	onervare	[onerfarə]
infantil	kinder-	[kindər-]
ininterrupto	onophoudelik	[onophæʊdelik]

insignificante	onbelangrik	[onbelaŋrik]
inteiro (completo)	heel	[heəl]
inteligente	slim	[slim]

interno	binne-	[binne-]
jovem	jong	[joŋ]
largo (caminho ~)	breed	[breət]
legal	wetlik	[vetlik]
leve	lig	[liχ]
limitado	beperk	[beperk]
limpo	skoon	[skoən]
líquido	vloeibaar	[fluibār]
liso	glad	[χlat]
liso (superfície ~a)	gelyk	[χelajk]
livre	gratis	[χratis]
longo (ex. cabelos ~s)	lang	[laŋ]
maduro (ex. fruto ~)	ryp	[rajp]
magro	maer	[maər]
magro (pessoa)	brandmaer	[brandmaər]
mais próximo	naaste	[nāstə]
mais recente	laas-	[lās-]
mate, baço	mat	[mat]
mau	sleg	[sleχ]
meticuloso	akkuraat	[akkurāt]
míope	bysiende	[bajsində]
mole	sag	[saχ]
molhado	nat	[nat]
moreno	blas	[blas]
morto	dood	[doət]
não difícil	nie moeilik nie	[ni muilik ni]
não é clara	onduidelik	[ondœidelik]
não muito grande	nie groot nie	[ni χroət ni]
natal (país ~)	geboorte-	[χeboərtə-]
necessário	nodig	[nodəχ]
negativo	negatief	[neχatif]
nervoso	senuweeagtig	[senuveə·aχtəχ]
normal	normaal	[normāl]
novo	nuut	[nɪt]
o mais importante	belangrikste	[belaŋrikstə]
obrigatório	verplig	[ferpləχ]
original	oorspronklik	[oərspronklik]
passado	laas-	[lās-]
pequeno	klein	[klæjn]
perigoso	gevaarlik	[χefārlik]
permanente	permanent	[permanent]
perto	naby	[nabaj]
pesado	swaar	[swār]
pessoal	persoonlik	[persoənlik]
plano (ex. ecrã ~ a)	plat	[plat]
pobre	arm	[arm]
pontual	stip	[stip]

possível	moontlik	[moentlik]
pouco fundo	vlak	[flak]
presente (ex. momento ~)	huidig	[hœidəχ]
prévio	vorig	[forəχ]
primeiro (principal)	vernaamste	[fernãmstə]
principal	hoof-	[hoəf-]
privado	privaat	[prifãt]
provável	waarskynlik	[vãrskajnlik]
próximo	digby	[diχbaj]
quente (cálido)	warm	[varm]
quente (morno)	louwarm	[læʊvarm]
rápido	vinnig	[finnəχ]
raro	seldsaam	[sɛldsãm]
remoto, longínquo	ver	[fer]
reto	reg	[reχ]
salgado	sout	[sæʊt]
satisfeito	tevrede	[tefredə]
seco	droog	[droəχ]
seguinte	volgend	[folχent]
seguro	veilig	[fæjləχ]
similar	eenders	[eənders]
simples	eenvoudig	[eənfæʊdəχ]
soberbo	uitstekend	[œitstekent]
social	openbaar	[openbãr]
sólido	stewig	[stevəχ]
sombrio	somber	[sombər]
sujo	vuil	[fœil]
superior	hoogste	[hoəχstə]
suplementar	addisioneel	[addiʃioneəl]
terno, afetuoso	teer	[teər]
tranquilo	rustig	[rustəχ]
transparente	deursigtig	[døørsiχtəχ]
triste (pessoa)	droewig	[druvəχ]
triste (um ar ~)	droewig	[druvəχ]
último	laaste	[lãstə]
único	uniek	[unik]
usado	gebruik	[χebrœik]
útil	geskik	[χeskik]
vazio (meio ~)	leeg	[leəχ]
velho	ou	[æʊ]
vizinho	naburig	[naburəχ]

500 VERBOS PRINCIPAIS

252. Verbos A-B

aborrecer-se (vr)	verveeld wees	[ferveəlt veəs]
abraçar algm.	omhels	[omhɛls]
abrir (~ a janela)	oopmaak	[oəpmāk]
acalmar (vt)	kalmeer	[kalmeər]
acariciar (vt)	streel	[streəl]
acenar (vt)	wuif	[vœif]
acender (~ uma fogueira)	aansteek	[āŋsteək]
achar (vt)	glo	[χlo]
acompanhar (vt)	begelei	[beχelæj]
aconselhar (vt)	aanraai	[ānrāi]
acordar (despertar)	wakker maak	[vakkər māk]
acrescentar (vt)	byvoeg	[bajfuχ]
acusar (vt)	beskuldig	[beskuldəχ]
adestrar (vt)	afrig	[afrəχ]
adivinhar (vt)	raai	[rāi]
admirar (vt)	bewonder	[bevondər]
advertir (vt)	waarsku	[vārsku]
afirmar (vt)	beweer	[beveər]
afogar-se (pessoa)	verdrink	[ferdrink]
afugentar (vt)	wegry	[veχraj]
agir (vi)	optree	[optreə]
agitar, sacudir (objeto)	skommel	[skommэl]
agradecer (vt)	dank	[dank]
ajudar (vt)	help	[hɛlp]
alcançar (objetivos)	bereik	[beræjk]
alimentar (dar comida)	voer	[fur]
almoçar (vi)	gaan eet	[χān eət]
alugar (~ o barco, etc.)	huur	[hɪr]
alugar (~ um apartamento)	huur	[hɪr]
amar (pessoa)	liefhê	[lifhɛ:]
amarrar (vt)	vasbind	[fasbint]
ameaçar (vt)	dreig	[dræjχ]
amputar (vt)	amputeer	[amputeər]
anotar (escrever)	noteer	[noteər]
tomar nota	opskryf	[opskrajf]
anular, cancelar (vt)	kanselleer	[kaŋsɛlleər]
apagar (com apagador, etc.)	uitvee	[œitfeə]
apagar (um incêndio)	blus	[blus]

apaixonar-se de ...	verlief raak	[ferlif rāk]
aparecer (vi)	verskyn	[ferskajn]
aplaudir (vi)	apploudisseer	[applæʊdisseər]
apoiar (vt)	steun	[støøn]
apontar para ...	mik op	[mik op]

apresentar (alguém a alguém)	voorstel	[foərstəl]
apresentar (Gostaria de ~)	voorstel	[foərstəl]
apressar (vt)	aanjaag	[ānjāχ]
apressar-se (vr)	opskud	[opskut]

aproximar-se (vr)	nader	[nadər]
aquecer (vt)	verwarm	[ferwarm]
arrancar (vt)	afskeur	[afskøər]
arranhar (gato, etc.)	krap	[krap]
arrepender-se (vr)	jammer wees	[jammər veəs]

arriscar (vt)	waag	[vāχ]
arrumar, guardar (vt)	bêre	[bærə]
arrumar, limpar (vt)	skoonmaak	[skoənmāk]
aspirar a ...	streef	[streəf]

assinar (vt)	teken	[tekən]
assistir (vt)	assisteer	[assisteər]
atacar (vt)	aanval	[ānfal]
atar (vt)	vasbind aan ...	[fasbint ān ...]
atirar (vi)	skiet	[skit]

atracar (vi)	vasmeer	[fasmeər]
aumentar (vi)	toeneem	[tuneəm]
aumentar (vt)	verhoog	[ferhoəχ]
avançar (sb. trabalhos, etc.)	vorder	[fordər]

avistar (vt)	skrams raaksien	[skrams rāksin]
baixar (guindaste)	laat sak	[lāt sak]
barbear-se (vr)	skeer	[skeər]
basear-se em ...	gebaseer wees op	[χebaseər veəs op]

bastar (vi)	genoeg wees	[χenuχ veəs]
bater (espancar)	slaan	[slān]
bater (vi)	klop	[klop]
bater-se (vr)	veg	[feχ]

beber, tomar (vt)	drink	[drink]
brilhar (vi)	blink	[blink]
brincar, jogar (crianças)	speel	[speəl]
buscar (vt)	soek ...	[suk ...]

253. Verbos C-D

caçar (vi)	jag	[jaχ]
calar-se (parar de falar)	ophou praat	[ophæʊ prāt]
calcular (vt)	tel	[təl]

carregar (o caminhão)	laai	[lãi]
carregar (uma arma)	laai	[lãi]
casar-se (vr)	trou	[træʊ]
causar (vt)	veroorsaak ...	[feroərsãk ...]
cavar (vt)	grawe	[χravə]
ceder (não resistir)	toegee	[tuχeə]

cegar, ofuscar (vt)	verblind	[ferblint]
censurar (vt)	verwyt	[ferwajt]
cessar (vt)	ophou	[ophæʊ]
chamar (~ por socorro)	roep	[rup]

chamar (dizer em voz alta o nome)	roep	[rup]
chegar (a algum lugar)	bereik	[beræjk]
chegar (sb. comboio, etc.)	aankom	[ãnkom]
cheirar (tem o cheiro)	ruik	[rœik]

cheirar (uma flor)	ruik	[rœik]
chorar (vi)	huil	[hœil]
citar (vt)	aanhaal	[ãnhãl]
colher (flores)	pluk	[pluk]

combater (vi)	stry	[straj]
começar (vt)	begin	[beχin]
comer (vt)	eet	[eət]
comparar (vt)	vergelyk	[ferχəlajk]
compensar (vt)	vergoed	[ferχut]

competir (vi)	kompeteer	[kompeteər]
complicar (vt)	bemoeilik	[bemuilik]
compor (vt)	komponeer	[komponeər]
comportar-se (vr)	jou gedra	[jæʊ χedra]
comprar (vt)	koop	[koəp]

compreender (vt)	verstaan	[ferstãn]
comprometer (vt)	kompromitteer	[kompromitteər]
concentrar-se (vr)	konsentreer	[konsentreər]
concordar (dizer "sim")	saamstem	[sãmstem]

condecorar (dar medalha)	toeken	[tuken]
confessar-se (criminoso)	beken	[beken]
confiar (vt)	vertrou	[fertræʊ]

confundir (equivocar-se)	verwar	[ferwar]
conhecer (vt)	ken	[ken]
conhecer-se (vr)	kennismaak	[kɛnnismãk]
consertar (vt)	aan kant maak	[ãn kant mãk]

consultar ...	konsulteer	[konsulteər]
contagiar-se com ...	besmet word met ...	[besmet vort met ...]
contar (vt)	vertel	[fertəl]
contar com ...	reken op ...	[reken op ...]

continuar (vt)	vervolg	[ferfolχ]
contratar (vt)	huur	[hɪr]

controlar (vt)	kontroleer	[kontroleer]
convencer (vt)	oortuig	[oərtœəχ]
convidar (vt)	uitnooi	[œitnoj]
cooperar (vi)	saamwerk	[sãmwerk]
coordenar (vt)	koördineer	[koordineer]
corar (vi)	bloos	[bloəs]
correr (vi)	hardloop	[hardloəp]
corrigir (vt)	korrigeer	[korriχeer]
cortar (com um machado)	afkap	[afkap]
cortar (vt)	afsny	[afsnaj]
cozinhar (vt)	maak	[mãk]
crer (pensar)	glo	[χlo]
criar (vt)	skep	[skep]
cultivar (vt)	kweek	[kweək]
cuspir (vi)	spoeg	[spuχ]
custar (vt)	kos	[kos]
dar (vt)	gee	[χee]
dar banho, lavar (vt)	bad	[bat]
datar (vi)	dateer van ...	[dateər fan ...]
decidir (vt)	beslis	[beslis]
decorar (enfeitar)	versier	[fersir]
dedicar (vt)	opdra	[opdra]
defender (vt)	verdedig	[ferdedeχ]
defender-se (vr)	jouself verdedig	[jæusɛlf ferdedeχ]
deixar (~ a mulher)	verlaat	[ferlãt]
deixar (esquecer)	vergeet	[ferχeet]
deixar cair (vt)	laat val	[lãt fal]
denominar (vt)	noem	[num]
denunciar (vt)	aankla	[ãnkla]
depender de ... (vi)	afhang van ...	[afhaŋ fan ...]
derramar (vt)	mors	[mors]
derramar-se (vr)	laat val	[lãt fal]
desaparecer (vi)	verdwyn	[ferdwajn]
desatar (vt)	losmaak	[losmãk]
desatracar (vi)	vertrek	[fertrek]
descansar (um pouco)	rus	[rus]
descer (para baixo)	afkom	[afkom]
descobrir (novas terras)	ontdek	[ontdek]
descolar (avião)	opstyg	[opstajχ]
desculpar (vt)	verskoon	[ferskoən]
desculpar-se (vr)	verskoning vra	[ferskoniŋ fra]
desejar (vt)	wens	[vɛŋs]
desempenhar (vt)	speel	[speəl]
desligar (vt)	afskakel	[afskakəl]
desprezar (vt)	minag	[minaχ]

| destruir (documentos, etc.) | vernietig | [fernitəχ] |
| dever (vi) | moet | [mut] |

devolver (vt)	terugstuur	[teruχstɪr]
direcionar (vt)	die pad wys	[di pat vajs]
dirigir (~ uma empresa)	beheer	[beheər]
dirigir-se	toespreek	[tuspreək]
(a um auditório, etc.)		
discutir (notícias, etc.)	bespreek	[bespreək]

distribuir (folhetos, etc.)	versprei	[ferspræj]
distribuir (vt)	uitdeel	[œitdeəl]
divertir (vt)	amuseer	[amuseər]
divertir-se (vr)	jouself geniet	[jæusɛlf χenit]

dividir (mat.)	deel	[deəl]
dizer (vt)	sê	[sɛ:]
dobrar (vt)	verdubbel	[ferdubbəl]
duvidar (vt)	twyfel	[twajfəl]

254. Verbos E-J

elaborar (uma lista)	saamstel	[sãmstəl]
elevar-se acima de ...	uitstyg bo	[œitstajχ boə]
eliminar (um obstáculo)	verwyder	[ferwajdər]
embrulhar (com papel)	inpak	[inpak]

emergir (submarino)	opduik	[opdœik]
emitir (vt)	versprei	[ferspræj]
empreender (vt)	onderneem	[ondərneəm]
empurrar (vt)	stoot	[stoət]
encabeçar (vt)	lei	[læj]

encher (~ a garrafa, etc.)	vul	[ful]
encontrar (achar)	vind	[fint]
enganar (vt)	bedrieg	[bedrəχ]
ensinar (vt)	leer	[leər]

entrar (na sala, etc.)	binnegaan	[binnəχãn]
enviar (uma carta)	stuur	[stɪr]
equipar (vt)	toerus	[turus]

escolher (vt)	kies	[kis]
esconder (vt)	wegsteek	[veχsteək]
escrever (vt)	skryf	[skrajf]
escutar (vt)	luister	[lœistər]

escutar atrás da porta	afluister	[aflœistər]
esmagar (um inseto, etc.)	verpletter	[ferplɛttər]
esperar (contar com)	verwag	[ferwaχ]
esperar (o autocarro, etc.)	wag	[vaχ]
esperar (ter esperança)	hoop	[hoəp]
espreitar (vi)	loer	[lur]
esquecer (vt)	vergeet	[ferχeət]

estar	lê	[lɛ:]
estar (vi)	wees	[veəs]

estar convencido	oortuig wees	[oərtœiχ veəs]
estar deitado	lê	[lɛ:]
estar perplexo	verbouereerd wees	[ferbæʋereərt veəs]
estar sentado	sit	[sit]

estremecer (vi)	huiwer	[hœivər]
estudar (vt)	studeer	[studeər]
evitar (vt)	vermy	[fermaj]
examinar (vt)	ondersoek	[ondərsuk]
exigir (vt)	eis	[æjs]

existir (vi)	bestaan	[bestãn]
explicar (vt)	verklaar	[ferklãr]
expressar (vt)	uitdruk	[œitdruk]
expulsar (vt)	uitsit	[œitsit]
facilitar (vt)	makliker maak	[maklikər mãk]

falar com ...	praat met ...	[prãt met ...]
faltar a ...	bank	[bank]
fascinar (vt)	sjarmeer	[ʃarmeər]
fatigar (vt)	vermoei	[fermui]

fazer (vt)	doen	[dun]
fazer lembrar	laat onthou ...	[lãt onthæʋ ...]
fazer piadas	grappies maak	[χrappis mãk]
fechar (vt)	sluit	[slœit]
felicitar (dar os parabéns)	gelukwens	[χelukwɛŋs]

ficar cansado	moeg word	[muχ vort]
ficar em silêncio	stilbly	[stilblaj]
ficar pensativo	peins	[pæjns]
forçar (vt)	verplig	[ferpləχ]

formar (vt)	vorm	[form]
fotografar (vt)	fotografeer	[fotoχrafeər]
gabar-se (vr)	spog	[spoχ]
garantir (vt)	waarborg	[vãrborχ]

gostar (apreciar)	hou van	[hæʋ fan]
gostar (vt)	hou van	[hæʋ fan]
gritar (vi)	skreeu	[skriʋ]
guardar (cartas, etc.)	bewaar	[bevãr]

guerrear (vt)	oorlog voer	[oərloχ fur]
herdar (vt)	erf	[ɛrf]
iluminar (vt)	verlig	[ferləχ]
imaginar (vt)	verbeel	[ferbeəl]

imitar (vt)	naboots	[naboəts]
implorar (vt)	smeek	[smeək]
importar (vt)	invoer	[infur]
indicar (orientar)	wys	[vajs]
indignar-se (vr)	verontwaardig wees	[ferontwãrdəχ veəs]

infetar, contagiar (vt)	besmet	[besmet]
influenciar (vt)	beïnvloed	[beïnflut]
informar (fazer saber)	in kennis stel	[in kɛnnis stəl]
informar (vt)	in kennis stel	[in kɛnnis stəl]
informar-se (~ sobre)	navraag doen	[nafrāχ dun]
inscrever (na lista)	byvoeg	[bajfuχ]
inserir (vt)	insteek	[insteək]
insinuar (vt)	sinspeel	[sinspeəl]
insistir (vi)	aandring	[āndriŋ]
inspirar (vt)	inspireer	[inspireər]
instruir (vt)	leer	[leər]
insultar (vt)	beledig	[beledəχ]
interessar (vt)	interesseer	[interesseər]
interessar-se (vr)	belangstel in ...	[belaŋstəl in ...]
intervir (vi)	tussenbeide tree	[tussənbæjdə treə]
invejar (vt)	jaloers wees	[jalurs veəs]
inventar (vt)	uitvind	[œitfint]
ir (a pé)	gaan	[χān]
ir (de carro, etc.)	gaan	[χān]
ir nadar	gaan swem	[χān swem]
ir para a cama	gaan slaap	[χān slāp]
irritar (vt)	irriteer	[irriteər]
irritar-se (vr)	geïrriteerd raak	[χeïrriteərt rāk]
isolar (vt)	isoleer	[isoleər]
jantar (vi)	aandete gebruik	[āndetə χebrœik]
jogar, atirar (vt)	gooi	[χoj]
juntar, unir (vt)	verenig	[ferenəχ]
juntar-se a ...	aansluit	[āŋslœit]

255. Verbos L-P

lançar (novo projeto)	van stapel stuur	[fan stapəl stɪr]
lavar (vt)	was	[vas]
lavar a roupa	die wasgoed was	[di vasχut vas]
lavar-se (vr)	bad	[bat]
lembrar (vt)	herinner	[herinnər]
ler (vt)	lees	[leəs]
levantar-se (vr)	opstaan	[opstān]
levar (ex. leva isso daqui)	wegvat	[veχfat]
libertar (cidade, etc.)	bevry	[befraj]
ligar (o radio, etc.)	aanskakel	[āŋskakəl]
limitar (vt)	beperk	[beperk]
limpar (eliminar sujeira)	skoonmaak	[skoənmāk]
limpar (vt)	skoonmaak	[skoənmāk]
lisonjear (vt)	vlei	[flæj]
livrar-se de ...	ontslae raak van ...	[ontslae rāk fan ...]

lutar (combater)	veg	[feχ]
lutar (desp.)	worstel	[vorstəl]

marcar (com lápis, etc.)	merk	[merk]
matar (vt)	doodmaak	[doədmāk]
memorizar (vt)	van buite leer	[fan bœitə leər]
mencionar (vt)	verwys na	[ferwajs na]

mentir (vi)	lieg	[liχ]
merecer (vt)	verdien	[ferdin]
mergulhar (vi)	duik	[dœik]
misturar (combinar)	meng	[meŋ]
morar (vt)	woon	[voən]

mostrar (vt)	wys	[vajs]
mover (arredar)	skuif	[skœif]
mudar (modificar)	verander	[ferandər]
multiplicar (vt)	vermenigvuldig	[fermeniχ·fuldəχ]

nadar (vi)	swem	[swem]
negar (vt)	ontken	[ontken]
negociar (vi)	onderhandel	[ondərhandəl]
nomear (função)	aanstel	[āŋstəl]

obedecer (vt)	gehoorsaam	[χehoərsām]
objetar (vt)	beswaar maak	[beswār māk]
observar (vt)	waarneem	[vārneəm]
ofender (vt)	beledig	[beledəχ]
olhar (vt)	kyk	[kajk]

omitir (vt)	weglaat	[veχlāt]
ordenar (mil.)	beveel	[befeəl]
organizar (evento, etc.)	organiseer	[orχaniseər]
ousar (vt)	durf	[durf]

ouvir (vt)	hoor	[hoər]
pagar (vt)	betaal	[betāl]
parar (para descansar)	stilhou	[stilhæʋ]
parecer-se (vr)	lyk	[lajk]
participar (vi)	deelneem	[deəlneəm]

partir (~ para o estrangeiro)	vertrek	[fertrek]
passar (vt)	ry deur	[raj døər]
passar a ferro	stryk	[strajk]
pecar (vi)	sondig	[sondəχ]

pedir (comida)	bestel	[bestəl]
pedir (um favor, etc.)	vra	[fra]
pegar (tomar com a mão)	vang	[faŋ]
pegar (tomar)	vat	[fat]
pendurar (cortinas, etc.)	ophang	[ophaŋ]

penetrar (vt)	deurdring	[døərdriŋ]
pensar (vt)	dink	[dink]
pentear-se (vr)	hare kam	[harə kam]
perceber (ver)	raaksien	[rāksin]

perder (o guarda-chuva, etc.)	verloor	[ferloər]
perdoar (vt)	vergewe	[ferχevə]
deixar (permitir)	toelaat	[tulãt]
permitir (vt)	toelaat	[tulãt]
pertencer (vt)	behoort aan ...	[behoərt ãn ...]
perturbar (vt)	steur	[støər]
pesar (ter o peso)	weeg	[veeχ]
pescar (vt)	visvang	[fisfaŋ]
planear (vt)	beplan	[beplan]
poder (vi)	kan	[kan]
pôr (posicionar)	sit	[sit]
colocar (vt)	plaas	[plãs]
possuir (vt)	besit	[besit]
predominar (vi, vt)	oorheers	[oərheers]
preferir (vt)	verkies	[ferkis]
preocupar (vt)	bekommerd maak	[bekommərt mãk]
preocupar-se (vr)	bekommerd wees	[bekommərt veəs]
preocupar-se (vr)	bekommer	[bekommər]
preparar (vt)	voorberei	[foərberæj]
preservar (ex. ~ a paz)	bewaar	[bevãr]
prever (vt)	voorsien	[foərsin]
privar (vt)	ontneem	[ontneəm]
proibir (vt)	verbied	[ferbit]
projetar, criar (vt)	ontwerp	[ontwerp]
prometer (vt)	beloof	[beloəf]
pronunciar (vt)	uitspreek	[œitspreək]
propor (vt)	voorstel	[foərstəl]
proteger (a natureza)	beskerm	[beskerm]
protestar (vi)	protesteer	[protesteər]
provar (~ a teoria, etc.)	bewys	[bevajs]
provocar (vt)	uittart	[œittart]
publicitar (vt)	adverteer	[adferteər]
punir, castigar (vt)	straf	[straf]
puxar (vt)	trek	[trek]
quebrar (vt)	breek	[breək]
queimar (vt)	verbrand	[ferbrant]
queixar-se (vr)	kla	[kla]
querer (desejar)	wil	[vil]

256. Verbos Q-Z

rachar-se (vr)	kraak	[krãk]
realizar (vt)	verwesenlik	[ferwesenlik]
recomendar (vt)	aanbeveel	[ãnbefeəl]
reconhecer (identificar)	herken	[herken]
reconhecer (o erro)	erken	[ɛrken]

recordar, lembrar (vt)	onthou	[onthæʊ]
recuperar-se (vr)	herstel	[herstəl]
recusar (vt)	weier	[væjer]
reduzir (vt)	verminder	[fermindər]
refazer (vt)	oordoen	[oərdun]
reforçar (vt)	versterk	[fersterk]
refrear (vt)	in bedwang hou	[in bedwaŋ hæʊ]
regar (plantas)	nat gooi	[nat χoj]
remover (~ uma mancha)	verwyder	[ferwajdər]
reparar (vt)	herstel	[herstəl]
repetir (dizer outra vez)	herhaal	[herhāl]
reportar (vt)	rapporteer	[rapporteər]
repreender (vt)	uitvaar teen	[œitfār teən]
reservar (~ um quarto)	bespreek	[bespreək]
resolver (o conflito)	besleg	[besleχ]
resolver (um problema)	oplos	[oplos]
respirar (vi)	asemhaal	[asemhāl]
responder (vt)	antwoord	[antwoərt]
rezar, orar (vi)	bid	[bit]
rir (vi)	lag	[laχ]
romper-se (corda, etc.)	breek	[breək]
roubar (vt)	steel	[steəl]
saber (vt)	weet	[veət]
sair (~ de casa)	uitgaan	[œitχān]
sair (livro)	verskyn	[ferskajn]
salvar (vt)	red	[ret]
satisfazer (vt)	bevredig	[befredəχ]
saudar (vt)	groet	[χrut]
secar (vt)	droog	[droeχ]
seguir ...	volg ...	[folχ ...]
selecionar (vt)	selekteer	[selekteər]
semear (vt)	saai	[sāi]
sentar-se (vr)	gaan sit	[χān sit]
sentenciar (vt)	veroordeel	[feroərdeəl]
sentir (~ perigo)	aanvoel	[ānful]
ser (vi)	wees	[veəs]
ser diferente	verskil	[ferskil]
ser indispensável	nodig wees	[nodəχ veəs]
ser necessário	nodig wees	[nodəχ veəs]
ser preservado	bewaar wees	[bevār veəs]
servir (restaurant, etc.)	bedien	[bedin]
servir (roupa)	pas	[pas]
significar (palavra, etc.)	beteken	[betekən]
significar (vt)	beteken	[betekən]
simplificar (vt)	vereenvoudig	[fereənfæʊdəχ]

sobrestimar (vt)	oorskat	[oərskat]
sofrer (vt)	ly	[laj]
sonhar (vi)	droom	[droəm]
sonhar (vt)	droom	[droəm]
soprar (vi)	waai	[vãi]
sorrir (vi)	glimlag	[χlimlaχ]
subestimar (vt)	onderskat	[ondərskat]
sublinhar (vt)	onderstreep	[ondərstreəp]
sujar-se (vr)	vuil word	[fœil vort]
supor (vt)	veronderstel	[feronderstəl]
suportar (as dores)	verdra	[ferdra]
surpreender (vt)	verras	[ferras]
surpreender-se (vr)	verbaas wees	[ferbãs veəs]
suspeitar (vt)	verdink	[ferdink]
suspirar (vi)	sug	[suχ]
fazer uma tentativa	probeer	[probeər]
tentar (vt)	probeer	[probeər]
ter (vt)	hê	[hɛ:]
ter medo	bang wees	[baŋ veəs]
terminar (vt)	klaarmaak	[klãrmãk]
tirar (vt)	afneem	[afneəm]
tirar cópias	aantal kopieë maak	[ãntal kopiɛ mãk]
tocar (com as mãos)	aanraak	[ãnrãk]
tomar emprestado	leen	[leən]
tomar o pequeno-almoço	ontbyt	[ontbajt]
tornar-se (ex. ~ conhecido)	word	[vort]
trabalhar (vi)	werk	[verk]
traduzir (vt)	vertaal	[fertãl]
transformar (vt)	transformeer	[traŋsformeər]
tratar (a doença)	behandel	[behandəl]
trazer (vt)	bring	[briŋ]
treinar (pessoa)	afrig	[afrəχ]
treinar-se (vr)	oefen	[ufen]
tremer (de frio)	ril	[ril]
trocar (vt)	uitruil	[œitrajl]
trocar, mudar (vt)	wissel	[vissəl]
usar (uma palavra, etc.)	gebruik	[χebrœik]
utilizar (vt)	gebruik ...	[χebrœik ...]
vacinar (vt)	inent	[inɛnt]
vender (vt)	verkoop	[ferkoəp]
verter (encher)	skink	[skink]
vingar (vt)	wreek	[vreək]
virar (ex. ~ â direita)	draai	[drãi]
virar (pedra, etc.)	omkeer	[omkeər]
virar as costas	wegdraai	[veχdrãi]
viver (vi)	leef	[leəf]

| voar (vi) | vlieg | [fliχ] |
| voltar (vi) | terugkeer | [teruχkeər] |

votar (vi)	stem	[stem]
zangar (vt)	kwaad maak	[kwāt māk]
zangar-se com …	kwaad wees …	[kwāt veəs …]
zombar (vt)	terg	[terχ]